La Guerra en Ucrania como cambio de paradigma para la seguridad y la defensa en Europa

José Luis De Castro Ruano

La Guerra en Ucrania como cambio de paradigma para la seguridad y la defensa en Europa

De la gestión de crisis en el exterior a la disuasión y la defensa territorial

PETER LANG

New York - Berlin - Bruxelles - Chennai - Lausanne - Oxford

Library of Congress Cataloging-in-Publication Control Number: 2024036580

Bibliographic information published by the Deutsche Nationalbibliothek.
The German National Library lists this publication in the German
National Bibliography; detailed bibliographic data is available
on the Internet at http://dnb.d-nb.de.

Cover design by Peter Lang Group AG

ISBN 9783034351928 (hardback)
ISBN 9783034351935 (ebook)
ISBN 9783034354257 (epub)
DOI 10.3726/b22177

Obra cofinanciada por el Grupo de Investigación del Sistema Universitario Vasco
(tipo A) Bitartez (it 1771-22) del Gobierno Vasco 2022-2025.

© 2025 Peter Lang Group AG, Lausanne
Published by Peter Lang Publishing Inc., New York, USA
info@peterlang.com - www.peterlang.com

This publication has been peer reviewed.

Tabla de contenido

Capítulo 1

Introducción

1.1. Objetivos de la investigación

En este trabajo se pretende analizar el estado actual de la política común de seguridad y defensa en un contexto especialmente complicado como es el del regreso de la guerra a gran escala al territorio europeo, como consecuencia de la invasión de Ucrania por parte de Rusia el 24 de febrero de 2022. La política de seguridad y defensa ha pasado de ser un tabú en el proceso de integración europea a ocupar un lugar central en la agenda comunitaria. De hecho, desde 2016 cuando se presentó la Estrategia Global para la Política Exterior y de Seguridad de la Unión Europea hasta nuestros días, nunca había ocupado un lugar tan relevante. En estos años, la UE ha experimentado una evolución cuantitativa y cualitativa impresionante, dotándose de muy variados instrumentos para la actuación en materia de seguridad y defensa.

Así, el estallido de la guerra en Ucrania va a afectar una dinámica de construcción política ya en marcha; pero lo va a hacer de una forma muy relevante, tanto desde el punto de vista cuantitativo como cualitativo. Nunca se habían dedicado tantos recursos a la política de defensa ni había tenido esta cuestión tanta centralidad política, puesto que nunca la UE se había implicado directamente en una guerra abierta.

En este trabajo se pretende analizar cómo esta circunstancia sobrevenida –la guerra– cambia el paradigma de la seguridad y la defensa en Europa. Y lo haremos partiendo de un elemento contextual, el cual es la crisis del multilateralismo en una coyuntura de transición de poder que explica, en gran parte, el comportamiento de Rusia en Ucrania, el de China, el de EE. UU. y, como no, el de la Unión Europea.

1.2. Hipótesis de la investigación y metodología empleada

La pregunta de investigación que guía nuestro trabajo se refiere a si el hecho innegable y evidente de la potenciación y robustecimiento de la Política Común de Seguridad y Defensa que está produciéndose desde hace al menos una década, pero que se ha acentuado tras la agresión rusa a Ucrania, dotará a la Unión Europea de una mayor Autonomía Estratégica. La consecución de la Autonomía Estratégica venía siendo en los últimos años, y especialmente desde la Estrategia Global de la UE de 2016, uno de los objetivos centrales de la estrategia comunitaria que animaba la consecución de instrumentos en favor de una mayor capacidad comunitaria en materia de seguridad y defensa. Así, nos preguntamos si la evolución que está experimentando la Política Común de Seguridad y Defensa en los últimos años, alumbrando una forma sui géneris de Unión de la Seguridad y la Defensa, y, sobre todo, la intensificación producida como consecuencia de la guerra de agresión de Rusia en Ucrania nos hace más autónomos y aumenta nuestra capacidad de actuar en materia de seguridad y defensa, y maximiza nuestra capacidad autónoma de disuasión y de la defensa territorial. En definitiva, ¿qué consecuencia está teniendo la guerra en Ucrania para la política de defensa de la Unión Europea?, ¿la guerra en Ucrania nos va a convertir en un actor más autónomo desde el punto de vista estratégico?

La hipótesis principal que guía nuestra investigación es que, paradójicamente, este reforzamiento de la política de seguridad y defensa tendrá como consecuencia una disminución de la Autonomía Estratégica.

Y ello por cuanto que el contexto geopolítico internacional ha modificado los términos de la ecuación. Si la UE es hoy más capaz y tiene más instrumentos para actuar en este ámbito, las necesidades para jugar un papel "autónomo" se han incrementado hasta un nivel insospechado antes de la intervención rusa en Ucrania el 24 de febrero de 2022. La evolución hacia una Unión Europea de la Seguridad y la Defensa se acelerará en el nuevo contexto de ruptura del orden de seguridad europeo pero, paradójicamente, este reforzamiento de la seguridad y la defensa comunitaria europea, no nos proporcionará la tan ansiada Autonomía Estratégica, antes bien, contaremos con más capacidades, pero seremos menos autónomos y dependeremos más de los Estados Unidos y de la Alianza Atlántica.

La guerra en Ucrania es una expresión dramática de la nueva situación geopolítica que hemos de enfrentar en un contexto de erosión del multilateralismo y de impugnación radical del orden de seguridad europeo de posguerra fría. En este sentido, manejamos también las siguientes hipótesis que guían esta investigación.

- La guerra de Rusia contra Ucrania va a establecer una nueva bipolaridad imperfecta protagonizada por EE. UU./mundo "occidental" vs. China/Rusia con un Sur Global que basculará entre ambos polos, pero preferentemente mostrando una posición muy crítica al primero, motivado por décadas de exclusión de un sistema multilateral dirigido por occidente, por el recuerdo de la herencia colonial y la dominación, etc.
- La guerra de Rusia contra Ucrania es una expresión de un enfrentamiento más profundo, el cual es la pugna geopolítica entre EE. UU. y Rusia, sobre el carácter del orden mundial de la posguerra ría. Y su estallido es consecuencia de la erosión del liderazgo de Estados Unidos y el debilitamiento de su hegemonía. La erosión del multilateralismo hace emerger la competición estratégica entre las grandes potencias. El ataque ruso a Ucrania es un reflejo de esa nueva realidad. En otra coyuntura, probablemente nadie hubiera desafiado el liderazgo estadounidense de una forma tan brutal. Ahora China y Rusia tienen más confianza para amenazar los intereses de EE. UU. y sus aliados en defensa de los suyos propios.

- No habrá una situación de seguridad plena mientras no construyamos un orden de seguridad europeo inclusivo con Rusia. La UE debe construir una estructura de seguridad y cooperación socioeconómica que permita la incorporación de Rusia y le proporcione suficientes garantías.

1.3. Plan de la obra

El trabajo se compone de diez capítulos, incluyendo este primero de Introducción. El segundo capítulo se centra en el análisis del multilateralismo, su conceptualización, origen, desarrollo y, específicamente, la crisis que atraviesa en esta coyuntura actual. El tercer capítulo se centra en los antecedentes que explican –nunca justifican– la agresión de Ucrania por parte de Rusia. En esas páginas se pone de manifiesto cómo la construcción de un orden de seguridad europeo al margen y en contra de Rusia, con el correlato de una extensión de la Alianza Atlántica hacia el territorio ruso, tuvo como consecuencia la percepción de amenaza y la falta de seguridad por parte de Rusia. En los siguientes capítulos ponemos el foco de análisis en la propia Unión Europea y la evolución en la construcción de mayores capacidades de seguridad y defensa en un contexto como el señalado. Así, el capítulo cuatro analiza la Declaración de Versalles de marzo de 2022, documento que trata de fijar la posición conjunta de la UE en respuesta a la guerra en Ucrania iniciada solo dos semanas antes. Los líderes de la Unión asumen que la guerra de agresión rusa constituye un vuelco descomunal en la historia europea y deciden asumir mayores responsabilidades respecto a la seguridad europea en tres dimensiones: refuerzo de las capacidades de defensa, reducción de la dependencia energética respecto a Rusia y desarrollo de una base económica más sólida. El capítulo quinto analiza la última estrategia de seguridad de la UE, la denominada Brújula Estratégica, su alcance y contenido. El capítulo sexto se detiene en el desarrollo de las nuevas capacidades en materia de seguridad y defensa que la UE está llevando a cabo como consecuencia de la guerra; concretamente nos detenemos en los instrumentos de financiación (Fondo Europeo de Defensa y Fondo Europeo de Apoyo a la Paz); las medidas para la adquisición y producción conjunta de armamento y munición; la dimensión civil de la PCSD, así como otras medidas adoptadas en esta coyuntura adversa. Todo ello pone de manifiesto la centralidad que ha adquirido esta política en la agenda comunitaria. El capítulo séptimo analiza la controvertida relación entre la UE/PCSD y la OTAN; y lo hace estudiando específicamente el nuevo Concepto Estratégico de Madrid de 2022 y la Tercera Declaración Conjunta sobre la Cooperación UE-OTAN. Nunca antes había quedado tan de manifiesto la vocación complementaria, y no autónoma, de la UE respecto de la Alianza Atlántica. En el capítulo ocho se analiza la paradójica realidad que se produce entre una muy intensa demanda europea de capacidades militares y una menor oferta europea de capacidades, lo que unido a la intensidad de la amenaza y las dificultades propias de la UE lleva a poner de manifiesto que esta intensificación de la política de seguridad y defensa, con un desarrollo cuantitativo y cualitativo como nunca habíamos previsto, tiene como consecuencia una disminución de la tan demandada Autonomía Estratégica. Los capítulos nueve y diez respectivamente son de conclusiones y de bibliografía.

Capítulo 2

La UE frente a un multilateralismo en crisis

2.1. Introducción

En un primer acercamiento básico diremos que el término multilateralismo se refiere a la actividad conjunta de diferentes Estados para gestionar y afrontar asuntos de interés común a través de normas acordadas y tras negociación colectiva entre los Estados que conforman ese marco multilateral (organización internacional, régimen internacional, etc.). Hoy los Estados han de enfrentar una multiplicidad de desafíos colectivos de tal dimensión que la actuación individual no resulta funcional para gestionarlos; asuntos como el cambio climático, las pandemias sanitarias, la protección de los derechos humanos, las crisis humanitarias de diferente naturaleza, las migraciones, los conflictos militares, la degradación de amplias capas de la sociedad mundial, la desigualdad y la discriminación, el crimen transnacional (terrorismo, narcotráfico, etc.) son ejemplos de desafíos transversales, globales, que requieren una acción colectiva. Paradójicamente, cuando más potentes son los desafíos colectivos, el sistema multilateral está más cuestionado y sometido a una presión sin precedentes. En palabras del Alto Representante de la

UE para la Política Exterior y de Seguridad, Josep Borrell, "en los últimos años la oferta y la demanda de multilateralismo no coinciden (…) La razón principal de dicho desajuste ha sido el aumento de la competencia política por el poder"[1].

Los principales organismos e instituciones multilaterales se crearon tras la II Guerra Mundial con el objetivo de garantizar la estabilidad y la paz mundial y evitar acciones unilaterales que habían resultado dramáticas en el pasado. La ONU es el más relevante exponente del multilateralismo. Los valores principales sobre los que se ha asentado el orden internacional liberal durante los últimos 77 años y que han dado forma al mundo que conocemos son los siguientes: multilateralismo y proscripción de la guerra, respeto del estado de derecho y observancia de los derechos humanos, promoción del libre mercado, democracia liberal y pluralismo político. En definitiva, una sociedad internacional inclusiva y abierta basada en normas mundiales.

Sin embargo, desde hace ya algunos años, el multilateralismo como forma de organizar la sociedad internacional sufre desafíos y crisis. Desafíos como los que representan el enfrentamiento geopolítico, la competencia por el poder y la divergencia de posiciones dentro del sistema internacional; la regionalización del sistema; emergencia de bilateralismos, nacionalismos y populismos; retórica extremista y xenófoba; proteccionismo económico, y multiplicidad de conflictos no resueltos que limitan el papel de las organizaciones internacionales multilaterales para su resolución.

2.2. Conceptualizando el multilateralismo

El multilateralismo implica que los Estados deban concertar su política exterior con otros intereses. En el seno del multilateralismo los Estados cooperan en una relación/negociación constante en cuestiones y ámbitos como la seguridad, el comercio, el derecho internacional, el control de armas, los derechos humanos, el medio ambiente y cambio climático, la gestión de las migraciones, el crimen organizado, etc.

---

1   Discurso del Alto Representante Josep Borrell en el Consejo de Seguridad de la ONU, 15 de junio de 2022. *Occasional Papers* OP 01/22, Instituto Complutense de Estudios Internacionales (https://www.ucm.es/icei).

Siguiendo la clásica definición de Ruggie, es la "forma institucional que coordina las relaciones entre tres o más Estados en base a principios generalizados de conducta, esto es, principios que especifican la conducta adecuada para cada tipo de acción, sin tomar en consideración los intereses particulares de las partes o las exigencias estratégicas que puedan darse en cada caso concreto"[2]; en oposición al bilateralismo: "relaciones establecidas caso por caso y sobre la base de exigencias particulares o de situaciones muy concretas"[3]. Según este autor, el multilateralismo presenta tres características básicas: principios organizativos generalizados que no se limitan a los intereses particularistas de cada país; indivisibilidad que requiere que los países acepten la existencia de unos bienes públicos construidos socialmente; y reciprocidad difusa que significa que los Estados no esperan recompensas inmediatas por su comportamiento, sino una equivalencia aproximada de los beneficios en el conjunto y a lo largo del tiempo.

Keohane establece una definición más funcional afirmando que el multilateralismo es la "Práctica de coordinar políticas nacionales en grupos de tres o más Estados a través de mecanismos *ad hoc* o por medio de instituciones"[4].

Las instituciones multilaterales son más que meras organizaciones formales pues establecen pautas de conducta, costumbre de negociación y diálogo, de transacción y búsqueda de acuerdos. Contribuyen a generar y legitimar un régimen de reglas, normas, redes y expectativas que favorecen una conducta y un comportamiento ordenado y predecible. En definitiva, los regímenes e instituciones internacionales multilaterales alientan la cooperación; pero simultáneamente son espacios de lucha por la maximización del poder.

Algunos hablan de la emergencia del "minilateralismo"[5] para referirse a aquellas situaciones cada vez más frecuentes en que la interacción

---

2 *RUGGIE, J.G.;* "Multilateralism: The Anatomy of an Institution", *International Organization*, vol. 46, n.º 3, 1992, p. 571.

3 *Ibidem.*

4 KEOHANE, R.; "Multilateralism: An Agenda for Research", *International Organization*, Vol. XLV, 1990, p. 731.

5 KHALER, M.; "Multilateralism with Small and Large Numbers", *International Organization*, vol. 46, 1992.

se reduce a prácticas formales o informales de cooperación de un número limitado de Estados (el G7 o el G20 como ejemplos más conocidos, a los que ahora hay que sumar el BRICS ampliado[6]). Los foros "minilaterales" solo reúnen en exclusividad a los países considerados relevantes para el tema en cuestión; frente a los foros multilaterales que son, por definición, inclusivos[7]. Para algunos autores, el minilateralismo no sería sino otra forma particular de multilateralismo[8]. Cada forma de multilateralismo es la expresión institucional de un determinado tipo de sistema internacional, moldeado de acuerdo a las potencias dominantes en ese momento[9].

Otros autores caracterizan tres tipos distintos de multilateralismo que se suceden en el tiempo[10]:

- Multilateralismo de la coexistencia: forma de multilateralismo representada por la Sociedad de Naciones; pretende salvaguardar las soberanías territoriales y evitar que se reproduzcan las guerras. Expresa una sociedad eurocéntrica amenazada por el temor a la emergencia de una potencia hegemónica. La ONU incorpora y enriquece esta forma de multilateralismo a partir de 1945.

- Multilateralismo de la cooperación: pretende resolver problemas internacionales en gran cantidad de ámbitos materiales como la economía, la agricultura y la alimentación, la educación, la salud,

---

6 La 15.ª Cumbre de los BRICS celebrada en Johannesburgo (Sudáfrica), del día 22 al 24 de agosto de 2023, concluyó con la aceptación de la incorporación al grupo en enero de 2024 de seis nuevos miembros: Argentina, Etiopía, Egipto, Irán, Arabia Saudí y Emiratos Árabes Unidos. Posteriormente Argentina y Arabia Saudí declinan incorporarse al grupo

7 FATHAT, A.; "From Multilateralism to Minilateralism. A Conceptual Paradigm"; *Defence Research and Studies (DRaS)*, 10 de junio de 2022 (https://dras.in).

8 PATRICK, S.; The New "New Multilateralism": Minilateral Cooperation, but at What Cost?"; *Global Summitry, 1(2), 2015, pp. 115 y ss.*

9 Morton KAPLAN, en su clásica taxonomía, distingue seis modelos o tipos de sistema internacional: Sistema de balance o equilibrio de poder, sistema bipolar flexible o rígido, sistema internacional universal, sistema jerárquico internacional y sistema internacional de veto por unidad. *Vid.* ARENAL, C. del; *Introducción a las Relaciones Internacionales*, Madrid, Tecnos, 1984, pp. 196/7.

10 COSTA FERNÁNDEZ, O.; "Introducción: El multilateralismo en crisis"; *Revista CIDOB d'Afers Internacionals*, 2013, pp. 10 y ss. (www.cidob.org).

la cultura, el medio ambiente, el crimen organizado, etc. Las
Agencias Especializadas de NN. UU. son expresión privilegiada
de ello.

- Multilateralismo solidarista: se da tras el fin de la guerra fría. Pretende la promoción de normas liberales universalizadas en el marco
de una incipiente sociedad civil global que trasciende al Estado. Su
expresión principal es la "responsabilidad de proteger" que dará
lugar a múltiples intervenciones humanitarias en los años 90 (Somalia, Liberia, Ruanda, Haití, Sierra Leona, etc.). Supone una ola demo-
cratizadora de intervencionismo e internacionalismo liberal con la
celebración en esos años de conferencias internacionales promovi-
das por las NN. UU.: Conferencia de Río sobre Medio Ambiente,
El Cairo sobre Población, Beijing sobre la Mujer, etc. Todo ello en
una coyuntura de hegemonía occidental incontestable, con EE.
UU. como líder unipolar frente a la decadente y debilitada Rusia de
Boris Yeltsin.

Otros autores trazan grandes narrativas del multilateralismo para carac-
terizar un "multilateralismo hegemónico" liderado por los EE. UU. que
pugnan por expandir sus valores, considerados universales, a lo largo
del mundo. El "multilateralismo normativo" o "cosmopolita" que está
comprometido con la gobernanza global basado en Estados autocon-
siderados posnacionales o poswestfalianos con la UE como principal
promotora. El "multilateralismo defensivo" del sur global, que concibe
las instituciones multilaterales como instrumentos de defensa frente
al imperialismo de Occidente y la dominación económica que impone
al mundo, además de cláusulas democráticas y de derechos humanos
según imagen y semejanza occidentales, la "responsabilidad de proteger" y otros instrumentos que perpetúan la dominación. Y el "multilateralismo revisionista" de las potencias emergentes que, tras criticar
la hegemonía occidental, reclaman una modificación –revisión– de las
instituciones internacionales multilaterales para contar con más poder
en su seno[11].

---

11 SANAHUJA, J.A.; "Narrativas del multilateralismo: 'efecto Rashomon' y cambio de
    poder"; *Revista CIDOB d´Afers internacionals*, n.º 101, 2013, p. 38 y ss. (www.cidob.org).

2.3. Auge y erosión del Multilateralismo

Tras el final de la Guerra Fría, a partir de la década de los 90 del s. XX, asistimos a la "edad de oro" del multilateralismo. Hoy, sin embargo, el sistema multilateral (y específicamente el sistema multilateral generado en torno a la ONU) está debilitado y más cuestionado que nunca. Es frecuente afirmar que el multilateralismo está en crisis. El sistema internacional tal como lo conocemos desde el final de la Guerra Fría ha entrado en un proceso de profunda transformación que se inicia aproximadamente tras el 11-S del 2001. A partir de entonces, las instituciones multilaterales entran en un proceso de repliegue normativo y operativo. En todo lo que llevamos de s. XXI estamos asistiendo a una contestación creciente al multilateralismo y a las normas internacionales asumidas hasta ahora[12]. El mundo está cambiando, el orden internacional basado en normas se está desvaneciendo y parece ir en otra dirección distinta al orden multilateral. La invasión de Ucrania por parte de Rusia, el 24 de febrero de 2022, sería la última gran agresión a las reglas sobre las que se asienta el orden liberal internacional. Los cambios en el orden internacional se producen en momentos en los que las potencias que lo diseñaron son desafiadas por otras potencias emergentes; es decir, en coyunturas de transición de poder, momentos especialmente peligrosos como explican las teorías de transición de poder de A. F. K. Organski y R. Gilpin, o el realismo ofensivo de J. Mearsheimer, entre otras.[13]

Las transiciones de poder originan procesos de contestación al multilateralismo vigente promoviendo reformas y adaptaciones. Las organizaciones multilaterales expresan y solidifican las estructuras de poder existentes en el momento en que fueron creadas. El multilateralismo liberal democrático que conocemos fue establecido tras la

---

12 *Vid*. BARBÉ, E.; (Dra.); *Las normas internacionales ante la crisis del orden liberal*. Madrid, Tecnos, 2021.

13 *Vid*. las obras ya clásicas: ORGANSKI, A. F. K.; *World Politics*, New York, Random House, 1958 y GILPIN, R. *War and Change in World Politics*, Cambridge, Cambridge University Press, 1983. MEARSHEIMER, por su parte, argumenta la inevitabilidad del conflicto entre las grandes potencias por su tendencia constante a maximizar su acumulación de poder, de forma que los cambios en el equilibrio de poder, raramente se producen de forma pacífica. *Vid. The Tragedy of Great Power Politics*, New York, Norton, 2002.

Segunda Guerra Mundial por las grandes potencias vencedoras; y sus grandes transformaciones experimentadas tras el final de la Guerra Fría, también fueron protagonizadas por el "mundo occidental". Las potencias emergentes no occidentales, no participaron en ello.

Como decíamos antes, tras la caída del muro de Berlín en 1989 asistimos a la "edad de oro" del multilateralismo pues nunca antes se habían aprobado tantos tratados internacionales y tan relevantes, nunca se habían asumido tantas normas internacionales. Pero con la entrada en el siglo XXI, comienza una fase de transición de poder o por lo menos de redistribución de poder en la sociedad internacional como consecuencia de la progresiva afirmación de las potencias "emergentes" (recordemos que China ingresa en la Organización Mundial del Comercio en 2001). La alianza de países –occidentales– que habían diseñado esta forma de orden internacional de posguerra fría regido por valores occidentales y este multilateralismo "occidentalocéntrico" que había devenido en cosmopolita, empiezan a ser cuestionados. Si bien, la "revuelta contra Occidente" y la pérdida progresiva de su poder relativo, desoccidentalización o *Westlessness*, había comenzado antes; desde los años 70 empezó la transfiguración profunda de la ONU ampliándose y haciéndose universal, reflejando así la enorme diversidad sociopolítica y cultural de la humanidad[14]. El internacionalismo liberal de hegemonía occidental es cuestionado y el consenso liberal empieza a resquebrajarse. La crisis del 2008 empodera a las potencias alternativas emergentes dado que esta crisis afecta sobremanera al mundo occidental capitalista, mientras que su impacto fue mucho menor en el sur global y China. Frente a la retórica del intervencionismo liberal, surge el discurso del intervencionismo neocolonial y del imperialismo humanitario. La "responsabilidad de proteger" queda desacreditada en Libia con el derrocamiento de Gadafi en 2011[15].

14 RUÍZ-GIMÉNEZ ARRIETA, I.; "Algunas reflexiones teóricas sobre la relevancia actual de Naciones Unidas"; *Revista Española de Derecho Internacional*, Vol. 72, n.º 2, 2020, p. 334.
15 El objetivo formal era proteger a la población civil, según la Resolución 1973 (2011) del Consejo de Seguridad; el real, derrocar al régimen libio de Gadafi como realmente ocurrió. *Vid*. BERMEJO GARCÍA, R.; "La protección de la población civil en Libia como coartada para derrocar un Gobierno: un mal inicio para la responsabilidad de proteger" en *Anuario Español de Derecho Internacional*, Universidad de

Hoy asistimos a la emergencia de un mundo multipolar con mayor número de actores, menor consenso entre ellos y mayor rivalidad geoestratégica, donde la hegemonía estadounidense es desafiada. La redistribución del poder por la emergencia de nuevas potencias y la afirmación de otros actores cada vez más relevantes tiene como consecuencia un aumento del nivel de competencia entre los Estados en los foros multilaterales. Diferentes actores pugnan por hacerse con la hegemonía, rechazando los corsés que impone la disciplina del multilateralismo y apostando por un unilateralismo descarnado o por acuerdos bilaterales en los que pueden gozar de mayor influencia y más autonomía de actuación.

La crisis del multilateralismo está asociada también a problemas de eficacia, de legitimación y de representatividad. Muchas organizaciones internacionales, que constituyen la máxima expresión de la cooperación multilateral institucionalizada, no resultan funcionales, es decir, no ofrecen soluciones a los problemas concernidos; y padecen problemas de legitimidad como consecuencia de una infrarrepresentación de

Navarra, vol. XXVII, 2011. *Vid.* También sobre este asunto, LÓPEZ-JACOISTE, E.; "La crisis de Libia desde la perspectiva de la responsabilidad de proteger" en *Anuario Español de Derecho Internacional*, n.° XXVII, 2011. BERMEJO GARCÍA, R. y LÓPEZ-JACOÍSTE, E.; "De la intervención por causas humanitarias a la responsabilidad de proteger. Fundamentos, similitudes y diferencias" en *Cuadernos de Estrategia*, n.° 160, 2013, pp. 18-76 (https://dialnet.unirioja.es/servlet/articulo?codigo=4173276). GUTIÉRREZ ESPADA, C. y CERVELL HORTAL, M.ª J.; *Nacimiento, auge y decadencia de la Responsabilidad de Proteger*, Granada, Comares, 2014. GUTIÉRREZ ESPADA, C., "Responsabilidad de proteger y el derecho de veto en el Consejo de Seguridad: algunos ejemplos recientes" en *Revista del Instituto Español de Estudios Estratégicos*, n.° 3, 2014 (https://revista.ieee.es/article/view/321). GUTIÉRREZ ESPADA, C.; "Sobre el núcleo duro de la resolución 1973 (2011) del Consejo de Seguridad y acerca de su aplicación práctica" en *Anuario Español de Derecho Internacional*, Vol. 27, 2011, pp. 55-73, Pamplona, Universidad de Navarra (https://dadun.unav.edu/handle/10171/34878). GUTIÉRREZ ESPADA, C.; "Responsabilidad de proteger, Siria, la República Centroafricana también y el Derecho a Veto en el Consejo de Seguridad" en *Revista Electrónica Iberoamericana*, vol. 7, n.° 2, 2013 (https://www.urjc.es/images/ceib/revista_electronica/REIB_vol_7_2013_2_completo.pdf). MANGAS MARTÍN, A.; "La autorización del uso de la fuerza armada en Libia" *ARI* 57/2011, Real Instituto Elcano, 21/03/ 2011 (https://media.realinstitutoelcano.org/wp-content/uploads/2021/11/ari57-2011-mangas-autorizacion-uso-fuerza-libia.pdf). MARRERO ROCHA, I.; "La responsabilidad de proteger de la comunidad internacional en los casos de Libia y Siria: análisis comparativo" en *Relaciones Internacionales*, n.° 22, 2013 (https://revistas.uam.es/relacionesinternacionales/article/view/5166).

los países del Sur global que identifican el orden internacional liberal simplemente como el orden occidental. El desinterés creciente por las organizaciones internacionales se manifiesta también por la escasa institucionalidad de muchas de ellas, que se han convertido en "meras carcasas con siglas en la que sus órganos son puramente testimoniales, viéndose desplazados en la toma de decisiones por los Estados miembros que prefieren mecanismos informales de concertación"[16] al margen de los procedimientos y mecanismos establecidos por tales organizaciones internacionales. Esta desafección se pone de manifiesto también por el abandono de las organizaciones; el *Brexit* nos proporciona el ejemplo más relevante; pero no es el único: Venezuela abandonó la Organización de Estados Americanos OEA en 2019 y en 2013 Nicaragua hizo lo propio; Brasil abandonó la Comunidad de Estados Latinoamericanos y Caribeños –la CELAC– durante la Administración de Jair Bolsonaro en 2020, aunque el retorno a la presidencia del país de Ignacio Lula da Silva supuso también la vuelta de Brasil a la CELAC en 2023; Ecuador abandonó la Alianza Bolivariana para los Pueblos de Nuestra América –el ALBA–, y otros países la Unión de Naciones Suramericanas –Unasur– (Argentina, Brasil, Chile, Colombia, Paraguay y Perú decidieron suspender su participación en esta organización en abril de 2018; en 2019 anunciaron su salida Ecuador, Argentina, Brasil y Chile. En la actualidad la organización Unasur está paralizada en espera de tiempos mejores).

¿Este multilateralismo que venía ya siendo cuestionado podrá sobrevivir a un *shock* geopolítico como la invasión de Ucrania por parte de Rusia? ¿En un conflicto que involucra a una o varias potencias, con un brusco deterioro de la relación entre ellas, podrá preservarse el multilateralismo? No podemos responder ahora a estas preguntas. Algunos autores proclaman, a pesar de todo, el vigor de una cooperación multilateralista que sigue resultando apoyada por la mayoría de los Estados, con propuestas y realizaciones multilaterales nuevas como el Pacto Mundial

---

16 SOBRINO HEREDIA, J. M.; "La pérdida de institucionalidad en las Organizaciones Internacionales, y su declive en la Sociedad Internacional contemporánea"; *Peace & Security-Paix et sécurité internationales, EuroMediterranean Journal of International Law and International Relations*, Issue 9, 2021, p. 1.

Para la Migración[17]. O más recientemente la nueva Convención sobre la cooperación internacional en la investigación y el enjuiciamiento de crímenes de guerra, de lesa humanidad, de genocidio y otros crímenes de guerra, conocido como Convención de Liubliana-La Haya firmada en febrero de 2024, según un texto acordado por 68 Estados[18]. Es decir, un sistema multilateral que sigue funcionando a pesar de los cuestionamientos de que es objeto. Eso sí, un sistema multilateral que para su supervivencia se ve obligado a rebajar su intensidad: desde el Acuerdo de París sobre el Cambio climático hasta el reciente Pacto Mundial Para la Migración señalado, los principales acuerdos internacionales han sido convenios no vinculantes, en lugar de tratados internacionales formales[19].

2.4. El Multilateralismo erosionado por la multipolaridad: EE. UU. China y Rusia

En este mundo crecientemente multipolar las reglas y los foros de resolución de conflictos se debilitan, crece el proteccionismo y las

---

17 El Pacto Mundial Para la Migración Segura, Ordenada y Regular, según Resolución aprobada por la Asamblea General de Naciones Unidas de 19-XII-2018 es una de las últimas expresiones del multilateralismo global. Mediante el mismo, 193 Estados miembros de las Naciones Unidas reconocieron la necesidad de adoptar un enfoque integral para la movilidad humana y promover una mayor cooperación a nivel mundial. Consta de 23 objetivos e incluye también medidas de aplicación, seguimiento y examen. Cada objetivo contiene un compromiso, seguido de una serie de acciones. https://www.un.org/es/migration2022/global-compact-for-migration

18 Entre los firmantes se encuentran todos los países de la Unión Europea; pero no otros como como EE. UU., Rusia y China. Se trata del primer tratado internacional relevante en el campo del Derecho Penal internacional adoptado después del Estatuto de Roma de 1998. Contiene reglas para la cooperación en materia de testigos, expertos, asistencia judicial interna, extradición, traslado de condenados, procedimientos para la solución de controversias, etc. En definitiva, el Convenio pretende que los crímenes internacionales no queden impunes y la cooperación entre países sea más fácil a la hora de llevar a cabo investigaciones, juicios y la extradición de sospechosos. *Vid.* https://www.gov.si/assets/ministrstva/MZEZ/projekti/MLA-pobuda/konvencija-dokoncna/The-Ljubljana-The-Hague-MLA-Convention_espanol.pdf

19 GOWAN, R.; "Multilateralism in Freefall? The key challenges that lie ahead for multilateralism and international cooperation at the UN"; *UNU-CPR United Nations University-Centre for Policy Research*, 30.07.2018https://unu.edu/cpr/blog-post/multilateralism-freefall).

tensiones entre los polos. EE. UU., China y Rusia cuestionan el sistema multilateral[20].

EE. UU. durante mucho tiempo garante del orden liberal multilateral, progresivamente lo abandona, retomando un aislamiento que ya había guiado su política exterior a finales del s. XX y principios del s. XXI[21]. EE. UU. no forma parte del Tratado de Ottawa de las minas antipersonales de 1999; del Protocolo de Kioto sobre Cambio Climático de 2005; del Tribunal Penal Internacional de 2002, por citar ejemplos de principios del s. XXI, durante el giro unilateralista de la Administración de George W. Bush de 2001-2009. En la Presidencia de Donald Trump, EE. UU. se retira del Acuerdo de París sobre el Cambio Climático, del Acuerdo Transpacífico de Cooperación Económica y del Pacto Mundial de la ONU sobre Migración y Refugiados (todo ello en 2017). En 2019 denuncia el Tratado sobre Fuerzas Nucleares de Alcance Intermedio, abandona el acuerdo nuclear con Irán, con otras agencias y organismos de NN. UU. (Agencia de las NN.UU. para los Refugiados de Palestina UNRWA en 2018, participación que fue retomada en 2021, de la Unesco –en 2017–, del Comité de Derechos Humanos de la ONU –en 2018–, de la Unión Postal Universal –en 2018– y anunció en 2020 el abandono de la OMS, proceso detenido por el Presidente Biden). También debilita y pone trabas al funcionamiento de la OMC al bloquear su Órgano de Apelación por la negativa de Trump a nombrar nuevos jueces, dificulta el comercio internacional y abandona las negociaciones del TTIP –Acuerdo de Libre Comercio con la UE–.

En los últimos años especialmente, EE. UU. se ha revelado como un gran detractor de las soluciones multilaterales, priorizando los entendimientos bilaterales y la acción unilateral. Joe Biden al llegar a la Presidencia afirmó que "America is back", lo que nos retrotrae al compromiso estadounidense con el multilateralismo: el acuerdo de Río sobre cambio

---

20 *Vid*. SÁNCHEZ MARGALEF, H.; "La Unión Europea y las Naciones Unidas: dos organizaciones, un destino", *Cidob Report*, 06-2020, pp. 55 y ss. (www.cidob.org).

21 Realmente, el aislacionismo o el expansionismo en la política exterior estadounidense es algo cíclico, pues engarza con las dos grandes tradiciones clásicas de su política exterior: la aislacionista representada por Thomas Jefferson y la intervencionista que personifica Alexander Hamilton que considera a EE. UU. como el pueblo elegido llamado a exportar la democracia y sus valores por el mundo.

climático con Bush padre, la creación de la OMC en la época de Clinton, o más, recientemente, la firma del Acuerdo de París sobre el Cambio Climático con Barack Obama. La trayectoria de EE. UU. como líder global ha tenido luces y sombras siempre: Bill Clinton ordenó bombardear Serbia sin una resolución del Consejo de Seguridad, Ronald Reagan ignoró a la Corte Internacional de Justicia que declaró ilegal la colocación de minas en puertos nicaragüenses y la actividades a favor de la Contra, etc. Es decir, la relación "complicada" de EE. UU. con las instituciones multilaterales no es algo nuevo. Y tampoco Biden contempla como prioridad la puesta en marcha de acuerdos internacionales de liberalización comercial, precisamente. Por ejemplo, aunque fue Trump quien abandonó el Acuerdo Transpacífico de Cooperación Económica TPP trabajado por Obama, tampoco lo ha retomado Biden a pesar de que la Administración demócrata ha abierto una oportunidad para recomponer dinámicas de cooperación en la comunidad internacional y superar algunos de los destrozos aislacionistas de los cuatro años de la Administración de Trump. EE. UU. ha recuperado algunos de los compromisos multilaterales abandonados por la anterior gestión, como la lucha contra la crisis climática, la participación en la OMS y ha retomado el diálogo con los aliados occidentales y específicamente con la UE. La crisis de Ucrania favorece además un regreso estadounidense a la cooperación internacional; aunque la pugna con China se ha acentuado incluso como consecuencia de algunas provocaciones innecesarias[22]. Para algunos[23], una característica del actual orden mundial multipolar es la inevitable rivalidad y tendencia a la confrontación entre la todavía potencia dominante, EE. UU. y la China emergente[24].

---

22 El 4 de agosto de 2022, se produce la "provocadora" visita de la presidenta de la Cámara de Representantes de Estados Unidos, Nancy Pelosi, a Taiwán, suscitando la airada respuesta de China que ya había advertido a Washington de "estar jugando con fuego", acompañada de unos espectaculares ejercicios militares en la Región.

23 PARDO DE SANTAYANA, J.; "La revolución de Heráclito, todo fluye y nada permanece en el orden global multipolar" (reedición); *Documento de Análisis*, n.º 44, 2021, Instituto Español de Estudios Estratégicos, (www.ieee.es).

24 Lo que se ha popularizado como la "Trampa de Tucídides", según expresión acuñada por Graham T. Allison, para describir la tendencia hacia el enfrentamiento cuando una potencia emergente –China– aspira a sustituir a la gran potencia hegemónica mundial –EE. UU.–.

China, el principal rival geoestratégico de la hegemonía estadounidense en este mundo multipolar, es un socio relativamente fiable en muchos acuerdos multilaterales[25], miembro de numerosas organizaciones internacionales y que ha firmado más de 500 tratados multilaterales. En los últimos años ha aumentado sus inversiones en la ONU con la intención de aumentar su liderazgo internacional; desde 2020 es el segundo mayor contribuyente a Naciones Unidas, es también el segundo contribuyente al presupuesto de operaciones de mantenimiento de la paz, el miembro permanente del Consejo de Seguridad con más cascos azules desplegados, desarrolla un gran protagonismo en los organismos especializados y en numerosas agencias de Naciones Unidas, presidiendo alguna de ellas como la Organización para la Alimentación y la Agricultura FAO.

Pero por otra parte, también construye alianzas y promueve organizaciones al margen de los organismos multilaterales tradicionalmente dirigidos por Occidente[26]. Principalmente, el Banco Asiático de Inversión en Infraestructura constituido en 2015, organismo financiero de alcance internacional que facilita el acceso a fondos financieros sin las exigencias de otras instituciones multilaterales como el Banco Mundial o el Fondo Monetario Internacional erigiéndose en alternativa a las mismas para muchos Estados y potencias emergentes[27]. Más recientemente, el Acuerdo de Asociación Económica Integral Regional, RCEP, firmado el 15 de noviembre de 2020 –y en vigor desde enero de 2022– por los diez Estados miembros de la Asociación de Naciones del Sudeste Asiático ASEAN y cinco Estados de Asia y Oceanía con los que la ASEAN tiene Acuerdos de Libre Comercio: además de China, Australia, Corea del Sur, Japón,

---

25 Para la UE es "un socio para la cooperación, un competidor económico y un rival sistémico. Con China podemos tratar cuestiones de interés mundial como el cambio climático". *Vid.* Consejo de la UE. *Una Brújula Estratégica para la Seguridad y la Defensa. Por una Unión Europea que proteja a sus ciudadanos, defienda sus valores e intereses y contribuya a la paz y la seguridad internacionales.* Bruselas, 21 de marzo de 2022 (p. 8).
26 SÁNCHEZ MARGALEF, H., *op. cit.*, p. 55.
27 Aunque no únicamente, pues en la actualidad cuenta con 106 miembros, con una cartera de más de 180 proyectos en más de 30 países con una capitalización de 100 000 millones de dólares (Según consta en su página web, visitada en abril del 2024: Vid. www.aiib.org).

Nueva Zelanda[28]. Este Acuerdo, el mayor tratado de libre comercio del mundo que abarca casi un tercio de la población mundial y un 30 % del PIB mundial, confirma el giro definitivo del eje comercial del Atlántico al Pacífico; la futura economía mundial pasa por Asia-Pacífico, y China se apunta un tanto geopolítico y consolida su proyección e influencia en la región.

Es además un magnífico complemento y una plataforma para la otra gran estrategia china, la denominada Iniciativa de la Franja y la Ruta o Nueva Ruta de la Seda, la estrategia económica, política e ideológica de cooperación bilateral que China está construyendo desde el 2013 como alternativa a la globalización occidental y a la que se han adherido ya más de 150 Estados: treinta europeos (algunos de la UE, aunque no España, Alemania ni Francia, pero sí Italia, el único miembro del G7 que lo ha hecho[29]); cuarenta asiáticos, más de cincuenta africanos y casi veinte de América Latina, y siguen aumentando cada día. La Iniciativa fue presentada el 7 de septiembre de 2013 por el presidente Xi Jinping que había estrenado mandato solo seis meses antes, en la Universidad Nazarbayev de Astaná (Kazakstán). Xi rememoró los viajes de Zhang Qian, emisario enviado por el Emperador Wu de la dinastía Han a Asia Central hace 2100 años y que inició la relación de amistad entre esta

---

28 India se bajó del Acuerdo en el último momento, aunque dejó la puerta abierta a una incorporación posterior. El RCEP abarca casi la tercera parte de la producción global y unos 2200 millones de consumidores –un tercio de la población mundial–, con un PIB conjunto de 26 billones de dólares (un 29 % del PIB mundial), frente a los 19 de la UE o los 24 del TMex de EE. UU., Canadá y México. Este nuevo Tratado integrará la gran parte de los acuerdos bilaterales firmados por los países socios en un solo pacto multilateral, dibujando el horizonte de una gran zona comercial asiática.

29 Sin embargo, el 6 de diciembre de 2023, Italia anunció su retirada oficial del proyecto, cuatro años después de su adhesión, en 2019, por el Gobierno de Giuseppe Conte y apoyada por el Movimiento Cinco Estrellas y la Liga. Según los datos aportados por el Gobierno actual de Giorgia Meloni, Italia no ha experimentado ganancias económicas relevantes por su participación en dicha iniciativa china y la relación comercial que ya estaba claramente desequilibrada en favor de China se ha acentuado todavía más: las exportaciones de Italia hacia China han aumentado muy poco mientras que las importaciones de Italia desde China se han disparado, lo que hace que el déficit comercial de Italia con China sea más del doble de lo que era cuando el Gobierno italiano decidió integrarse en la Ruta de la Seda. Además, la inversión directa extranjera de China hacia Italia no ha aumentado desde la firma del acuerdo, sino que se ha desplomado.

región asiática con China dando origen a la Ruta de la Seda que ligaría el Este y el Oeste, Asia y Europa.

La nueva ruta de la seda propuesta por Xi hace ahora una década daría el pistoletazo de salida a una nueva era en China proyectada hacia el exterior y con vocación de incrementar su protagonismo geopolítico[30]. Durante este decenio Pekín ha invertido en este megaprograma de infraestructuras a lo largo del mundo más de un millón de dólares, con los que China ha incrementado su demanda desde el exterior (en la construcción de muchos de esos proyectos participan empresas y trabajadores chinos) en una iniciativa en la que caben proyectos de todo tipo, desde la seguridad, el comercio, la energía y la cultura; pero fundamentalmente conexiones, puertos y transportes. Frente a denuncias que califican el proyecto chino como de neocolonialista[31], las autoridades chinas esgrimen el establecimiento de más de 3000 proyectos de cooperación que han supuesto la creación de 420 000 empleos locales y, en definitiva, sacar de la pobreza a casi 40 millones de personas.

Además, en sus relaciones con terceros, China brinda a África y a otras Regiones un apoyo que no cuestiona las normas y condiciones tan rígidas que acostumbra la ayuda al desarrollo de Occidente, con una concepción de los derechos humanos muy distinta de la que tenemos las democracias liberales occidentales. Por otra parte, lidera la Organización de Cooperación de Shanghái, la única de naturaleza militar en la que participa, cuyo objetivo es la cooperación en materia de seguridad

---

30 Las referencias sobre este tema son ya inabordables; para una visión general de la Iniciativa vid. entre otros: AMIGHINI, A. (ed.); *China´s Belt and Road: a Game Changer?*, Novi Ligure, Edizioni Epoké, 2017. DJANKOV, S. and MINER, S. (Eds.); *China´s Belt and Road Initiative: Motives, Scope and Challenges*, Washinton, Peterson Institute for International Economics, 2016. TEKDAL, V.; "China´s Belt and Road Initiative at the crossroads of challenges and ambitious" in *The Pacific, Review*, vol. 31, Issue 3, 2018 (https://www.tandfonline.com/doi/full/10.1080/09512748.2017.1391864).

31 BENNON, M. and FUKUYAMA, F.; "China´s Road to Ruin: the Real Toll of Beijing´s Belt and Road", *Foreign Affairs*, sep/oct 2023 (https://www.foreignaffairs.com/china/belt-road-initiative-xi-imf). Según los autores, el programa pone en peligro además a muchos países en vías de desarrollo atrapados en una espiral de deuda que además compromete al FMI que ha de rescatarlos. Los Gobiernos que negociaron estos proyectos aceptaron préstamos que han originado grandes sobreendeudamientos que impiden garantizar la financiación de futuros proyectos o incluso pagar el servicio de la deuda.

para luchar contra las amenazas del radicalismo islámico, terrorismo, separatismo, etc. Fundada en 2001, lo más relevante de esta organización destinada a tener un rol muy determinante en el futuro inmediato son sus integrantes: China y Rusia, Kazajistán, Kirguistán, Tayikistán, Uzbekistán (miembros fundadores), India y Pakistán (desde 2017) e Irán (desde 2021). Es decir, más del 40 % de la población mundial, una cuarta parte del PIB del planeta y más de 60 % de la superficie de Euroasia. Por último, señalar también que China desarrolla numerosas iniciativas de cooperación Sur-Sur: Foro China-África, Foro China-CELAC, Foro China-Países Árabes y Foro China-Países Isleños del Pacífico, además del Foro APEC (Cooperación Económica Asia Pacífico).

En definitiva, China no aborrece el multilateralismo, incluso lo defiende como uno de los instrumentos prioritarios de su política exterior dedicada a impulsar el desarrollo. "A China le irá bien solo cuando al mundo le vaya bien" afirmó Xi Jinping en la Cumbre del G20 de Buenos Aires de 2018; anteriormente, ante el Foro Económico Mundial de Davos en enero del 2017, el líder chino había proclamado la adhesión al multilateralismo "para defender la autoridad y la eficacia de las instituciones multilaterales" afirmando también su compromiso de cumplir y respetar las reglas dado que "uno no debe seleccionar ni doblar las reglas como mejor le parezca"[32]. Pero tiene una concepción distinta del mismo dirigida fundamentalmente a equilibrar –o limitar– el poder de Estados Unidos y en el cual pueda hacer oír su voz. China manifiesta una forma singular, asiática, de entender el multilateralismo, convirtiéndolo en un "multilateralismo con características chinas"[33] alternativo al occidental.

Para China el multilateralismo es una forma de participar y comprometerse en la gestión de la gobernanza global, pero en función de los intereses de cada Estado sin que socave su soberanía; mientras que para Europa entronca con una idea posmoderna de soberanía en la que la resolución de conflictos y la gestión de los desafíos globales ha de

---

32 Que es justo lo que estaba predicando el presidente Donald Trump por aquellos momentos…

33 *AMBRÓS, I.;* "El multilateralismo asiático, un orden internacional con características chinas". *Documento de Opinión, 150/2020, Instituto Español de Estudios Estratégicos, www.ieee.es,* p. 1.

hacerse a través de OO. II., aunque esto menoscabe la soberanía estatal. China invoca la diversidad cultural y civilizacional para justificar la existencia de diversos tipos y expresiones de democracia, apostando por una forma de "auténtica democracia", la suya, no fundamentada en la posibilidad de cambiar de gobierno mediante elecciones libres. También su concepción de los derechos humanos responde a principios propios y singulares, atendiendo a la situación específica de cada país y negando la universalidad de la forma occidental de los mismos. Además, no duda en ignorar o reinterpretar en su favor las reglas del derecho internacional para la consecución de sus objetivos[34]. Para China los valores occidentales están caducos y son ineficaces para garantizar el crecimiento y la lucha contra las desigualdades. Por eso, su modernización no pasa por asumir valores occidentales; al contrario, considera que su modelo de crecimiento económico sin democracia pluralista es superior y, lo más preocupante para el mundo occidental, cada vez son más los países que lo consideran así. Para algunos, el mundo del s. XXI pasará de ser occidental a ser asiático[35].

Rusia por su parte, tampoco es precisamente un aliado del multilateralismo como evidencian los últimos acontecimientos. Comparte buena parte del acercamiento chino a este asunto y, especialmente, su crítica al liberalismo occidental. Rusia corre a llenar el vacío de poder dejado por los EE. UU. en diferentes conflictos militares; además, infringe las reglas del orden de seguridad multilateral gravemente, interviniendo militarmente sin pudor en Ucrania. Y protagoniza intervenciones unilaterales más o menos solapadas o explícitas en otros teatros (Georgia, Siria, Sahel, etc.), estrecha lazos con Irán, Israel, Arabia Saudí, Venezuela, Turquía y África en general, rememorando la exitosa presencia soviética en ese continente (en 2023 celebró en San Petersburgo la II Cumbre Rusia-África con presencia de más de veinte jefes de Estado africanos, tras la primera, celebrada en Sochi en 2019). También practica la ciberdelincuencia, lleva a cabo campañas desestabilizadoras de *fake*

---

34 *Vid.* por ejemplo los litigios que mantiene con los países ribereños del mar de China Meridional por el control de numerosas islas e islotes. AMBRÓS, I. *ibidem*, pp. 9 y ss.

35 Si en el siglo XIX el mundo fue europeizado, en el s. XX fue americanizado y en el XXI será "asianizado". *Vid.* KHANA, P. *The Future is Asian. Comerce, Conflict and Culture in the 21 st. Century.* New York, Simon & Schuster, 2019.

news, financia a partidos políticos populistas con clara intención desestabilizadora, etc. Aunque carezca de la potencia suficiente para imponer, o tan solo proponer, un modelo propio de gobernanza global, sí tiene capacidad para desestabilizar y cuestionar muy expeditivamente la propuesta occidental.

Uno de los más relevantes desafíos al orden multilateral de posguerra fría es el que hoy representan los BRICS "ampliados"[36]. El principal objetivo del grupo es la consecución de un orden internacional más justo y equilibrado, con una menor hegemonía occidental y con un mayor protagonismo, visibilidad y poder de los países del Sur Global y de los países no occidentales. Aunque los intereses nacionales de los BRICS son divergentes, y lo serán aún más con la última ampliación, comparten una demanda común, la cual es la reforma de las instituciones internacionales de la segunda posguerra mundial, fundamentalmente ONU, FMI y Banco Mundial, Si bien China y Rusia protagonizan una posición más contenida en el reclamo de la reforma del sistema de Naciones Unidas que protagonizan preferentemente India, Brasil y Sudáfrica, dada su participación permanente y con poder de veto en el Consejo de Seguridad de Naciones Unidas.

En definitiva, los BRICS suponen una de las más relevantes expresiones para remodelar el caduco orden mundial de acuerdo con la nueva realidad geopolítica. Y China no está dejando pasar la oportunidad de utilizarlo en este sentido convirtiéndolo en una plataforma de cooperación para las economías emergentes y los países en vías de desarrollo como exponente de un multilateralismo distinto, no guiado

---

36 Brasil, Rusia, India y China formalizaron su relación en 2009, en el contexto de la crisis financiera originada en Estados Unidos y que afectó fundamentalmente a los países avanzados. En 2010 se unió Sudáfrica al grupo, completando el acrónimo BRICS que se mantendrá también en el futuro cuando tras el 1 de enero de 2024 en que se han incorporado al grupo nuevos Estados (Etiopía, Egipto, Irán y los Emiratos Árabes Unidos). Argentina también fue invitada a integrarse; sin embargo, el nuevo presidente Javier Milei comunicó tras su elección el rechazo a incorporarse al club. Arabia Saudí tampoco ha oficializado su adhesión. Con esta ampliación los BRICS sumarán el 46 % de la población mundial y el 37 % del PIB en poder de compra. Además, a partir de esa fecha, cuentan en su seno con Arabia Saudí, primer productor mundial de crudo, así como otras potencias petrolíferas como Irán y Emiratos Árabes Unidos, convirtiéndose de esta forma en uno de los principales suministradores mundiales de petróleo.

por los intereses de los países occidentales[37]. La Cumbre de Johannesburgo del 23-26 de agosto de 2023 que aprobó la ampliación del grupo a seis nuevos Estados (aunque finalmente fueran los nuevos miembros), puede considerarse un logro de China ante las reticencias de otros miembros, especialmente la India, a ampliar el grupo con la pérdida relativa de protagonismo que ello conlleva. También Rusia percibe la ampliación de los BRICS de manera positiva en un contexto de sanciones y aislamiento como el que promueve Occidente en su contra. Para China y Rusia esta ampliación del grupo les proporciona masa crítica en su voluntad de erigirlo en un contrapoder frente al G7, el club de los países ricos, y de presentarse como una iniciativa atractiva para los países en vías de desarrollo y del Sur Global. Los BRICS ampliados serán más xinocéntricos y con un renovado barniz antioccidental protagonizado fundamentalmente por Irán y, en diferente medida, también por los Emiratos Árabes Unidos. India, sin embargo, cuyas relaciones con China son siempre complicadas, quizá vea debilitado en alguna medida su protagonismo y su vocación de mantener simultáneamente una relación equilibrada y amigable con Occidente y Rusia. Probablemente India prefiera el marco que le proporciona el G20 antes que el de los BRICS. Pero todo apunta a que la evolución del Grupo BRICS irá adquiriendo más relevancia en el futuro dado que son muchos los países que han mostrado voluntad de adherirse oficialmente al mismo, entre otros Indonesia, Argelia, Nigeria, hasta un total de 17 países.

Además, asistimos a otros desafíos al multilateralismo como pone de manifiesto el comportamiento de Turquía en el Mediterráneo oriental, el ascenso de la India y Pakistán, etc. Así, el sistema multilateral se ha debilitado y está más cuestionado que nunca. Hay una crisis de gobernanza global derivada también de la falta de eficacia de las principales instituciones internacionales para solucionar los problemas mundiales; además de una falta de representación de las potencias emergentes en muchas de estas organizaciones; falta de democracia en

---

37 *Vid.* LUKIN, A. & XUESONG, F.; "What is BRICS for China?" in *Strategic Analysis*, Vol. 43, Issue 6. Special Issue: *BRICS and the Global Order*, 2019 (https://www.tand fonline.com/doi/full/10.1080/09700161.2019.1669896).

el multilateralismo con procesos decisionales no democráticos y que privilegian a unos Estados sobre otros; crisis del modelo de gobernanza multilateral.

Asistimos a la emergencia de nuevas potencias no occidentales que cuestionan la evolución del orden internacional hacia un liberalismo posnacional que supone una mayor transferencia de autoridad desde los Estados hacia unas instituciones internacionales que promueven la injerencia y se hacen más intrusivas[38]. En el horizonte se vislumbra cada vez con más nitidez una nueva configuración del poder global tendente hacia un orden posoccidental alejada del multilateralismo que habíamos conocido hasta ahora[39]. Un desafío importante para el inmediato futuro es encontrar la articulación precisa entre todas estas iniciativas multilaterales que proliferan (G7, BRICS, G20, etc.) y establecer su relación con el único sistema universal, el de las Naciones Unidas.

Y en eso llegamos a la pandemia y a la crisis de Ucrania.

2.5. Multilateralismo y COVID-19

La COVID-19 exacerba la contestación al multilateralismo ya existente. No deja de resultar paradójico que cuando más necesitamos la cooperación multilateral para afrontar los desafíos de la pandemia, se produce un cuestionamiento más intenso de las organizaciones multilaterales. Conviven en el mismo tiempo la realidad de un mundo descentralizado caracterizado por un sistema de potencias y Estados soberanos cada vez más replegados en sí mismo (*America first*; "las vacunas para mí") con manifestaciones cada vez más dramáticas de incapacidad para gestionar colectivamente, sea la pandemia, el cambio climático, la desigualdad global, las migraciones, el crimen organizado, etc. Simultáneamente asistimos por una parte a una mayor interconexión en ámbitos como la salud, la economía, el clima, el comercio, etc., y, por otra, más

---

38 BARBÉ, E. "La crisis del orden internacional liberal y su impacto en las normas internacionales" en BARBÉ, E. (Dra.); *Las normas internacionales ante la crisis del orden liberal. Op. cit.*, pp. 41 y ss.
39 HASS, R.N.; *A world in Disarray. American Foreign Policy and the Crisis of the Old Order*, New York, Penguin, 2018.

competencia geopolítica entre potencias con modelos y valores políticos y económicos muy diferentes.

La crisis de la COVID-19 evidencia las grandes incertidumbres del sistema internacional en diferentes ámbitos[40]: en primer lugar, asistimos a una carencia de liderazgo sistémico (¿quién gobierna el mundo?); hemos dejado atrás el unipolarismo estadounidense de finales del s. XX y ahora China pugna por un liderazgo cada vez más descarnado (rivalidad geoestratégica China-EE. UU., virus "chino") y con más legitimación (diplomacia de las mascarillas, nueva ruta de la seda). En segundo lugar, vemos un repliegue a la soberanía nacional y un regreso al Estado y, simultáneamente, una desglobalización creciente manifestada en la disminución del comercio internacional y la polarización social entre nacionalistas soberanistas *versus* globalistas cosmopolitas. En tercer lugar, la pandemia acentúa la crisis del multilateralismo precisamente cuando más se la necesita: cuestionamiento de la OMS, insuficiencia de iniciativas como la COVAX, rivalidad geoestratégica.

La realidad es que se deslegitima a la OMS y se cuestiona el multilateralismo cuando la pandemia evidencia el fracaso de los Estados y la necesidad de un enfoque colectivo. La COVID-19 pone de manifiesto las vulnerabilidades del mundo interconectado y la necesidad de la cooperación, pero también el alcance de la competitividad geopolítica[41]. Las disfunciones y limitaciones del orden internacional y del sistema de gobernanza internacional quedan dramáticamente en evidencia durante la pandemia[42]. En 2020 se produjo el primer retroceso en desarrollo humano de los últimos 30 años. La nueva redistribución del poder (las potencias "emergentes" ya han emergido), los nuevos desafíos globales, la gestión de nuevos bienes públicos globales que no conocen fronteras como la salud y otros, exigen un multilateralismo más eficiente.

---

40 BARBÉ, E.; "El invierno que no llegó: el orden internacional en tiempos de pandemia" en *Revista Española de Derecho Internacional,* vol. 72, n.º 2, 2020, pp. 15 y ss.

41 DWORKIN, A.; "¿Cómo puede Europa reconstruir el multilateralismo tras la COVID-19?", *Policy Brief,* abril, 2021, European Council on Foreign Relations, p. 18 (https://ecfr.eu/madrid/publication/como-puede-europa-reconstruir-el-multilateralismo-tras-la-covid-19/).

42 Las rivalidades geopolíticas ya existían; pero la pandemia se convierte en un instrumento de rivalidad estructural que las acentúa limitando la respuesta multilateral a

La gran paradoja es que el cierre de fronteras y el confinamiento masivo en nuestras casas nos ha hecho más cosmopolitas. Nunca antes toda la población del mundo entero había compartido el mismo temor, la misma sensación de vulnerabilidad. "Por primera vez en la historia las personas del mundo entero han tenido la misma conversación (…). Hemos experimentado (y compartido a través del ordenador) lo que significa vivir en el mismo mundo"[43].

La COVID-19 ha mostrado con crudeza que la cooperación multilateral es imprescindible. En este siglo de interdependencia transnacional máxima, el aislamiento no es una opción posible. La cooperación internacional y el diálogo global es la única forma cabal de enfrentar los retos globales del mundo actual. Estos desafíos exigen acciones concertadas a nivel global y multilateral, y el instrumento dotado con más legitimidad para ello, qué duda cabe, son las Naciones Unidas. Sin embargo, la crisis sanitaria global derivada de la pandemia contribuyó a erosionar el orden internacional ya en contestación y aceleró el proceso de transición de poder, espoleando tendencias ya presentes en los últimos dos decenios[44].

2.6. Multilateralismo y crisis de Ucrania

El 24 de febrero de 2022, Rusia invade Ucrania en lo que es el ejemplo más dramático de desprecio explícito al cumplimiento de las normas multilaterales que nos habíamos dado. La agresión rusa a Ucrania es un ilícito internacional que viola principios fundamentales del derecho internacional y valores básicos de convivencia como la igualdad soberana de los Estados, su independencia e integridad territorial y la

---

la crisis. Thomas WRIGHT y Colin KAHL describen las innumerables formas en que la crisis evidencia los límites del antiguo orden internacional; en *Aftershocks: Pandemic Politics and the End of the Old International Order.* New York, St. Martins's Publishing Group, 2021.

43 KRASTEV, I.; *¿Ya es mañana? Como la pandemia cambiará el mundo.* Madrid, Debate, 2020, p. 94. El autor finaliza este libro con una idea sugerente: "La COVID-19 ha infectado al mundo de cosmopolitismo, al tiempo que ha enemistado a los Estados con la globalización" (p. 95).

44 *Vid.* MOURE PEÑÍN, L. y PINTADO LOBATO, M. (Coords.); *Transición de poder y transformaciones del orden liberal en tiempos de pandemia.* Valencia, tirant lo Blanch, 2022.

prohibición del uso de la fuerza (artículo 2.4 de la Carta de las Naciones Unidas), solo excepcionalmente permitida en legítima defensa y tras autorización del Consejo de Seguridad (artículo 51 de la Carta). La guerra de Ucrania evidencia la idea de la competencia geopolítica entre las potencias como principio "ordenador" de las relaciones internacionales, frente a un orden internacional multilateral fundado en normas. Frente al Derecho internacional regulador de la sociedad internacional, se impone la ley del más fuerte en una jungla internacional sin orden ni concierto.

La guerra en Ucrania pone de manifiesto abruptamente la ruptura del orden multilateral de las relaciones internacionales que aspiraba a una gobernanza global pacífica y ordenada de acuerdo a normas y la emergencia de un sistema multipolar inestable y de contornos todavía inciertos; la reconfiguración del orden internacional ya se venía esbozando de forma más o menos evidente, pero la guerra supone un aldabonazo de magnitudes y consecuencias todavía inciertas. Algunos han caracterizado a la guerra de Ucrania, no sin razón, como una especie de trampantojo tras el que se oculta un escenario mucho más amplio y complejo, de dimensión global y que todavía está lejos de definirse y delimitarse[45]. Sería una forma de guerra subsidiaria o guerra por delegación, guerra *proxy* entre Occidente liderado por EE. UU. frente a Rusia, en la que los contendientes se valen de un tercero como substituto en lugar de enfrentarse directamente en el campo de batalla. Las guerras por delegación implican transferir al *proxy* (representante o sustituto), en este caso a Ucrania, armamento, capacidad logística, inteligencia, financiación, etc.; pero nunca personal militar dado que esto lo convertiría en una intervención militar directa.

Es obvio que la guerra la inicia Rusia por su voluntad y decisión; pero no parece descabellado pensar que EE. UU. espera importantes beneficios geoestratégicos con el agotamiento de Rusia en una guerra larga y beneficios económicos jugosos con los ingresos que proporciona

---

45 PRIETO ARELLANO, F.; "Retorno a Westfalia. El callejón sin salida del orden internacional tras la guerra de Ucrania" en *Documento Opinión*, Instituto Español de Estudios Estratégicos, n.º 44/2023, 4 de mayo de 2023, p. 4 (https://www.ieee.es/en/Galerias/fichero/docs_opinion/2023/DIEEEO44_2023_FERPRI_Retorno.pdf).

la venta de sus *stocks* armamentísticos, sus reservas de gas a precios elevadísimos, etc.

Unos días antes de la agresión a Ucrania, el 4 de febrero de 2022 los presidentes Vladímir Putin y Xi Jinping en una Declaración Conjunta[46] sientan las bases de una nueva alianza; pero, sobre todo, sientan las bases de una nueva era en las relaciones internacionales que supone una sacudida sin parangón al orden liberal multilateral creado tras la segunda guerra mundial y que habíamos desarrollado desde entonces. En esta visión conjunta del futuro compartida, Rusia y China redefinen la democracia y su visión puramente occidental[47], la interpretación universal de los derechos humanos[48], reviven las esferas de influencia[49] y, en consecuencia, se oponen a la ampliación de la OTAN[50]. Y en lo que más se refiere a nuestro objeto de estudio en este trabajo, tras referir "la aparición de procesos y fenómenos nuevos como la multipolaridad" y evidenciar que "ha surgido una tendencia a la distribución del poder en el mundo", donde dejan claro que la hegemonía occidental de la posguerra

---

46 *Declaración Conjunta de la Federación Rusa y de la República Popular China sobre la entrada de las relaciones internacionales en una nueva era y el desarrollo global sostenible* (http://en.kremlin.ru/supplement/5770).

47 "La democracia es un valor humano universal, más que un privilegio de un limitado número de Estados (…) la democracia es un medio de participación de la ciudadanía en el gobierno de su país con vistas a mejorar el bienestar de la población y aplicar el principio de gobierno popular (…). No existe un modelo único para guiar a los países en el establecimiento de la democracia" *(ibidem)*.

48 "… el carácter universal de los derechos humanos debe contemplarse a través del prisma de la situación real de cada país en concreto, y los derechos humanos deben protegerse de acuerdo con la situación específica de cada país y las necesidades de su población" *(ibidem)*.

49 "Rusia y China se oponen a los intentos de fuerzas externas de socavar la seguridad y la estabilidad en las regiones adyacentes comunes, pretenden contrarrestar la injerencia de fuerzas externas en los asuntos internos de países soberanos bajo cualquier pretexto, se oponen a las revoluciones de colores (…)" *(ibidem)*.

50 "… determinados Estados, alianzas y coaliciones militares y políticas pretenden obtener, directa o indirectamente, ventajas militares unilaterales en detrimento de la seguridad de otros (…) intensifican la rivalidad geopolítica, alimentan el antagonismo y el enfrentamiento, y socavan gravemente el orden de seguridad internacional y la estabilidad estratégica mundial. Las partes se oponen a una nueva ampliación de la OTAN, y hacen un llamamiento a la Alianza del Atlántico Norte para que abandone sus planteamientos ideologizados de la Guerra Fría, respete la soberanía, la seguridad y los intereses de otros países" *(ibidem)*.

fría ha finalizado[51], expresan su defensa del multilateralismo[52]. Obviamente la defensa explícita del Consejo de Seguridad como estructura de poder central es coherente con su poder de veto en el seno del mismo, de ahí que esta idea sea reiterada en el mismo documento párrafos más adelante[53]. La Declaración expresa un rechazo explícito a las prácticas minilateralistas así como a ese multilateralismo solidarista que promueve normas liberales pretendidamente universalizadas que trascienden las soberanías estatales[54]. Beijing y Moscú reafirman el reforzamiento y la coordinación de sus políticas exteriores con el fin de "perseguir un verdadero multilateralismo, reforzar la cooperación en las plataformas multilaterales, defender los intereses comunes, apoyar el equilibrio de poder internacional y regional y mejorar la gobernanza mundial".

En definitiva, estamos ante un documento contradictorio en muchos de sus extremos, cínico y lleno de trampas[55], con afirmaciones

51 "Algunos actores que no representan más que a una minoría a escala internacional siguen defendiendo estrategias unilaterales para resolver los asuntos internacionales y recurren a la fuerza (…) frente a la oposición de la comunidad internacional" (*ibidem*).

52 Preámbulo: "Las partes hacen un llamamiento a todos los Estados para que (…) protejan la arquitectura internacional impulsada por Naciones Unidas y el orden mundial basado en el derecho internacional; persigan una auténtica multipolaridad en la que Naciones Unidas y su Consejo de Seguridad desempeñen un papel central y de coordinación; promuevan unas relaciones internacionales más democráticas; y garanticen la paz, la estabilidad y el desarrollo sostenible en todo el mundo" (*ibidem*).

53 "Rusia y China, en su condición de potencias mundiales y miembros permanentes del Consejo de Seguridad de Naciones Unidas tienen la intención de acatar firmemente los principios morales y aceptar su responsabilidad; interceder enérgicamente por el sistema internacional en el que Naciones Unidas desempeña una función esencial de coordinación en los asuntos internacionales; proteger el orden mundial basado en el derecho internacional, incluidos los propósitos y principios de la Carta de Naciones Unidas; fomentar la multipolaridad y promover la democratización de las relaciones internacionales; crear juntos un mundo aún más próspero, estable y justo; y construir conjuntamente un nuevo tipo de relaciones internacionales" (*ibidem*).

54 "… las partes tienen la intención de resistir los intentos de sustituir los formatos y mecanismos universalmente reconocidos que son coherentes con el derecho internacional por normas elaboradas en privado por determinadas naciones o bloques de naciones, y están en contra de abordar los problemas internacionales de forma indirecta y sin consenso, se oponen a la política de poder, a la intimidación, a las sanciones unilaterales y a la aplicación extraterritorial de la jurisdicción" (*ibidem*).

55 Como afirma Vicenç FISAS en *Hegemonías, bloques y potencias en el Siglo XXI. El orden mundial tras la guerra de Ucrania*. Madrid, Los libros de la Catarata, 2022, p. 48.

que promueven para sí lo que niegan para otros (justo lo contrario de lo que había venido ocurriendo hasta ahora en el orden y la sociedad internacional "occidentalocéntrica" donde los países occidentales liderados por EE. UU. marcaban buena parte de las reglas de juego) por ejemplo negando a la OTAN lo que propugnan para la Organización de Cooperación de Shanghái; pero que, nos guste o no, clarifica la posición de China y Rusia y que, sin ninguna duda, condicionará la política internacional durante los próximos años. Dos de las grandes potencias globales dejan claro que no suscribirán la interpretación del orden internacional vigente hasta ahora, evidencian la no universalidad de la interpretación occidental de los derechos humanos, la democracia, el desarrollo y el multilateralismo. Defienden las Naciones Unidas y otros organismos multilaterales, pero anticipan que enfrentarán la dominación occidental sobre los mismos. Reivindican sus zonas de influencia, como también las tiene EE. UU., y el principio universal de seguridad compartida y para todos. La conclusión final podría ser que se ha acabado el orden internacional universalizado por obra y gracia de EE. UU. que se asumía incuestionablemente como "el" orden internacional. China y Rusia anuncian la entrada en una nueva era en las relaciones internacionales.

La agresión rusa es una agresión al orden multilateral existente; pero en el seno de las instituciones multilaterales, se reproduce el enfrentamiento y se evidencia la pugna en este orden internacional en transición. Así, el 25 de febrero de 2022 el Consejo de Seguridad verá fracasar su propuesta de Resolución condenatoria de la agresión rusa con el voto en contra –y consiguientemente con el veto– previsible de Rusia y las abstenciones de China, India y los Emiratos Árabes Unidos[56].

El 16 de marzo del 2022 el Comité de Ministros del Consejo de Europa decidió la suspensión de la membresía de Rusia, 26 años después de su adhesión (si bien, no pudo materializarse la expulsión, dado que Rusia

---

56 Como perspicazmente señala Xabier PONS RAFOLS, "Estados que representan a casi la mitad de la población mundial votaron en contra o se abstuvieron en relación con esta propuesta de resolución de condena, lo que no constituye un tema menor". En "La guerra de Ucrania, las Naciones Unidas y el Derecho Internacional: algunas certezas sistémicas insostenibles" en *Revista Electrónica de Estudios Internacionales*, n.º 43, 2022, pp. 14 y 15. (http://www.reei.org/index.php/revista/num43/articulos/guerra-ucrania-naciones-unidas-derecho-internacional-algunas-certezas-sistemicas-insostenibles)

notificó su retirada un día antes a la vez que denunció el Convenio Europeo de Derechos Humanos); además, la Federación de Rusia fue condenada por la OTAN, la UE, la OCDE, la CEDEAO, y la presidencia de la OSCE; y apercibida por la presidencia de la Unión Africana[57].

El 8 de abril de 2022 la Asamblea General de Naciones Unidas expulsa a Rusia del Consejo de Derechos Humanos[58] por las "violaciones y abusos graves y sistemáticos" cometidos durante la invasión de Ucrania. De 193 Estados, participaron en la votación 176, votando 93 a favor, 24 en contra (entre otros: China, Irán, Siria, Cuba, Venezuela, Kazajstán, Corea del Norte, etc.) y 58 abstenciones (entre otros: Egipto, Brasil, México, Sudáfrica, Senegal, etc.).

Ante el bloqueo del Consejo de Seguridad por el veto ruso, se pronuncia la Asamblea General de las Naciones Unidas en sesión especial de emergencia el 2 de marzo de 2022 convocada bajo el formato "Unión pro paz"[59], aprobando la Resolución ES-11/1contra la agresión por 141 votos a favor (superando la cifra de 129 que marca los dos tercios del total de miembros), 5 en contra[60], 35 abstenciones[61] y 12 ausentes[62] (del

---

57 LÓPEZ-ARANDA, R.; "La Resolución de la Asamblea General de las Naciones Unidas sobre Ucrania y la pugna por el orden internacional", Real Instituto Elcano, 3 de marzo de 2022.

58 Fundado en 2006 e integrado por 47 Estados "responsables de la promoción y la protección de los Derechos Humanos en todo el mundo", no está capacitado para la toma de decisiones vinculantes, pero puede impulsar investigaciones.

59 Se refiere a la Resolución 377 de la Asamblea General de las Naciones Unidas aprobada el 3 de noviembre de 1950 en el contexto de la Guerra de Corea, que la faculta para adoptar medidas en caso de la existencia de una amenaza para la paz, un quebrantamiento de la paz o un acto de agresión, si el Consejo de Seguridad no lo hiciera por el veto de algún miembro permanente. En este supuesto, la Asamblea puede recomendar la adopción de medidas colectivas para mantener o restablecer la paz y la seguridad internacionales (en ese caso se trataba de eludir los vetos que la URSS estaba poniendo a la Resolución con relación a la Guerra de Corea). En definitiva, se trata de que, si el Consejo de Seguridad por falta de unanimidad entre sus miembros permanentes deja de cumplir con su responsabilidad primordial de mantener la paz y la seguridad internacionales, la Asamblea General puede examinar el asunto para emitir recomendaciones sobre la adopción de medidas colectivas a fin de mantener o restaurar la paz.

60 Rusia, Bielorrusia, Eritrea, Corea del Norte y Siria.

61 Entre otros: Argelia, Armenia, Bolivia, China, Cuba, India, Irán, Irak, Kazajistán, Nicaragua, El Salvador, Pakistán, Sudáfrica, Tayiquistán y Vietnam.

62 Entre otros: Azerbaiyán, Marruecos, Turkmenistán, Uzbekistán y Venezuela (que carecía de voto por no pagar las cuotas de la ONU).

total de 193 Estados miembros de las Naciones Unidas). La Resolución de la Asamblea apuesta por la soberanía, independencia, unidad e integridad territorial de Ucrania dentro de sus fronteras reconocidas internacionalmente; y exige a Rusia el cese inmediato del uso de la violencia[63].

El 24 de marzo de 2022, la Asamblea aprueba una segunda Resolución ES-11/2 sobre las consecuencias humanitarias de la agresión con una mayoría muy parecida: 140 votos a favor, 5 en contra (los mismos que en la anterior) y 38 abstenciones (entre ellas, igualmente China y la India).

El 13 de octubre de 2022, la Asamblea General aprueba una nueva resolución en este caso para condenar los referéndums organizados por Rusia entre el 23 y el 27 de septiembre de ese año para anexionarse las regiones ocupadas de Donetsk, Lugansk, Jersón y Zaporiyia. La Resolución fue aprobada con 143 votos a favor, 5 en contra y 35 abstenciones.

Como vemos, los resultados de las votaciones de las sucesivas resoluciones de condena a Rusia se mantienen con una cierta estabilidad, en torno a los 140 Estados en contra de la agresión.

Esta mayoría se debilitó en la Resolución del 14 de noviembre de 2022 relativa a la "Promoción de vías de recurso y reparaciones por la agresión contra Ucrania", aprobada por 94 votos a favor, 14 en contra, 73 abstenciones y 12 ausentes.

Las cifras no variarán al cumplirse un año de la invasión; el 23 de febrero de 2023, en una nueva Resolución, la Asamblea General de Naciones Unidas solicita a Rusia la retirada inmediata de Ucrania para alcanzar una paz general, justa y duradera con 141 votos a favor; siete en contra (en apoyo de Rusia solo votaron Bielorrusia, Corea del Norte, Siria, Nicaragua, Eritrea y Mali, que hasta este momento se había abstenido[64]); pero otros treinta y dos –entre ellos nuevamente China e India– se abstuvieron.

---

63 Recordemos que, en una situación hasta cierto punto análoga, la Asamblea General condenó en marzo de 2014 la anexión de Crimea en la Resolución 68/262 con únicamente 100 votos favorables (en lugar de los 141 actuales) y 10 en contra (en lugar de los 5 actuales).

64 Hay que recordar que en ese momento se había producido ya el abandono del país de la misión francesa de estabilización solicitada por el gobierno maliense y la entrada en el país africano de los mercenarios rusos del grupo mercenario Wagner.

Hubo además 13 ausencias. Y entre los que votaron a favor de la Resolución, algunos como Brasil, expresaron una posición de condena tibia en términos políticos y muy clara en favor de la necesidad de contener el envío de armas y la ayuda militar a Ucrania reivindicando una negociación diplomática como forma de acabar con la guerra[65].

Además, debemos señalar también el importante consenso en la promulgación de sanciones internacionales frente a Rusia. Para muchos, la agresión contra Ucrania "ha puesto de relieve una gran cohesión de la comunidad internacional en su conjunto, en defensa de los principios y propósitos consagrados en la Carta de las Naciones Unidas (…). En un momento en el que, con la etiqueta geopolítica, parecía que el nuevo paradigma de la convivencia internacional se inclinaba hacia la ley del más fuerte, la reacción internacional ante la crisis de Ucrania supone una reivindicación de la arquitectura internacional multilateral en la que se basa la convivencia pacífica entre los Estados, sin duda imperfecta pero preferible al estado de naturaleza que se ofrece como alternativa"[66]. Así, a pesar de todo, la respuesta a la agresión rusa evidencia que quizá no debamos todavía correr a enterrar el multilateralismo. Sin embargo, caben también otras lecturas un poco más pesimistas respecto a la vitalidad del multilateralismo: si sumamos conjuntamente votos en contra y abstenciones (al fin y al cabo, mayoritariamente las abstenciones han sido valoradas como posiciones de sesgo contrarias a la propuesta), el resultado es que las aproximadamente 35 abstenciones y 5 votos en contra suponen la cuarta parte del PIB mundial y el 53 % de la población mundial[67]. Cifras nada desdeñables que visualizan el aumento relativo del mundo no occidental y que niegan expresiones como que "el mundo se posiciona frente a Rusia en la Asamblea de NN.UU." o sobre el aislamiento internacional de Putin[68].

---

65 https://news.un.org/es/story/2023/02/1518857
66 LÓPEZ-ARANDA, R. *op. cit.*
67 Y aún podrían ser mayores estas cifras dado que, entre los 12 o 13 ausentes de las votaciones, podrían esconderse numerosas posiciones contrarias a la propuesta; la más evidente, Venezuela, pero podría haber otras.
68 En el mismo sentido se pronuncia PONS RAFOLS cuando afirma que "es relevante indicar que Estados representando a prácticamente la mitad de la población mundial se opusieron o abstuvieron en la votación de estas resoluciones"; *op. cit.* p. 16.

Si vamos a marcos de cooperación más restringidos, como el G20, las consecuencias son parecidas: una cuarta parte del grupo –Arabia Saudí, Brasil, China, India, Indonesia, Suráfrica además de la propia Rusia– se sitúan en un calculado, sutil o no tanto sesgo hacia la comprensión rusa del conflicto.

Tampoco compagina bien con la expresión de una Rusia aislada en el mundo, eventos como el Foro Rusia-África, llevado a cabo en su segunda edición en San Petersburgo el 27/28 de julio de 2023. En esta Cumbre Vladímir Putin recibió a un total de 49 delegaciones africanas (el continente cuenta con 54 países en total), de las cuales 17 venían encabezadas por sus respectivos jefes de Estado. Cierto es que en la primera Cumbre Rusia-África, celebrada en Sochi en 2019 fueron 43 los jefes de Estado o de Gobierno africanos que acudieron a la cita rusa. Pero el acontecimiento no puede esconder la realidad de una Rusia que ha ganado influencia notable en África en los últimos años (recordemos también que de las 35 abstenciones que se produjeron en la Resolución de condena a Rusia aprobada en la Asamblea General de las Naciones Unidas el 2 de marzo de 2022, 17 correspondieron a representantes de Estados africanos).

Tampoco podemos obviar que, como acertadamente afirma Araceli Mangas Martín, el mundo no ha seguido a la UE o a Occidente en materia de sanciones. Aproximadamente unos 150 Estados no lo han hecho, frente a unos 42/45 Estados sancionadores: los de la UE (salvo Hungría), los candidatos a la adhesión Albania, Moldavia, Macedonia del Norte, Montenegro, Georgia y Kosovo, aunque no Serbia, EE. UU., Reino Unido, Suiza, Noruega, Canadá, Japón, Australia, Nueva Zelanda, Taiwán, Corea del Sur, y poco más. "Y algunas razones tienen Estados de África, Asia y América Latina para rechazar las sanciones: la agresión rusa no es la única ni la primera de las agresiones producidas en los últimos 75 años. Cuando las agresiones fueron obra de EE. UU. (Panamá, Isla de Grenade, Afganistán), Israel (Siria, Palestina), Marruecos (Sáhara), o de EE. UU. y Reino Unido (Irak), o de EE. UU. y la UE (Yugoslavia) no hubo sanciones económicas ni bloqueos"[69].

---

69 MANGAS MARTÍN, A.; "Europa desafiada: reacción a la agresión rusa en Ucrania" en *Anales de la Real Academia de Ciencias Morales y Políticas*, año 75, n.º 100, curso 2022-2023, pp. 133 y 134.

2.7. Multilateralismo y Unión Europea

La presidenta Ursula Von der Leyen, en su discurso sobre el Estado de la Unión ante el Parlamento Europeo, el 16 de septiembre de 2021 afirmó: "Lo cierto es que la necesidad de revitalizar y reformar el sistema multilateral nunca ha sido tan urgente. Nuestro sistema mundial ha crecido hasta llegar a una abrumadora parálisis. Las principales potencias o están abandonando las instituciones o las utilizan como rehenes para sus propios intereses (…) Sin duda es muy necesario que Europa adopte posiciones claras y medidas rápidas en los asuntos mundiales". ¿Puede la UE defender y apuntalar o preservar el multilateralismo?

La relación entre la UE y las instituciones multilaterales se ha ido construyendo y reforzando notablemente durante las últimas décadas, concretamente desde el Tratado de la Unión Europea o Tratado de Maastricht que crea la PESC. Desde entonces, la UE ha ido avanzando en el proceso de consolidar y estrechar sus lazos con el sistema multilateral, hasta el punto de convertir el apoyo al multilateralismo en el elemento central de su identidad como actor internacional. La UE es el mejor aliado de las instituciones multilaterales. El reforzamiento de las instituciones multilaterales constituye una de las prioridades estratégicas de la UE en su acción exterior. La UE en sí misma se constituye de acuerdo a una naturaleza multilateral. "El multilateralismo está en el ADN de Europa, es nuestro principio rector en el mundo. La Comisión seguirá defendiendo este enfoque y velará por mantener y actualizar el orden mundial basado en normas" dice Von der Leyen en las "Orientaciones Políticas para la Comisión Europea 2019-2024".

Ya la Estrategia Solana (*Estrategia Europea de Seguridad de 2003*) desarrolló el concepto de "multilateralismo eficaz" para referirse al "compromiso de respetar, defender y desarrollar el Derecho Internacional". En sentido semejante se pronuncia la *Estrategia Mogherini* de 2016 cuando afirma: "La UE promoverá un orden mundial basado en normas. Nos conviene promover unas normas concertadas para el suministro de bienes públicos mundiales y para contribuir a un mundo pacífico y sostenible. La UE fomentará un orden mundial basado en normas, con el multilateralismo como principio esencial y las Naciones Unidas como núcleo" (p. 6). La Brújula Estratégica reafirma la apuesta de la UE en la defensa del multilateralismo. Tras constatar que "la crisis del multilateralismo está dando lugar a relaciones cada vez más transaccionales entre los Estados"[70] así como "el retorno a una política basada en las relaciones de poder en un mundo multipolar disputado", la UE proclama nuevamente la defensa del "multilateralismo efectivo" en favor de "un orden internacional abierto basado en normas, fundamentado en los derechos humanos y las libertades fundamentales, los valores universales y el Derecho Internacional"[71]. En definitiva, propugna la visión del multilateralismo que prevaleció tras el fin de la Guerra Fría, pero que "está siendo hoy cada vez más cuestionada, a través de la negación de los valores universales y de una utilización partidista de los retos mundiales (…) que constituye en realidad un regreso a la política basada en las relaciones de poder"[72].

Para defender este multilateralismo, la UE afirma la necesidad de reforzar la asociación estratégica con las Naciones Unidas, garantizando la coherencia con las acciones de las NN. UU. en el ámbito de la paz y la seguridad (como viene siendo hasta ahora, por otra parte) y apoyando la aplicación del Informe del Secretario General "Nuestra Agenda Común". Así, la UE se compromete a intensificar el diálogo político con Naciones Unidas al más alto nivel y a fortalecer la asociación estratégica en el ámbito de las operaciones de paz y la gestión de crisis[73].

En las Conclusiones del Consejo del 17 de junio de 2019 *Actuación de la UE para reforzar el multilateralismo basado en normas* la UE ya afirmaba su aspiración a establecer un sistema multilateral efectivo comprometiéndose en tres vías de actuación:

a) Prioridad y protagonismo de la UE y sus Estados miembros en la defensa y aplicación de las normas y acuerdos internacionales.

---

70 CONSEJO DE LA UE; *Una Brújula Estratégica para la Seguridad y la Defensa. Por una Unión Europea que proteja a sus ciudadanos, defienda sus valores y contribuya a la paz y la seguridad internacionales.* Bruselas, 19 de abril de 2022, p. 5.
71 *Ibidem*, p. 7.
72 *Ibidem*, p. 7.
73 *Ibidem*, p. 40.

b) Liderazgo de la UE en el intento por reforzar la gobernanza multilateral en nuevos ámbitos en los que se precisa una acción colectiva, por ejemplo, para establecer normas en la era digital, protección de datos, ciberseguridad, inteligencia artificial, etc.; crisis sanitarias mundiales (recuerdo que el documento es de junio 2019, unos meses antes de la pandemia del coronavirus), energía renovable, océanos, etc.

c) Reforma de las organizaciones internacionales a los fines perseguidos. La UE apoyará que se modernicen e introduzcan las reformas necesarias en instituciones multilaterales como los órganos y organismos de las NN. UU., Banco Mundial, OMC, etc., ayudando a que se adapten a un mundo en mutación.

En consecuencia, con estos objetivos, la UE y sus Estados miembros adoptan una serie de medidas concretas en materia de protección de derechos humanos, apoyo a la democracia y el estado de derecho en los foros pertinentes para ello; lucha contra el cambio climático y Agenda 2030 y a favor de un Pacto Mundial por el Medio Ambiente; compromiso multilateral para la paz y la seguridad a través de la PCSD, apoyo a la Comisión de Consolidación de la Paz de las Naciones Unidas, etc. Promover la cooperación interregional como elemento fundamental del orden multilateral y colaborar con agentes regionales en particular con la Unión Africana, la OEA, la Asociación de Naciones de Asia Sudoriental, la Liga de los Estados Árabes, así como con organizaciones y foros internacionales como el G7, G20, OTAN, Banco Mundial, bancos de desarrollo regional, FMI, OCDE, etc. Y, por supuesto, mantener y seguir reforzando la estrecha colaboración europea con todo el sistema de Naciones Unidas. Ideas todas ellas que se verán reiteradas con la Comunicación conjunta de la Comisión y el Alto Representante sobre el refuerzo de la contribución de la UE a un multilateralismo basado en normas presentada el 17 de febrero de 2021[74]. Con ella la UE aspira a construir un multilateralismo más inclusivo y eficiente.

---

74 COMISIÓN EUROPEA; *Comunicación conjunta al Parlamento Europeo y al Consejo sobre el refuerzo de la contribución de la UE a un multilateralismo basado en normas.* Bruselas, 17.02.2021, JOIN (2021) 3 final (https://eur-lex.europa.eu/legal-content/ES/TXT/PDF/?uri=CELEX:52021JC0003).

El compromiso de la UE hacia el sistema multilateral de la ONU es innegable; la UE y sus Estados miembros son el máximo contribuyente al presupuesto ordinario del sistema de Naciones Unidas (aproximadamente un 40 % de su presupuesto, es decir, más de lo que le correspondería en términos de PIB mundial), a las misiones de paz (aproximadamente 2/5 partes son financiadas por la UE) y las agencias, fondos y programas del Sistema de NN. UU. Y el diálogo político y la cooperación entre ambas ha sido una constante, fundamentalmente motivado por el hecho de que ambas Organizaciones comparten principios fundacionales y la UE tiene la Carta de las Naciones Unidas como su principal referente en lo relativo a las relaciones exteriores y su PESC/PCSD. El multilateralismo con las Naciones Unidas como núcleo es una de las piedras angulares de la Política exterior de la UE.

La relación ha sido muy estrecha desde siempre; ha habido una convergencia progresiva y creciente entre las dos organizaciones a lo largo de la historia. Desde 1974 la CEE tuvo estatuto de observador ante la Asamblea General de las Naciones Unidas; esta relación se acentuará posteriormente. Así, desde el 2011 la UE goza del estatus de observador "privilegiado" en la Asamblea General, para adecuar la posición de la UE a las reformas que introdujo el Tratado de Lisboa (los 27 representan un 14 % de votos de la Asamblea, estando presente en dos grupos regionales: Europa occidental y Europa Oriental). Este estatus de observador privilegiado le da derecho a hablar en los debates de la Asamblea a través del Presidente Permanente del Consejo Europeo o del Alto Representante para la Política Exterior y de Seguridad Común en las reuniones ministeriales plenarias, pudiendo presentar enmiendas y propuestas (una prerrogativa que no tiene ningún otro observador), aunque carece del derecho a votar individualmente y a ocupar un escaño en el Consejo de Seguridad. La UE sí está representada individualmente en nombre de sus Estados miembros en varios órganos y agencias de NN. UU., como la FAO de la que la UE es miembro de pleno derecho, en las COP –Conferencias de las Partes del Convenio Marco de Naciones Unidas sobre el Cambio Climático–, y prácticamente todas las conferencias internacionales celebradas bajo el auspicio de la ONU. Ha ganado en representatividad, por lo tanto, aunque en una posición subsidiaria de la de los Estados miembros y un poco alejada de las previsiones que en este sentido realiza el Tratado de Lisboa (*vid*. Art. 34.1 y artículo 34.2 últimos dos párrafos).

Aunque el principal problema en algunas ocasiones, suele ser la dificultad de los Estados miembros en consensuar el acuerdo y hablar con una sola voz, estos cada vez evidencian una mayor coordinación y cohesión de voto en la Asamblea de Naciones Unidas en particular y en la ONU en general. Es decir, cada vez en mayor medida los Estados miembros adoptan una postura común como UE; no obstante, hoy en día están apareciendo posiciones de contestación interna protagonizada por algunos países que cuestionan directamente los valores de la UE, como Hungría, principalmente (también Polonia, hasta el cambio de gobierno operado tras la derrota del PiS).

El fortalecimiento de la ONU es una prioridad para la UE en su objetivo de propugnar un "multilateralismo eficaz" como medio más adecuado para enfrentar los desafíos globales tales como la pobreza y la exclusión, las amenazas a la seguridad, el terrorismo internacional, la degradación medioambiental y el cambio climático[75]. Además, la UE y la ONU comparten muchos de sus valores, principios y objetivos más característicos (*vid*. art. 3, párrafos 1 a 5 y art. 21.1 del TUE). Así, este cúmulo de valores compartidos ha sido la base sobre la que se ha ido construyendo una progresiva cooperación y diálogo entre ambas organizaciones. A pesar de la diferente naturaleza y objetivos hay una profunda intersección de ámbitos de actuación compartida, especialmente en lo que se refiere al mantenimiento de la paz y seguridad internacional[76], lucha contra el terrorismo internacional (los Estados de la UE han venido aplicando sistemáticamente todas las resoluciones de NN. UU. en materia de lucha contra el terrorismo); gestión internacional de

---

75 Y esto no es algo nuevo. En 2003 la UE ya publicó un interesante Documento "La UE y las Naciones Unidas: la opción del multilateralismo" donde se refería a esta cuestión; *Vid*. LÓPEZ-JACOISTE, E.; "Relaciones institucionales entre las Naciones Unidas y la Unión Europea: la opción por el multilateralismo y la cooperación" en BLANC ALTEMIR, A. (Dir.); *Las relaciones entre las Naciones Unidas y la Unión Europea. Seguridad, Cooperación y Derechos Humanos*. Madrid, Tecnos, 2013, pp. 72 y ss.

76 *Vid*. Consejo de la Unión Europea. Conclusiones del Consejo (24 de enero de 2022) *Elevar al siguiente nivel la asociación estratégica entre las Naciones Unidas y la UE en materia de operaciones de paz y gestión de crisis: prioridades para 2022-2024*, documento 5451/22 (https://www.consilium.europa.eu/media/53958/st05451-en22.pdf)

crisis (todas las misiones operativas de la UE de la PCSD cuentan con la aquiescencia de las Naciones Unidas)[77], cooperación para el desarrollo (la UE y sus Estados miembros son los principales donantes de Ayuda Oficial al Desarrollo siendo también los principales promotores de los Objetivos de Desarrollo Sostenible); ayuda humanitaria, misma concepción acerca de la indivisibilidad y universalidad de los derechos humanos, siendo los países comunitarios la vanguardia en la adopción de la mayoría de los instrumentos convencionales en este ámbito, etc.

Como sabemos, el Consejo de la UE adopta cada año las prioridades que defenderá la UE ante las Naciones Unidas y en su Asamblea General. Estas prioridades son las que marcan el trabajo de la UE para el año siguiente.

El 18 de julio de 2022 el Consejo hizo públicas las Prioridades de la UE en su relación con NN. UU. en ese periodo[78]. Frente a las interpretaciones singulares que del multilateralismo realizan China y Rusia, la UE proclamó el carácter vinculante de la Carta de las Naciones Unidas en su totalidad y destacó la universalidad de los principios fundacionales de Naciones Unidas. En una coyuntura de cuestionamiento explícito y brutal del orden internacional basado en normas establecido en la Carta de las Naciones Unidas, como la que estamos padeciendo en estos momentos, la UE afirmó que era el momento de mostrar que el multilateralismo era más eficaz. Durante ese 2023, en sus relaciones con las NN. UU. la UE se centró en defender su Carta, atender las consecuencias mundiales de la agresión rusa contra Ucrania, promover el desarrollo sostenible y los derechos humanos, apoyar el acceso a una educación de calidad, reforzar la seguridad sanitaria mundial y luchar contra el cambio climático, la pérdida de biodiversidad y la contaminación, así como configurar la agenda digital mundial. Por otra parte, la

---

77 *Vid.* DE CASTRO RUANO, J. L.; *La integración de la seguridad y la defensa en la Unión Europea. Un nuevo instrumento de actuación internacional para un actor global en el siglo XXI.* Madrid, Editorial UFV, 2020.

78 *Vid.* Consejo de la Unión Europea. Conclusiones del Consejo (18 de julio de 2022). *Prioridades de la UE en las Naciones Unidas durante la 77ª Asamblea General de las Naciones Unidas (septiembre de 2022-septiembre de 2023)*, documento 11029/22 (https://data.consilium.europa.eu/doc/document/ST-11029-2022-INIT/es/pdf).

UE es consciente de que las recurrentes crisis múltiples de los últimos años, y de las cuales la guerra de Ucrania no es sino la última de ellas, están revelando algunos déficits notables en la gobernanza mundial, por lo que enfatiza la necesidad de modernizar y reformar las Naciones Unidas ante la profundización creciente de las fracturas geopolíticas: "Debemos introducir reformas en la gobernanza mundial de modo que el sistema multilateral centrado en las Naciones Unidas esté preparado para el mundo del mañana y cumpla mejor nuestros compromisos mundiales comunes"[79].

Para referirnos al periodo vigente en el momento de escribir este texto el 10 de julio de 2023 el Consejo adoptó las prioridades que defenderá la UE ante las Naciones Unidas en el 78 periodo de sesiones de la Asamblea General, es decir, el que va de septiembre de 2023 a septiembre de 2024[80], momento en el que el mundo afronta una proliferación de crisis: guerra de Ucrania por supuesto; pero también situación en el Sahel y otras zonas de África, emergencia climática, inseguridad alimentaria, erosión de la democracia y los derechos humanos, terrorismo y extremismo violento, ciberataques, retroceso en la consecución de los Objetivos de Desarrollo Sostenible ODS. Retos todos ellos que no pueden ser abordados por un solo país, sino que deben resolverse colectivamente, por lo que la UE promueve un orden internacional basado en normas fundamentado en la Carta de las Naciones Unidas. Así, la actuación de la UE ante las Naciones Unidas debe guiarse por las siguientes prioridades generales: acelerar la aplicación de los ODS; reforzar la gobernanza mundial en consonancia con las propuestas de reforma y modernización expuestas en el informe del secretario general de las NN. UU. *Nuestra Agenda Común*[81]; crear asociaciones mundiales para ayudar a alcanzar nuestros objetivos comunes.

---

79 *Ibidem*, punto 6, p. 4.
80 https://data.consilium.europa.eu/doc/document/ST-11688-2023-INIT/es/pdf
81 Informe del Secretario General *Nuestra Agenda Común* (https://www.un.org/es/cont ent/common-agenda-report/).

Capítulo 3

La construcción de un sistema europeo de seguridad contra Rusia: de aquellos polvos, estos lodos

3.1. Introducción

La guerra en Ucrania no debió haberse producido. Pero no solo por razones de humanidad y de integridad moral, siendo esto lo principal; sino que la política debía y podía haberla hecho inexistente si hubiésemos considerado que los Estados, todos los Estados, los de la OTAN, pero también Rusia y los demás, deben contar con sus garantías de seguridad mutua; "seguridad indivisible", es decir, la seguridad de unos no puede socavar la seguridad de otros. Cierto es que, ahora ya estamos en otra fase, otras son las urgencias y las prioridades.

Empecemos por lo obvio, quizá ya innecesario por sabido.

Primera afirmación de principio: la invasión de Ucrania por parte de Rusia el 24 de febrero de 2022 es un ilícito internacional que viola principios fundamentales del Derecho Internacional y valores básicos de convivencia como la igualdad soberana de los Estados, su independencia e integridad territorial, la prohibición del uso de la fuerza (artículo 2.4 de la Carta de Naciones Unidas) solo excepcionalmente permitida en legítima defensa y/o tras autorización del Consejo de Seguridad de las Naciones Unidas (artículo 51 de la Carta). De esto no debería haber ninguna duda a pesar de los falaces argumentos pretendidamente justificativos empleados por el Gobierno de Vladímir Putin (principalmente refiriéndose a la inconsistencia histórica de Ucrania como Estado, naturaleza nazi de su Gobierno, padecimiento de un genocidio ruso en el Dombás, etc.). Putin ni tan siquiera es original: las potencias occidentales y las integrantes de la OTAN ya utilizaron argumentos mentirosos para justificar agresiones igualmente ilegales (entre otras, recordamos: existencia de un genocidio albanés en Kosovo para bombardear Serbia –Yugoslavia en aquel momento– durante más de 70 días y causando más de 10 000 muertos en 1999, supuesta existencia de armas de destrucción masiva para destruir Irak en 2003, protección de la población civil mediante la "responsabilidad de proteger" en Libia en 2011, etc.).

Segunda afirmación de principio: Putin solo puede merecer el más duro reproche moral. Semejante al que nos merecen otras agresiones, anexiones y transgresiones de la legalidad internacional, sean en Ucrania como ahora, en Kosovo, en Libia, en Palestina, en Sáhara, en Chipre o en tantos otros lugares y momentos. No hay justificación alguna para su comportamiento criminal, carente de la más mínima consideración hacia el ser humano. Frente a la agresiva superioridad militar rusa es imposible no empatizar con la superioridad moral ucraniana. La despreciable agresión del autócrata ruso y sus secuaces no debería quedar sin castigo; probablemente no lo veremos, aunque haya base jurídica para ello, como tampoco vimos castigo alguno para el "trío de las Azores" ni para otros agresores que han existido en el mundo. Sobran los ejemplos...

Los acontecimientos, por dramáticos y despreciables que sean, se producen en contextos concretos que hay que tratar de entender. Reconocer intelectualmente la realidad no implica reconciliarse emocionalmente con ella. Esta guerra, como tantas otras, no puede justificarse; pero sí puede explicarse por qué se ha producido. A ello dedicaremos las próximas páginas.

3.2. Los excesos del Atlantismo como explicación

Probablemente el detonante de todo esto no sea tanto el autoritarismo de Putin ni sus tan denostadas capacidades –o incapacidades– intelectuales y mentales, –el ya popular "Putin está loco"– sino los excesos del Atlantismo en una coyuntura que le resultaba favorable. ¿Qué potencia aceptaría tener una alianza enemiga fuertemente armada a menos de 500 kilómetros de su capital? Si la tutela de Moscú en las repúblicas exsoviéticas es cuestionable y criticable tres décadas después de la disolución de la URSS, tampoco es fácilmente digerible para Rusia el alineamiento con EE. UU. de parte de su antiguo territorio que integra además cientos de miles de ciudadanos rusófonos. La ampliación de la OTAN hacia el Este desde los años 90 del siglo pasado ha sido el principal detonante –nunca justificante– de esta situación.

Rusia viene reclamando desde hace treinta años su cinturón de seguridad vital, como hace cualquier potencia. Como se hizo de hecho tras la segunda guerra mundial durante la bipolaridad que caracterizó la época de la guerra fría. Así, el Acuerdo de Yalta alcanzado por los presidentes Franklin D. Roosevelt, Winston Churchill y Iósif Stalin, dejó gran parte del territorio de la Europa del Este bajo el dominio y la tutela soviética; como afirma Charles Kupchan, "Roosevelt y Churchill cedieron sabiamente a los principios del pragmatismo al proporcionar a la Rusia soviética una zona de amortiguación en su flanco occidental. Esta moderación estratégica (…) contribuyó a la estabilidad durante las largas décadas de la guerra fría"[1].

Sin embargo, desde el final de la guerra fría se fue construyendo en Europa una estructura de seguridad no solo al margen de Rusia, sino precisamente contra ella. Así, tras la guerra fría la OTAN pudo cantar victoria y desaparecer pues había logrado el objetivo para el que fue fundada. Pero paradójicamente, lejos de disolverse tras la disolución previa y la derrota del adversario, se fortaleció y se expandió más y más. Aunque con la reunificación de Alemania –o mejor, para conseguir previamente que Moscú la aceptara–, EE. UU. y la URSS pactaron

---

1   KUPCHAN, C. H.; "Un vínculo transatlántico realista" en *Política Exterior*, n.º 207, mayo/junio de 2022.

la congelación de los límites orientales de la Alianza Atlántica. Es cierto que la caída del muro de Berlín no trajo como consecuencia la firma de tratado internacional alguno que impidiera legalmente la ampliación y extensión de la OTAN al Este de Europa; pero hay numerosos testimonios acerca del acuerdo con que EE. UU. y la URSS pactaron la reunificación de Alemania. El presidente de EE. UU. George H. W. Bush garantizó al soviético Mijaíl Gorbachov la congelación de las fronteras de la OTAN. Desde el 2017 los documentos están desclasificados y pueden revisarse *on line* en la página web del Archivo de la Seguridad Nacional de la Universidad George Washington[2], ya nadie puede decir que no hubo tal promesa. Sin embargo, sucesivas ampliaciones de la OTAN fueron cercando más y más a Rusia: en 1999 (Polonia, Hungría, República Checa), en 2004 (Bulgaria, Eslovenia, Rumanía, Eslovaquia, Lituania, Letonia y Estonia), en 2009 (Albania y Croacia), en 2017 (Montenegro), y en 2020 (Macedonia del Norte), por lo que la alianza atlántica se fue acercando peligrosamente a territorio ruso.

En los primeros años tras el fin de la guerra fría, no faltaron los marcos de diálogo y cooperación con Rusia que acompañaron el proceso; un proceso que pudo haber supuesto la construcción de un orden de seguridad europeo inclusivo, con Rusia –antiguo enemigo– como conformante del mismo. Con la finalización de la guerra fría, cuyo escenario principal de confrontación había sido Europa, existió la posibilidad de haber construido un sistema de seguridad europeo inclusivo, basado en el diálogo y la cooperación entre el espacio euroatlántico y el espacio exsoviético. Un Moscú entonces muy debilitado albergaba la esperanza de reintegrarse en el occidente político; quería formar parte del nuevo orden de seguridad en formación, del nuevo concierto europeo. Recordemos la propuesta de Gorbachov de 1987 de construir la "casa común europea" y su demanda de establecer un orden de seguridad que fuera

---

2   Entre 1990 y 1991 fueron numerosas las garantías que se ofrecieron a los dirigentes soviéticos sobre la seguridad que demandaban y la no expansión de la OTAN. Tampoco debe quedar duda de la garantía ofrecida en este sentido por James Baker, Secretario de Estado de Estados Unidos a Mihaíl Gorbachov en su reunión del 9 de febrero de 1990 (según la cual la OTAN no se expandiría "ni una pulgada hacia el Este"). *Vid* los documentos desclasificados en https://nsarchive.gwu.edu/virtual-reading-room

"desde Vancouver a Vladivostok". La propuesta del líder ruso de disolver la OTAN y el Pacto de Varsovia, sustituyéndolos por una nueva arquitectura de seguridad (¿la OSCE?) fue desoída. Gorbachov no afirmaba que existiera una comunidad natural de intereses en todos los países europeos; "sino solo un número limitado de problemas y oportunidades compartidas, que suponía un incentivo para la cooperación en áreas concretas. Tampoco planteaba ningún proceso de integración paneuropeo, en el que las soberanías nacionales fueran progresivamente reemplazadas por una entidad supranacional (...) la metáfora de la casa común no se refería a una familia que comparte una misma vivienda, sino a un bloque de pisos o apartamentos en el que residen distintas familias"[3], una especie de gran Europa donde todos pudiesen sentirse cómodos.

El caso es que, por su naturaleza singular, en el momento de la finalización de la Guerra Fría no se procedió a firmar un acuerdo consensuado sobre el orden internacional resultante, a diferencia de lo que había ocurrido en otras ocasiones; por ejemplo con la celebración del Congreso de Viena tras la derrota de Napoleón; así como con la Conferencia de Versalles llevada a cabo tras la finalización de la Primera Guerra Mundial; y con las celebradas en Yalta y Potsdam tras la conclusión de la Segunda. Y eso que la implosión y desaparición de la Unión Soviética iba a suponer una alteración de la realidad internacional quizá mayor que las que se produjeron tras la conclusión de cada una de las dos guerras mundiales. Un acuerdo de esa naturaleza hubiera permitido fijar algunos de los aspectos más relevantes de la nueva realidad, tales como los límites de la OTAN, el estatuto de la Península de Crimea o algunos otros. Al no producirse tal acuerdo, el proceso de cambio del mapa geopolítico europeo se cerró en falso[4].

---

3   MORALES HERNÁNDEZ, J.; "¿Qué fue de la "casa común europea"? Percepciones de Europa en la política exterior de Rusia" en *Araucaria. Revista Iberoamericana de Filosofía, Política, Humanidades y Relaciones Internacionales*, Vol. 22, n.º 45, 2022, p. 402 (https://www.redalyc.org/journal/282/28268121020/html/). Sobre el concepto de la "casa común europea" *vid.* también, MALCON, N.; "The Common European Home and Soviet European Policy" en *International Affairs*, n.º 65, vol. 4, 1989, pp. 659-676.
4   BREGOLAT, E.; "Ucrania: el telón de fondo"; en *Política Exterior*, n.º 27, 2022, p. 26.

La historia es sobradamente conocida. El Pacto de Varsovia se disolvió en la primavera de 1991 y la URSS colapsaría unos meses más tarde, en diciembre de ese mismo año. El presidente estadounidense Bill Clinton se aprovechó de la oportunidad que le brindó una Rusia tremendamente debilitada bajo el "liderazgo" de Boris Yeltsin sin capacidad para defender sus intereses ni exigir el establecimiento de una estructura de seguridad inclusiva. Al contrario, se edificó otra a imagen y semejanza de la gran potencia triunfadora en la guerra fría. Durante la década de los años noventa del siglo pasado, bajo la égida de la unipolaridad triunfante de Estados Unidos, comenzó la expansión hacia el territorio del Este, acogotando progresivamente a Rusia. Durante la presidencia de George W. Bush, EE. UU. organizó un Nuevo Orden Mundial a su medida; el *balance of power* que había caracterizado la guerra fría se evaporó en muy pocos años. Triunfo definitivo del capitalismo y "fin de la historia"[5].

El posicionamiento de Rusia en esos primeros años de posguerra fría, no solo no fue de confrontación e impugnación frente al orden internacional profundamente asimétrico y con prevalencia de Estados Unidos y de la OTAN que se estaba creando; sino que buscó acomodo en el mismo e incluso practicó la cooperación en muchos momentos, no sin afirmar que ambicionaba la construcción de un orden más equilibrado que le permitiera desempeñar el papel protagónico que le correspondía realmente, y no el de mero espectador pasivo y acomodaticio que se le estaba asignando por parte de las potencias occidentales[6]. Incluso, la Rusia ya presidida por Vladímir Putin, que alcanzó la presidencia del país el 31 de diciembre de 1999, colaboró con EE. UU. en las operaciones llevadas a cabo en Afganistán tras los atentados del 11-S, proporcionando labores de inteligencia y abriendo su espacio aéreo al tránsito de los cazas estadounidenses. En todo caso, hay que señalar que el Kremlin

---

5   El sistema capitalista carecía de alternativa global. Su triunfo definitivo se había producido. La interpretación más audaz de ese momento histórico la encontramos en la obra FUKUYAMA, F.; *El fin de la historia y el último hombre*. Madrid, Planeta, 1992.

6   *Vid.* entre otros: LÓPEZ JIMÉNEZ, J. A. y MORALES HERNÁNDEZ, J.; *La política exterior de Rusia: los conflictos congelados y la construcción de un orden internacional multipolar*, Madrid, Dykinson, 2017. SÁNCHEZ ORTEGA, A.; "La política exterior rusa y su relación con occidente. Una visión desde el realismo neoclásico" en *Revista Española de Derecho Internacional*, n.º 1, 2020.

siempre se opuso a la ampliación de la OTAN, ya incluso desde la época de la dócil presidencia de Boris Yeltsin. Desde que Putin se convirtió en presidente, el malestar se acrecentó progresivamente. Los testimonios, intervenciones públicas, discursos, etc., en este sentido fueron muy elocuentes y muy reiterados.

Durante la primera mitad de la década de los noventa del siglo pasado, Rusia colabora con los países occidentales poniendo fin al enfrentamiento político y estableciendo una relación estrecha y amistosa con ellos. La Asociación para la Paz firmada en 1994 bajo la presidencia estadounidense de Bill Clinton y rusa de Boris Yeltsin es uno de los principales momentos de acercamiento entre Rusia y la Alianza Atlántica; Rusia se integra en el Fondo Monetario Internacional, en el Banco Mundial y en el G7 que se transforma en G8.

Todo ello suponía contar con un marco de seguridad que permitía a todos los Estados europeos cooperar con la OTAN sin trazar nuevas líneas divisorias. Pero duró poco; Javier Solana, entonces Secretario General de la OTAN, recuerda a menudo cómo negoció con Yergueni Primakov, en aquel entonces Ministro de Asuntos Exteriores ruso, la primera ampliación de la Alianza tras el fin de la guerra fría, así como el Acta Fundacional entre Rusia y la Alianza Atlántica que inauguraba en 1997 una "nueva era" de cooperación y seguridad en Europa. Incluso, entonces se barajó tanto la posibilidad del ingreso de Rusia en la OTAN como la propia disolución de esta última. En este contexto, una Rusia extremadamente debilitada aceptó la primera ampliación de la Alianza Atlántica en 1999. En el año 2002 se estableció el Consejo Rusia-OTAN para el tratamiento y la gestión de asuntos de seguridad de interés común. Como vemos, estos eran años de cooperación bilateral, pero siempre desde una posición rusa de gran inferioridad y sometimiento a los designios que marcaban los Estados Unidos, la única potencia global del momento.

Años después los aliados occidentales olvidaron esos compromisos. Y las sucesivas revoluciones de colores ahondaron la brecha: la Revolución de las Rosas en Georgia en 2003 que fuerza la caída del Presidente Eduard Shevardnadze, destacado antiguo Ministro de Asuntos Exteriores de la Unión Soviética, y propicia la llegada al poder del prooccidental Mihaíl Saakashvili; la Revolución Naranja en Ucrania en 2004 que favorece la llegada del también líder prooccidental Viktor Yúshchenko; la Revolución de los Tulipanes en Kirguistán en 2005 que supuso el derrocamiento del presidente prorruso Askar Akáyev.

El mundo occidental se aprovechó de la extrema debilidad rusa de aquellos años. Reconocer estos hechos históricos no justifica la agresividad actual de Vladímir Putin, pero nos ayuda a entender los acontecimientos producidos. De aquellos polvos, estos lodos.

Las humillaciones se sucedieron. Rusia asistió a la disolución de la Antigua Yugoslavia[7] y la derrota sin paliativos de Serbia, su gran aliado eslavo, bombardeada ilegalmente por fuerzas militares de la OTAN en 1999 y que seguidamente sufrió la amputación de su cuna histórica, Kosovo, secesionada también ilegalmente en 2008 tras su Declaración unilateral de independencia del 17 de febrero[8]. Hay que llamar la atención sobre el hecho de que, en el año 1999, cuando la OTAN se reinventa como instrumento para operaciones militares sin el mandato de la ONU interviniendo ilegalmente en Serbia, aliado histórico de Rusia, se produce su primera ampliación al Este, integrando a Polonia, Hungría y a la República Checa. Humillación múltiple a Rusia.

En 2004 se traspasa una peligrosa línea roja: ante la patente –aunque impotente– incomodidad de Moscú, las tres Repúblicas Bálticas–Lituania, Letonia y Estonia–, se incluyen dentro del conjunto de países que se integran en la Alianza Atlántica –junto con Bulgaria, Eslovenia, Rumanía y Eslovaquia–. Ahora no se trataba únicamente de integrar antiguos países aliados de un bloque ya desaparecido; sino que se incluía dentro de la OTAN territorios que habían sido parte componente de la Unión Soviética, con importantes minorías rusas en su seno y con muchos kilómetros de frontera directa con Rusia. Efectivamente, la OTAN llegaba hasta la frontera rusa. El escenario siempre rechazado incluso por sus históricos protagonistas: George Kennan calificó la ampliación de

---

7   *Vid.* BERMEJO GARCÍA, R. y GUTIÉRREZ ESPADA, C.; *La disolución de Yugoslavia.* Pamplona, Eunsa, 2007.

8   ¿Dónde quedó entonces el tantas veces proclamado principio de integridad territorial, la inviolabilidad de las fronteras y la soberanía de Serbia? El Consejo de Seguridad de la ONU en su Resolución 1244 del 10 de junio de 1999 había garantizado todo esto; sin embargo… Salvo Chipre, Eslovaquia, España, Grecia y Rumanía, todos los países de la UE reconocen formalmente al día de hoy tal independencia unilateral e ilegal.

la OTAN de error estratégico de proporciones épicas afirmando que se trataba del "error más fatídico de la política norteamericana en toda la época de la posguerra fría"[9]; otras voces tan cualificadas como las de Henry Kissinger y Zbigniew Brzezinski se han pronunciado reiteradamente en sentido semejante[10].

La Alianza Atlántica avanzaba hacia el Este al margen de las garantías de seguridad de Rusia, de una Rusia que progresivamente iba despertando. En su discurso ante la Conferencia de Seguridad de Múnich en 2007, el presidente Vladímir Putin levantó la voz para preguntar contra quién se hacía la ampliación de la OTAN y dónde quedaban las garantías de seguridad que se habían ofrecido tras la finalización de la guerra fría. La ampliación de la OTAN hacia el Este es interpretada por Rusia como una amenaza a su seguridad nacional; para los dirigentes rusos, este sistema europeo de seguridad solo tiene un objetivo, la contención de Rusia. Hubiera sido difícil pensar algo diferente. Putin anticipó que Rusia no asistiría impasiblemente a una ampliación progresiva de la OTAN hacia el Este que consideraba atentatoria contra sus legítimas aspiraciones de seguridad. El discurso puede considerarse como un punto de inflexión. El dirigente ruso expresa con nitidez que no permitiría más acciones hostiles occidentales en el espacio postsoviético. En 2008, Dimitri Medvedev, en ese momento presidente de Rusia, propuso la elaboración de un nuevo Tratado sobre seguridad europeo elaborado por todos, también por los rusos, y que incluyera por supuesto a Rusia. La propuesta fue desoída tanto por Estados Unidos como por los aliados europeos[11].

9 KENAN, G.; "A fateful Error" en New York Times, 5 de febrero de 1997, p. 23, citado por CALATRAVA-GARCÍA, P.; "El nuevo sistema de seguridad en Europa: la Unión Europea y Rusia en el nuevo orden mundial" en CALATRAVA GARCÍA, A. y CALVILLO CISNEROS, J. M. (Coords.); *El orden mundial en transición*, Madrid, Dykinson, 2023, p 78.

10 Muy interesante el Epílogo escrito tras la invasión de Ucrania por Henry KISSINGER en su último libro (*Liderazgo. Seis estudios sobre estrategia mundial*; Barcelona, Editorial Debate, 2023) donde repite su tesis sobre la necesidad de llegar a un acuerdo antes de que la guerra de Ucrania degenere en un cataclismo como el que originó la Primera Guerra Mundial. Para el autor, esta guerra encarna el fracaso del diálogo entre Estados Unidos y Rusia.

11 *Vid.* MANKOFF, J.; "Russia's Challenge to the European Security Order"; *Policy Essay*, n.º 39, 2016. Washington, The German Marshall Fund of the United States.

Pero la Cumbre de la Alianza Atlántica de Bucarest en 2008, amparada por Estados Unidos y Polonia ofreció una cierta perspectiva de adhesión a Ucrania y a Georgia –ambos antiguo territorio soviético–, sin fijar un calendario ni una mayor concreción para ello por manifiesta oposición de Francia y Alemania que impidieron que se aprobaran las solicitudes de Ucrania y Georgia de establecer el preceptivo para la adhesión Plan de Mecanismo de Acción MAP. La reunión concluye declarando el compromiso firme de la OTAN de aceptar en su seno a ambos países "en algún momento futuro". Es un perfecto ejemplo de provocación gratuita y de fracaso a múltiples bandas: EE. UU. se sintió molesto porque no logró asegurar una hoja de ruta para la membresía en la OTAN de Ucrania y Georgia; Alemania y Francia manifestaron su malestar con una iniciativa que necesariamente iba a soliviantar a Rusia; Georgia y Ucrania también quedaron molestos por la falta de compromiso y concreción aliada; y Rusia se molestó seriamente por lo que entendió una nueva amenaza a su seguridad. Evitar la incorporación a la OTAN de estos países iba a convertirse en el *leit motiv* de la política exterior rusa.

Bill Burns, Embajador de EE. UU. en Rusia en 2008 cuando se celebró la Cumbre de Bucarest de la OTAN alertó al Departamento de Estado de que abrir la puerta a Ucrania y Georgia era una profunda equivocación que Rusia nunca olvidaría. Rusia avisó de que su ingreso en la OTAN sería una especie de *casus belli*. Las intervenciones rusas en Georgia y Ucrania bloquearon de facto su incorporación a la OTAN.

¿Le asistía a Rusia el derecho para ello?, es obvio que estricta y legalmente no. ¿Ucrania tiene "derecho" a elegir su propio destino en aras de su estricta soberanía y voluntad?, por supuesto que lo tiene. Pero la geopolítica tiene sus propias normas. Y los Estados las conocen. Todos las conocemos ¿Aceptaría EE. UU. que Rusia o China instalasen misiles nucleares o bases militares en Cuba o en Nicaragua, por señalar como ejemplo? Pregunta retórica, todos conocemos la respuesta (la más explícita y expeditiva, la invasión de la isla de Granada por parte de EE. UU. en 1983 para evitar el acceso de los comunistas al poder).

(https://www.gmfus.org/sites/default/files/Mankoff_RussiasChallenges_Sept1 6_0.pdf)

Ninguna potencia aceptaría nunca tener a la alianza militar más fuerte del mundo instalada en sus fronteras y a muy pocos kilómetros de su capital. Razones históricas y geopolíticas hubieran aconsejado otra solución para Ucrania, por ejemplo, la concesión de un estatuto de neutralidad con garantías de seguridad que, además, no hubiera convulsionado internamente un país diverso, que cuenta –contaba por lo menos en ese momento– con una parte importante de la población de sentimiento –entonces, por lo menos– prorruso.

Wang Yi, ministro de Asuntos Exteriores chino afirmaba pocos días antes de la invasión de Ucrania en la Conferencia de Seguridad de Múnich de 2021 que la OTAN debía preguntarse si su ampliación al Este contribuye a la paz y la seguridad. Todos deberíamos preguntárnoslo. Todas las potencias tienen sus propias líneas rojas en materia de seguridad y generalmente son respetadas porque las potencias, también por eso lo son, se reservan la posibilidad de responder unilateralmente si se rebasan. Todas lo hacen: EE. UU. en Granada en 1983 y Rusia en Ucrania en 2022. Y lo peor es que, en 2008 ni tan siquiera se ofreció a Ucrania y Georgia una perspectiva sincera y clara de adhesión a la OTAN. Fue una pura provocación. Rusia nunca ocultó su posición –su rotunda oposición– ante esta cuestión. Nadie puede llamarse a engaño. Ese mismo 2008 tropas rusas invadieron Osetia del Sur y Abjasia, territorio prorruso de Georgia, aunque independientes de *facto* desde 1992. Tras más de una década de letargo, el despertar ruso puede fecharse ahí, a partir de ese momento del año 2008[12]. Era esta la primera intervención de tropas rusas en territorio exsoviético en defensa de las minorías rusas. No sería la última.

La revuelta de Maidán que acabó con el mandato del presidente prorruso Viktor Yanukovich, elegido en 2010, supondría un escalón más. La sucesión de los hechos es muy conocida. Muy sintéticamente los acontecimientos fueron los siguientes: Yanukovich negoció un Acuerdo de Asociación entre Ucrania y la UE con Catherine Asthon, primera Alta Representante de la Unión para la Política Exterior y de

---

12 BERMEJO GARCÍA, R.; "La crisis de Ucrania: algo más que un conflicto entre Rusia y Ucrania" en *Anuario Español de Derecho Internacional*. Universidad de Navarra, n.º 39, 2023, p. 15.

Seguridad Común surgida del Tratado de Lisboa, en una muestra de irresponsabilidad bastante notable por parte de nuestra Alta Representante[13]. Tal acuerdo dificultaba las relaciones económicas que el país mantenía con Rusia y, sobre todo, rompía irresponsablemente los equilibrios geopolíticos existentes en la zona a la vez que fragmentaba la estructura sociopolítica interna existente en el propio país ucraniano.

Moscú temió no sin razón que otro de sus socios, y no uno cualquiera precisamente, virase hacia occidente y cortocircuitó el Acuerdo lo que originó el levantamiento de Maidán con grandes protestas prooccidentales. La crisis se enconó durante días, la plaza de Maidán se pobló de banderas de Europa; aunque aquellas revueltas no solo estaban protagonizadas por bienintencionados europeístas, sino que también está documentada suficientemente la presencia de numerosas organizaciones ultras banderistas[14] y otros grupos violentos de dudosa respetabilidad[15]. Estos grupos violentos tomaron por la fuerza numerosos edificios oficiales y el presidente Yanukovich fue desalojado del

13 "(…) la torpe Alta Representante de la UE para la Política Exterior Catherine Ashton fue a negociar un acuerdo de asociación a Ucrania y se trajo una guerra civil" afirma Araceli MANGAS MARTÍN en "Error de la UE con Rusia" en el diario *El Mundo*, 24 de enero de 2022 (www.elmundo.es). En este artículo encontramos de forma sintética una visión muy crítica de la política de la UE con Rusia. Mangas afirma: "La UE no supo buscar a Moscú para fortalecerse con un gran Estado amigo en la vecindad con el que compartimos historia, cultura y religión. Entre 1991 y 2008, incluidos los dos primeros gobiernos de Putin (1999-2008), Rusia era un Estado en transición y fiable que participaba con beneplácito de la gobernanza de intereses comunes" y la UE y la OTAN, "en vez de ayudarle a mejorar su incipiente democracia en pago a su tolerancia, le fueron aislando y castigando por su pasado comunista (…). Entre 2008 y 2014 se perdió una posible Rusia europea y cooperativa".

14 Seguidores de Stepán Bandera, líder pronazi de la extrema derecha radical y terrorista de la Organización de Nacionalistas Ucranianos. Las banderas rojinegras poblaron también la plaza de Kiev durante esos sucesos. *Vid.* https://www.elconfi dencial.com/mundo/2014-03-17/los-heroes-ultras-de-la-revolucion-ucraniana_102 952/. Sobre la crisis de Euromaidán, *vid.* También: TAIBO, C.; *Rusia frente a Ucrania. Imperios, pueblos, energía*. Madrid, Los libros de la Catarata, 2022.

15 Puede verse un interesante cuadro con las más de treinta milicias que formaron parte de esta revuelta con su ideología, filiación, orígenes y líderes en LÓPEZ CANOREA, A.; MARRADES, A. y GONZÁLEZ MÁRQUEZ, J.; *La pugna por el nuevo orden internacional. Claves para entender la geopolítica de las grandes potencias*. Barcelona, Espasa, 2023, pp. 234 y 235.

poder y obligado a huir como consecuencia de lo que no puede ser considerado otra cosa que un golpe de Estado de libro[16].

El nuevo gobierno surgido de las revueltas, presidido por Petró Poroshenko, rápidamente tomó medidas de clara naturaleza antirrusa como, entre otras: el cierre de medios de comunicación de habla ruso, la prohibición del uso oficial de la lengua rusa que perderá su reconocimiento de oficialidad, así como el reconocimiento ruso de la minoría étnica indígena, el cierre de algunos colegios "rusos", además del ataque a la simbología y el retiro de monumentos rusos y soviéticos de las calles y edificios, la reescritura de importantes pasajes de la historia oficial para recuperar a declarados colaboracionistas nazis, la ilegalización del partido comunista y persecución de las actividades de diferentes partidos socialdemócratas, incluido el propio partido de Yanukóvich, incluso la promoción de un cisma con la iglesia ortodoxa rusa. Todo ello originó a su vez levantamientos prorrusos en diferentes lugares del este del país. En la Región del Dombás se proclamaron las Repúblicas Populares de Donetsk y Luhansk con un claro, aunque fuera encubierto, apoyo ruso. La República Autónoma de Crimea fue anexionada a través de una operación de los militares rusos de la base de Sebastopol –sin insignias oficiales, eso sí– a la Federación de Rusia. La celebración de un referéndum a todas luces sin las garantías mínimamente exigibles y que no ha obtenido el reconocimiento por la comunidad internacional refrendó la anexión de Crimea a Rusia.

El cuasiirrelevante Acuerdo de Asociación de la UE con Ucrania que encendió el Maidán y dividió al país, nos alejó aún más de Rusia y de un diálogo de cooperación con este país que resultaba ya inaplazable. La Política Europea de Vecindad no resultó funcional al efecto.

Así, desde 2014, el Dombás ha vivido una guerra de intensidad variable hasta la invasión rusa de Ucrania de 2022. Mientras, en todo ese tiempo, Ucrania se iba militarizando cada vez más, asistida por la OTAN que le ha ido proporcionando entrenamiento militar y material bélico armamentístico. También se iban produciendo una reiteración

---

16 Un golpe de Estado apoyado además por Occidente. *Vid.* CLAUDIN URONDO, C. y KORBUT, A.; "Carta de Europa: cinco mentiras acerca de Ucrania" en *Política Exterior,* Vol. 36, n.º 206, 2022.

de fracasos de propuestas de alto el fuego, auspiciadas por la OSCE y el denominado "cuarteto de Normandía" (integrado por Alemania, Francia, Rusia y Ucrania) bajo la forma de los Acuerdos de Minsk II de 2015 que incluían diferentes compromisos incumplidos: el más relevante la concesión de autonomía para la Región del Dombás en el marco de una reforma de la Constitución ucraniana.

El año 2021 resultó clave en Ucrania. La guerra del Dombás, lejos de estar congelada, seguía registrando cientos de violaciones del alto el fuego según certificaba la OSCE, encargada del monitoreo del proceso. La creciente militarización del país, con apoyo occidental, llevó al Kremlin a pensar que Ucrania, en un breve plazo de tiempo podría alcanzar un nivel de preparación militar que le permitiera lanzar una operación de recuperación del Dombás. Las facciones más duras de Moscú empujaban a Putin a una guerra que pensaban, sería inevitable más pronto o más tarde[17].

El 21 de febrero de 2022 Rusia reconoció la independencia de ambas Repúblicas del Dombás. El 24 se produjo la invasión.

3.3. Un orden de seguridad de posguerra fría excluyente y contra Rusia

Tras la guerra fría se va construyendo progresivamente un orden de seguridad europeo sustentado en tres ejes: la Unión Europea, la Alianza Atlántica y Rusia. Es un sistema desequilibrado en el que Rusia no encuentra una ubicación estable. La falta de acomodo de Moscú en el interior del mismo ha supuesto la gran debilidad de este sistema de seguridad[18].

Parece evidente que la OTAN aprovechó la caída y disolución de la Unión Soviética y después la debilidad de Rusia para ampliarse a toda Europa marginando a Rusia e ignorando sus intereses de seguridad. Y, sobre todo, no considerando que, inevitablemente, un día Rusia

---

17 LÓPEZ CANOREA *et al. op. cit.* p. 309.
18 CALATRAVA GARCÍA, A.; "El nuevo sistema de seguridad en Europa: La Unión Europea y Rusia en el nuevo orden mundial" *op. cit.* p. 81

volvería. La debilitada Rusia de la época del presidente Boris Yeltsin y de la primera época del mandato de Vladímir Putin, no iba a durar para siempre y necesariamente habría de levantarse más pronto o más tarde. No es sensato pensar que el país más extenso del mundo, con todo lo que ello significa desde múltiples puntos de vista, la mayor potencia geográfica, militar, energética del continente, no iba a despertar e iba a permanecer postrada a la voluntad occidental *sine die*.

Como afirma Kupchan, "Occidente se equivocó al desestimar las continuas objeciones de Rusia a la ampliación de la OTAN hacia el este. Como es lógico, las grandes potencias se sienten amenazadas cuando otras grandes potencias aparecen en su vecindario (…) Washington y sus aliados han ignorado en gran medida el malestar de Moscú ante el avance de la frontera oriental de la OTAN"[19]. La voluntad de Rusia de mantener sus esferas de influencia en su entorno próximo (o mejor, en un área estrictamente limitado a lo que fue territorio soviético –e incluso no en todo, dado el proceso seguido por las Repúblicas Bálticas– porque en su extensa antigua área de influencia del bloque soviético –los países de Europa central y oriental–, la perdió), con una arquitectura de seguridad como la que se construyó desde 1990, inevitablemente acabaría en conflicto. Solo era cuestión de tiempo, el tiempo necesario para que Rusia volviera a ser fuerte[20].

La responsabilidad de la guerra en Ucrania es de Putin y de su Gobierno, digámoslo una vez más. Fueron ellos los que protagonizaron la invasión de Ucrania vulnerando las reglas más elementales del derecho internacional. Pero no afrontamos bien el final de la guerra fría. La

---

19 KUPCHAN, C.H., *op. cit.* p. 82.
20 Como afirma José Enrique de Ayala, "Rusia, como heredera y país principal de la Unión Soviética, fue la gran derrotada de la guerra fría (…). Económicamente, tuvo todas las oportunidades –malbaratadas por la descomunal corrupción de la era Yeltsin– pero en los ámbitos políticos y de seguridad se la relegó a ser mera espectadora de lo que ocurría en Europa, sin considerar seriamente sus intereses o preocupaciones. Todo junto creó un resentimiento que era previsible que diera lugar a algún episodio conflictivo cuando el país recuperara parte de su fuerza". En "Lecciones aprendidas de la guerra de Ucrania"; LÓPEZ GARRIDO, D. (Dr.); *El Estado de la Unión Europea. Reformar Europa en tiempos de guerra.* Madrid, Fundación Alternativas y Friedrich Eber Stiftung, 2022, p. 78 (https://fundacionalternativas. org/wp-content/uploads/2023/02/iue_2022_web_pagblanco.pdf).

invasión iniciada el 24 de febrero de 2022 no es solo, quizá ni principalmente, una guerra ruso-ucraniana. Hay por debajo un sustrato que anida en el tiempo durante más de tres décadas. Como señala Richard Falk, estamos ante un conflicto geopolítico con dos niveles: el primero, el más explícito, es el conflicto directo y abierto entre Rusia y Ucrania; pero hay un segundo nivel, mucho más profundo, la pugna geopolítica entre Rusia y los Estados Unidos sobre el carácter y naturaleza del orden mundial después de la guerra fría[21].

Condenamos a Rusia a la marginalidad y a un papel subsidiario, en lugar de construir un orden de seguridad europeo inclusivo e integrador para todo el continente que nos hubiera permitido en el perfil más bajo, por lo menos, una sana coexistencia con Rusia. La OTAN y la UE debieron llegar a un acuerdo de seguridad europeo general y recíproco cooperando con Rusia y sin dejarla al margen. Además, "un entendimiento Paris-Berlín-Moscú hubiera hecho del continente una gran potencia económica, energética y política, y hubiera dado autonomía a la UE frente a EE. UU. y China"[22]. En lugar de ello, la UE abandonó el *partenariado* con Rusia, el marco de cooperación política que mantenía, suspendiendo el diálogo institucionalizado prácticamente desde 2015. En nuestro nombre y en pretendida defensa de nuestros intereses, con Rusia hablaba EE. UU.

Ahora, como afirma Natividad Fernández Sola, cuando nos preguntamos por las implicaciones de la guerra en Ucrania en la nueva arquitectura de seguridad, "proclamamos extrañados que Rusia quiere alterar la arquitectura europea de seguridad; ignorando que esta arquitectura se hizo sin contar con ella y posteriormente en su contra"[23].

---

21 ("A second geopolitical war between Russia and the United States over the character of world order after the Cold War") en FALK, R.; "Complexities of the Ukraine War", in *Global Justice in the 21st Century*. Transcend Media Service, 15 apr. 2022 (https://richardfalk.org/2022/04/15/complexities-of-the-ukraine-war/).

22 MANGAS MARTÍN, A.; "Guerra en Ucrania: perspectiva jurídico internacional" en *Actualidad Jurídica Uría Menéndez*, n.º 60, septiembre-diciembre de 2022, p. 23.

23 FERNANDEZ SOLA, N.; "Miradas sobre la guerra de Ucrania. Su impacto en el orden europeo" en DE CASTRO RUANO, J. L. *et al.* (Dir.); *Cursos de Derecho Internacional y Relaciones Internacionales de Vitoria-Gasteiz 2023*, Valencia, tirant lo Blanch, 2024.

3.4. ¿Pudo haberse evitado? Pudo haberse evitado

Nos preguntamos ahora si a pesar de todo pudo haberse evitado el estallido fatal del 24 de febrero de 2022.

El proyecto de "Tratado entre los Estados Unidos y la Federación de Rusia sobre garantías de seguridad" que presentó el Gobierno ruso a EE. UU. y la OTAN el 17 de diciembre de 2021 contenía bases suficientes de negociación en sus nueve artículos para crear una nueva arquitectura de seguridad con suficientes garantías para todas las partes. Y no todos artículos suponían una demencial e inasumible deriva geoestratégica del presidente ruso. Pero no lo tomamos en serio; parece incongruente calificar de loco al presidente Putin y no tomarse en serio sus amenazas. El Gobierno ruso acompañó el proyecto anterior con otra propuesta, el "Acuerdo sobre medidas para garantizar la seguridad de la Federación de Rusia y los Estados miembros de la Organización del Tratado del Atlántico Norte". Al denominar las propuestas como "proyectos de Tratados" quedaba claro que Rusia no los concebía como un ultimátum, sino que se trataba de un inicial punto de partida para la negociación[24].

La OTAN y EE. UU. optaron por arriesgar vidas de ciudadanos ucranianos, eso sí, por supuesto tras asegurar que no habría soldados estadounidenses luchando frente a los soldados rusos en territorio ucraniano.

Garantizar el cese formal de la ampliación oriental de la OTAN y la neutralidad y la no adhesión de Ucrania a la OTAN, como solicitaba la propuesta rusa, no es un exceso (lo mismo se hizo en el siglo XX con Finlandia y Austria, por ejemplo, y no les ha ido nada mal, aunque Finlandia haya optado recientemente por su alineamiento). Solicitar la elaboración de un nuevo Acuerdo de Fuerzas Nucleares Intermedias INF, (Tratado que prohíbe –prohibía– desplegar misiles nucleares

---

24 Como perspicazmente señala Mira MILOSEVICH-JUARISTI, en "Las últimas propuestas de Rusia para cambiar el orden de seguridad europeo creado después de la guerra fría" en *Análisis del Real Instituto ARI 3/2022*, del 25 de enero de 2022 (https://media.realinstitutoelcano.org/wp-content/uploads/2022/01/ari3-2022-mil osevich-rusia-orden-de-seguridad-europeo-descontento-pasivo-al-revisionismo-act ivo.pdf).

de alcance intermedio en Europa) sustitutivo del que existía cuando Donald Trump se retiró irresponsable y unilateralmente en 2019 no es un exceso. Establecer medidas de reducción de riesgos limitando las grandes maniobras militares en territorios próximos no es un exceso. La solicitud de retirada de los sistemas de armas occidentales de su entorno geográfico (recordemos que la OTAN tiene armamento nuclear desplegado en Alemania, Italia, Países Bajos, Bélgica y Turquía; y estudia hacer lo propio en Rumanía y Polonia donde ya cuenta con sistemas de defensa antimisiles que pueden revertirse en armamento ofensivo) tampoco parece un exceso. Y tampoco parece ser excesiva la demanda de congelar la expansión de la infraestructura militar de la Alianza (bases y sistemas de armas) en los antiguos territorios soviéticos y la demanda de poner fin a la asistencia militar occidental a Ucrania que se venía produciendo.

Y los excesos que había en el Proyecto de Tratado propuesto por Vladimir Putin, como la exigencia de la retirada de la OTAN a los límites anteriores al inicio a su ampliación al Este, (algo que se prometió por cierto a Gorbachov en su momento como hemos visto anteriormente) y limitar sus capacidades en torno a las existentes en 1997 cuando se celebró la primera Cumbre OTAN/Rusia y se firmó el Acta Fundacional sobre las Relaciones Mutuas, Cooperación y Seguridad, revertiendo a la situación existente en aquellos años, deberían ser, precisamente, el objeto de la negociación. Y también habrá que negociar la elaboración de un Nuevo Tratado de Reducción de Armas Estratégicas New *Start* de 2010 que expira en 2026 (se trata del último Tratado que queda para contener a los dos Estados más nuclearizados del mundo).

La propuesta rusa se basaba en el principio básico suficientemente reivindicado por las sucesivas administraciones rusas a lo largo de las últimas décadas, el cual es el principio de la indivisibilidad de la seguridad. Un principio que ya se incluía en la Carta para la Seguridad Europea firmada en la Cumbre de la OSCE de 1999 y reiterada posteriormente en numerosos documentos de esta organización. Según ese principio, todo país tiene libertad para elegir cuáles son sus alianzas y acuerdos; pero ninguna de estas alianzas y acuerdos fortalecerá su seguridad poniendo en cuestión o atentando contra la seguridad de otros. Esa era la clave de bóveda sobre la que se tenía que construir el nuevo concierto de seguridad. Y esa será la clave de bóveda sobre la que se construirá finalmente si queremos que dote de estabilidad al continente.

Sentarse a negociar, por difícil que sea, siempre es mejor que perder vidas; aunque sean las vidas de otros, en este caso, de los ucranianos. Lejos de ello, las relaciones se iban envenenando progresivamente[25]. En enero de 2022 se certificó el fracaso de la diplomacia tras la falta de acuerdo en las sucesivas cumbres bilaterales y reuniones multilaterales que se habían venido produciendo: la Cumbre entre los Presidentes Joe Biden y Vladímir Putin el 16 de junio de 2021 en Ginebra, reuniones en el seno de la OSCE, reunión de los Ministros de Asuntos Exteriores ruso Serguéi Lavrov y estadounidense Anthony Blinken el 21 de enero de 2022 en Ginebra (y podemos preguntarnos, ¿dónde estaba la UE?, ¿"nuestro" representante en esas reuniones era Blinken?). El ministro Lavrov certifica en esta Cumbre de Ginebra la falta de respuesta occidental a sus peticiones. Un mes más tarde se produciría la invasión de Ucrania.

¿Y ahora qué? Todo lo que hemos dicho anteriormente no justifica una agresión como la que ha perpetrado el gobierno de Putin, desproporcionada, ilegal, asesina. Digámoslo una vez más. Además, la agresión desencadenada dificulta la negociación de un nuevo orden de seguridad en Europa que le proporcionase su anhelada seguridad. Sus legítimas demandas en materia de seguridad quedan en un segundo plano, aparcadas. La prioridad ahora es otra. Pero no hay duda, no debe haberla, de que la guerra en Ucrania es una expresión y forma parte del contexto de rivalidad creciente entre EE. UU. y China; y, además, revela una estrategia de debilitamiento del orden liberal construido tras la Segunda Guerra Mundial.

---

25 Del deterioro de las relaciones da muestra el comunicado del Ministerio de Asuntos Exteriores ruso del 18-X-2021 en el que suspende el funcionamiento de la Oficina de Representación Permanente de la Federación de Rusia ante la OTAN, así como el funcionamiento de la Misión Militar de Enlace de la OTAN y el funcionamiento de su Oficina de Información en Moscú. Todo ello como consecuencia de la decisión previa del Secretario General de la Alianza Jens Stoltenberg, de anular la acreditación a algunos empleados de la citada Oficina de Representación Permanente de Rusia, así como de la decisión de reducir el número de empleados de tal misión "sin dar explicaciones algunas". https://www.mid.ru/es/foreign_policy/rso/nato/1783976/

3.5. El papel de la UE en la construcción del nuevo concierto europeo de seguridad

¿Y qué papel corresponde a la Unión Europea en este contexto convulso y en la construcción del escenario futuro?

No nos referimos en este epígrafe al papel que la UE está jugando en el apoyo a Ucrania una vez desatada la crisis e iniciada la guerra, la primera vez por cierto que la UE brinda asistencia militar a un Estado en guerra. Ni a analizar cómo la guerra ruso-ucraniana está contribuyendo al desarrollo de una potente Política Común de Seguridad y Defensa, superando límites cualitativos y cuantitativos que, hasta hace bien poco, hubieran sido absolutamente impensables por falta de voluntad política de los socios comunitarios para afrontarlos. Eso será objeto de análisis en los capítulos posteriores. Nos referimos en este epígrafe al papel de la UE en lo que se refiere a la relación con Rusia y, especialmente, al protagonismo que ha de jugar en la construcción de un nuevo orden de seguridad europeo, pues para nosotros, como venimos señalando en las páginas anteriores, ahí reside la clave de la crisis con Rusia.

La guerra en Ucrania marca un fin abrupto a un mundo organizado bajo reglas multilaterales; una visión liberal de las relaciones internacionales donde la interdependencia, decíamos, reducía el potencial de conflicto generando ganancias mutuas. Ahora el mundo es más competitivo y multipolar. En un escenario como este, la UE tiene que actuar como un actor geopolítico, definiendo sus estrategias en función de sus intereses. Aunque a veces, estos sean distintos de los intereses de sus principales aliados. La Unión Europea "Necesita estar preparada para adoptar medidas que no gusten a los demás, dotándose de instrumentos para no tener que plegarse a las demandas de otras potencias como paso previo a la proyección del propio poder hacia afuera"[26].

La Unión Europea debe empezar a pensar en la construcción de una nueva estructura de seguridad y de cooperación socioeconómica

---

26 STEINBERG, F. y TAMAMES, J.; "La UE en el mundo tras la guerra de Ucrania" en *ARI* Real Instituto Elcano, n.° 32/2022 del 21 de abril de 2022, p. 5 (https://media. realinstitutoelcano.org/wp-content/uploads/2022/04/ari32-2022-steinberg-tamames-la-ue-en-el-mundo-tras-la-guerra-de-ucrania.pdf).

que permita incorporar a Rusia a la familia europea de naciones y le proporcione suficientes garantías. En algún momento la UE deberá recuperar la interlocución con los dirigentes de Moscú. Si en el pasado no fuimos capaces de concluir acuerdos sólidos de cooperación política y de seguridad con Rusia, el país con la mayor extensión geográfica del continente –y del mundo–, algo hicimos mal. Aunque ahora será más difícil, habrá que buscar la ventana de oportunidad que nos permita negociar un nuevo concierto europeo de seguridad; nos va mucho en ello. Recurrir a EE. UU. para contener a Rusia no es la mejor opción. Y dejar a Rusia en manos de China y dependiente del gigante asiático tampoco; aunque la reacción occidental a la guerra haya tenido como uno de los múltiples efectos no deseados, precisamente ese, el de solidificar la alianza entre China y Rusia (algo que tradicionalmente siempre EE. UU. trató de evitar) a pesar de que los recelos mutuos fueron permanentes desde hace mucho tiempo. En todo caso, hay que señalar que Rusia y China ya venían experimentando un cierto acercamiento desde hacía años, concretamente desde 2014 en que Rusia es sancionado por la anexión de Crimea; en ese momento China se convierte en su socio estratégico. Es una relación claramente asimétrica en favor del gigante asiático, que ahora se acentuará. Para Rusia, China es un importante socio comercial al que vende armamento e hidrocarburos. La expresión más potente en lo que se refiere a la cooperación en materia de seguridad es la Organización de Cooperación de Shanghái, fundada en 2001 por ambos países y que incluye también a Kazajstán, Uzbekistán, Kirguistán y ampliada a India y Pakistán en 2017 e Irán en 2021.

Volviendo a Europa, es obvio que no podemos dejar en manos de EE. UU. la construcción de nuestro propio orden de seguridad europeo como hemos venido haciendo desde hace décadas, porque lo construirá de acuerdo con sus intereses y no con los nuestros. Y sus intereses y los nuestros no siempre son coincidentes, como vemos también desde hace décadas.

La UE se enfrenta igualmente a su propio Rubicón en materia de seguridad y defensa. De repente hemos descubierto que no basta con ser una potencia normativa ni posmoderna en un mundo que no lo es. El poder en el medio internacional no se reduce a la –muy importante, eso sí– capacidad para imponer normas a la comunidad internacional. La agresión de Rusia hoy nos da argumentos para desarrollar de una vez por todas, nuestras propias capacidades militares.

La UE debe recuperar la interlocución con Moscú, nos va mucho en ello. Esa es también la posición de Alemania y de Francia. No podemos ser prisioneros de las obsesiones –históricamente fundadas, desde luego– de algunos países miembros como Polonia o las Repúblicas Bálticas. Recurrir a EE. UU. para contener a Rusia es el deseo de los países de Europa Central y Oriental (salvo para el autócrata presidente húngaro Viktor Orbán, aliado de Putin), pero quizá no sea del interés de todos los demás que podríamos obtener más beneficios recíprocos entendiéndonos con Rusia y fortaleciendo nuestra Autonomía Estratégica.

En el momento de escribir estas páginas, no sabemos cómo acabará esta guerra; pero lo que sí sabemos es que el mundo ha cambiado y es cada vez más multipolar. Y es muy probable que la estrategia occidental y europea de aislar a Rusia, acabará solidificando una alianza ruso-china conformando dos bloques antagónicos, una nueva bipolaridad imperfecta en la que el Sur Global probablemente no se incline precisamente en favor de occidente. Como hemos visto en el capítulo anterior, hay un número muy importante de países que, aunque condenen formalmente la invasión (muchos ni tan siquiera eso), tienen una posición muy tibia frente a la posición occidental liderada por la UE y la OTAN. No podemos asumir la afirmación de que Rusia está aislada simplemente porque los países occidentales lo digan. No más de cuarenta Estados del mundo participan en la ejecución y el mantenimiento de las sanciones contra Rusia, a pesar de las intensas presiones de todo tipo por parte de los países occidentales, con Estados Unidos a la cabeza. La mayor parte de la población mundial sigue comerciando con las autoridades y las empresas de Moscú y, por cierto, en condiciones bastante ventajosas. Incluso Turquía, país miembro de la Alianza Atlántica, lo hace; además de los gigantes mundiales como China, la India, Brasil, Sudáfrica, etc. Y, por si fuera poco, han comenzado a pagar a Rusia en yuanes o rublos, lo que puede suponer para Estados Unidos, paradójicamente, una pérdida de la preminencia del dólar como moneda internacional.

Incluso nuestros países, por sorprendente que parezca, no han cortado el comercio con Rusia en su totalidad, sino que Rusia, empresas rusas, siguen suministrándonos hidrocarburos –gas y petróleo–.

¿Y es razonable pensar que a Europa le interesa una situación de pretendido aislamiento de Rusia como la descrita?, es obvio que no. La geografía no cambia fácilmente y Rusia seguirá siendo nuestro vecino; tenemos que generar medidas de confianza y de convivencia; la coexistencia entre Rusia y Europa es inevitable. El país más grande del mundo, con recursos minerales ingentes, con volúmenes importantísimos de materias primas y con un arsenal nuclear impresionante, no puede ser aislado ni nosotros europeos podemos vivir al margen de él. Quizá EE. UU. pueda hacerlo, tiene todo un océano de por medio; pero para nosotros no es posible.

Una perspectiva duradera y sólida de seguridad para Europa solo es posible integrando a Rusia. Europa ha de construir con Rusia y con todos los países orientales, también los que no integran la UE pero que integraron la Unión Soviética, un acuerdo amplio de seguridad que incluya medidas de confianza, de respeto a las fronteras y la soberanía de todos, salvaguarda de las minorías y control de armamentos, con una perspectiva de asunción de la seguridad indivisible. No es fácil atisbar las razones por las que no se permitió a Rusia contar con un "colchón de seguridad", una zona de contención en su frontera, no militarizada, sin bases extranjeras ni armas ofensivas. Esto es algo que se ha practicado muchas veces en las relaciones internacionales para aliviar tensiones y percepciones de amenazas. Los países de la antigua URSS bien podrían haberse convertido en ese anillo de seguridad sin integrar ninguna alianza militar ni ocupación con bases militares extranjeras. Los antiguos integrantes del bloque del este podrían haberse integrado en la Alianza con ciertas restricciones en lo que se refiere a la ubicación en su territorio de armamento ofensivo, etc. No se hizo nada de esto. Se optó por cercar a Rusia. El objetivo de la UE a medio plazo debe ser precisamente generar confianza a Moscú. Y no será fácil.

La UE vive un reequilibrio interno a favor de las Repúblicas Bálticas y los países de la Europa del Este, que son quienes han estado en la primera línea de la respuesta europea a la agresión rusa. Estos países, con Polonia al frente, han alzado la voz en Bruselas para hacer valer su visión sobre el futuro de la Unión y reivindicar su posición de manifiesto escepticismo histórico hacia unas relaciones con Rusia basadas en la contención, la cooperación y el diálogo que protagonizaron principalmente Alemania y Francia. Políticamente este reequilibrio hacia el Este de Europa (que se amplía con el nuevo estatus concedido a Ucrania, Moldavia e incluso, Georgia) se traduce en una contención más firme frente a Rusia, muy lejos del enfoque cooperativo que caracterizó a la época de Angela Merkel[27]. En nuestra opinión, y a pesar de la coyuntura que estamos atravesando, la relación con Rusia no puede estar guiada por, ni basarse en, las obsesiones históricamente fundadas, desde luego, de ciertos países de Europa Central y Oriental; sino que deben guiarse por la voluntad de lograr establecer una nueva arquitectura de seguridad europea inclusiva de Rusia. Solo así podremos aspirar a un orden de seguridad europeo con visos de permanencia.

---

27 PIROZZI, N.; *The European Union after One Year of War: Widening, Deepening, Reba-lancing*; Instituto Affari Internazionali, 31.03.2023 (https://www.iai.it/en/pubblicazi oni/eu-after-one-year-war-widening-deepening-rebalancing).

Capítulo 4

La Declaración de Versalles de marzo de 2022

Los jefes de Estado y de Gobierno se reunieron los días 10 y 11 de marzo del 2022 en la ciudad francesa de Versalles en formato de Consejo Europeo informal para proporcionar una respuesta conjunta ante la guerra desatada en suelo europeo tan solo dos semanas antes[1].

Los líderes europeos parten del siguiente principio: "La guerra de agresión rusa constituye un vuelco descomunal en la historia europea" y suponen que la UE debe estar a la altura de sus responsabilidades ante esta nueva realidad (punto 6) para lo que deciden asumir mayores responsabilidades respecto a la seguridad europea en tres dimensiones clave que deben acentuar nuestra soberanía, reducir nuestras dependencias y diseñar un nuevo modelo de crecimiento e inversión para 2030:

a) Refuerzo de nuestras capacidades de defensa: los líderes reafirman el compromiso de aumentar la capacidad de la UE para actuar de manera autónoma; si bien, seguidamente afirman: "La

---

1 El texto completo de la Declaración de Versalles puede verse en https://www.consil ium.europa.eu/media/54800/20220311-versailles-declaration-es.pdf

relación transatlántica y la cooperación UE-OTAN (...) son fundamentales para nuestra seguridad general. Una Unión más fuerte y más capaz en el ámbito de la seguridad y la defensa contribuirá positivamente a la seguridad transatlántica y mundial y *complementa* (el enfatizado es nuestro) a la OTAN que sigue siendo el pilar de la defensa colectiva de sus miembros" (punto 8). Dados los desafíos existentes, el Consejo Europeo se compromete a invertir más y mejor "y de manera decidida" en capacidades de defensa y tecnologías innovadoras. En concreto, los líderes acuerdan: "aumentar sustancialmente el gasto en defensa, dedicando una parte significativa a la inversión, centrándonos en las carencias estratégicas detectadas y desarrollando capacidades de defensa de manera colaborativa dentro de la UE; (...) estimular las inversiones colaborativas de los Estados miembros en proyectos conjuntos y la adquisición conjunta de capacidades de defensa; aumentar la inversión en las capacidades necesarias para llevar a cabo el abanico completo de misiones y operaciones (...); fomentar las sinergias entre la investigación y la innovación civiles, de defensa y espaciales e invertir en tecnologías críticas y emergentes y en innovación para la seguridad y la defensa; adoptar medidas para reforzar y desarrollar nuestra industria de defensa" (punto 9). Además, se comprometen a adoptar otras medidas para enfrentar la guerra híbrida, reforzar la ciberresiliencia, proteger las infraestructuras críticas, mejorar la dimensión de seguridad y defensa de las industrias espaciales y luchar contra la desinformación, así como favorecer la movilidad militar en toda la UE (punto 10). La Declaración de Versalles también se compromete a apoyar a nuestros socios haciendo "un mayor uso del Fondo Europeo de Apoyo a la Paz" (punto 12), algo que se ha utilizado profusamente en el apoyo a Ucrania, como veremos en el capítulo 6.

b) Reducción de nuestra dependencia energética: el conflicto con Rusia fuerza a la UE a reevaluar la manera de lograr la seguridad del abastecimiento energético, dado que se establece una decisión firme para "eliminar gradualmente, lo antes posible, nuestra dependencia de las importaciones de gas, petróleo y carbón rusos" (punto 16). Para ello es imperativo no solo reducir nuestra dependencia general de combustibles fósiles, sino también diversificar nuestro abastecimiento "especialmente mediante el uso del gas natural licuado (GNL) y el desarrollo del biogás (…); agilizando el desarrollo de las energías renovables (...)", etc. (punto 16). Es importante resaltar que los líderes no cuestionan ni matizan el objetivo de lograr la neutralidad climática de aquí a 2050; sino que, muy al contrario, explicitan y reafirman el mantenimiento de ese objetivo (punto 14)[2].

c) Desarrollo de una base económica más sólida: los líderes se comprometen a trabajar en favor de una base económica de Europa más resiliente y competitiva, mejor adaptada a las transiciones ecológica y digital; para ello establecen el compromiso de trabajar en la reducción de nuestra dependencia estratégica en los ámbitos considerados más sensibles (señalan los siguientes: materias primas fundamentales, semiconductores, sanidad, ámbito digital y alimentos) (punto 21). Por último, se comprometen a fomentar la inversión creando un entorno que la facilite y atraiga (punto 24) y movilizando la financiación pública europea y nacional necesaria. En este sentido refieren específicamente el potencial del Banco Europeo de Inversiones para catalizar inversiones y aumentar la financiación de riesgo para el emprendimiento y la innovación (punto 25). Parece evidente que, para los líderes de los 27, reforzar las capacidades de defensa, aun siendo necesario, imprescindible incluso, no es suficiente para lograr la tan ansiada soberanía estratégica que persiguen como objetivo de la Declaración.

En definitiva, los líderes acuerdan en la ciudad francesa cubrir con la mayor celeridad posible las carencias de capacidad de la UE y explorar el potencial de las inversiones en defensa para que la UE esté a la altura

---

2   Recordemos que esta es una línea de actuación estratégica de la Comisión Von der Leyen en el Pacto Verde Europeo. *Vid*. DE CASTRO RUANO, J. L.; "La respuesta europea al cambio climático y la estrategia por la neutralidad climática: del Pacto Verde Europeo a la Ley del Clima Europea y más allá" en *Revista Aranzadi Unión Europea*, n.º 8 y 9, agosto-septiembre 2023.

de sus responsabilidades. Se comprometen a otorgar incentivos para las compras conjuntas de armamento y apuntan hacia una futura programación conjunta en un importante primer paso hacia la reorientación de la PCSD desde su concepción original como una política para la gestión de crisis y estabilización civil (labores de policía, asesoramiento judicial, reforma administrativa, etc.) en escenarios de conflictos de baja y media intensidad (como tradicionalmente han sido sus intervenciones llevadas a cabo en los Balcanes, África, Oriente Medio y Afganistán) hacia labores de disuasión y defensa territorial, aun compartiendo estas con la Alianza Atlántica.

La Agenda de Versalles pretende aminorar el desfase entre la nueva situación creada como consecuencia de la guerra en Ucrania y las respuestas que ofrecía la Brújula Estratégica que se iba a aprobar unos días después, pero cuyo contenido ya conocían los líderes, claramente insuficientes y no adaptadas para una amenaza de semejante dimensión.

Sin embargo, la Declaración no contempla algunos aspectos sobre los que no hubo acuerdo entre los líderes, como la respuesta comunitaria al gigantesco impacto económico que generará la mayor crisis de seguridad que ha vivido el continente desde hace muchos años. Tampoco hay un compromiso claro (porque no podía haberlo en el momento en que se adopta la Declaración) respecto al diseño concreto de la futura relación con Ucrania, más allá de expresar solidaridad y un poco comprometido compromiso de que "seguiremos estrechando nuestros vínculos y profundizando nuestra asociación para ayudar a Ucrania a seguir su senda europea" (punto 4). En Versalles se impuso la tesis de los Estados (España entre ellos, además de Portugal, Francia y los Países Bajos principalmente) que defendían la necesidad de transitar el procedimiento habitual para la adhesión, frente a aquellos otros (como Polonia, Bulgaria, Letonia, Lituania, Estonia, Eslovaquia y Eslovenia) que reclamaron, incluso por escrito en una carta firmada de manera conjunta, acelerar los trámites y concederle en esa misma Cumbre el estatus de país candidato.

La Agenda de Versalles expresa un compromiso político inédito de los jefes de Estado y de Gobierno de la UE en favor del reforzamiento de la soberanía europea en materia militar, energética y económica. Supone una apuesta consensuada por los 27 para avanzar hacia la ambicionada soberanía europea y lo hace identificando tanto los puntos fuertes como los débiles. Como hemos visto, se reconoce la debilidad en el sector de la energía y la necesidad de ser más independientes en este ámbito en el futuro. A pesar de la fortaleza que supone la existencia de un mercado interior de 450 millones de consumidores, se reconoce también la existencia de algunas debilidades y fragilidades que hay que afrontar; especialmente se señalan los microprocesadores, lo que implica desarrollar una tecnología innovadora de la que hasta la fecha la UE carece. Se comprometen también a maximizar las posibilidades del Fondo Europeo de Apoyo a la Paz para suministrar equipos militares, lo que constituye un enorme paso que la UE nunca se había atrevido a transitar. Y, sobre todo, el compromiso de acelerar el rearme europeo ante la amenaza que supone la Rusia de Vladímir Putin es el aspecto nuclear de la Declaración de Versalles. Europa se plantea un giro insólito, forzado por la crisis de Ucrania; desde el final de la Guerra fría, los países europeos habían reducido su gasto en defensa del 4 % de su producto interior bruto al 1,5 %. El paraguas estadounidense nos lo posibilitaba. Versalles es un grito en el sentido contrario para aumentar sustancialmente el gasto en defensa estimulando las inversiones compartidas y fomentando las sinergias en investigación e innovación.

La primera consecuencia práctica de la Declaración de Versalles se producirá apenas dos meses más tarde con el análisis sobre los déficits de inversión en defensa que realizará la Comisión Europea[3] y que le llevará a proponer medidas y acciones adicionales para reforzar la base industrial y tecnológica de la defensa europea. Este análisis pone de manifiesto que el sector de la defensa está sufriendo un triple déficit:

a) Déficit en el gasto en defensa: aunque como resultado de la invasión de Ucrania los Estados proceden al aumento de sus presupuestos de defensa (en torno a un total de 200 000 millones de euros adicionales durante los próximos años), estos se producen tras años de recortes sustanciales y tras una grave escasez de

---

3 *Vid.* Comunicación conjunta de la Comisión Europea y el Alto Representante de la Unión para Asuntos Exteriores y Política de Seguridad sobre el análisis de los déficits de inversión en defensa y el camino a seguir (https://defence-industry-space. ec.europa.eu/eu-defence-industry_es).

inversión. Entre 1999 y 2021, el gasto en defensa del conjunto de la UE aumentó un 20 % frente al 66 % que lo hizo en EE. UU., el 292 % que lo hizo en Rusia y el 592 % en China.

b) Déficit en la industria de la defensa: pese a la competitividad global del sector, existen dificultades y carencias; la demanda está fragmentada por lo que la industria también sigue estructurándose en el marco estatal.

c) Déficit de capacidades: se destacan tres prioridades urgentes; reponer el arsenal, sustituir los sistemas heredados de la época soviética y reforzar los sistemas de defensa aérea y antimisiles.

Para subsanar estas carencias, la propuesta de la Comisión se centra en medidas concretas como la adquisición conjunta de equipos militares, la programación estratégica de defensa que permita establecer de forma más clara cuáles son las prioridades en el ámbito de la defensa en las que hay que centrarse, el fortalecimiento del marco europeo de i+d en materia de defensa y la utilización para todo ello del Fondo Europeo de Defensa.

Esta Comunicación de la Comisión y el Alto Representante es la respuesta al mandato que realizó el Consejo Europeo reunido en la Cumbre de Versalles de contar con un análisis de los déficits en defensa. A partir de ahí y basado en este análisis, se irán sucediendo la consecución de diferentes instrumentos que permitan, en alguna medida, colmar esos déficits y esas deficiencias de la defensa europea.

También en los otros dos pilares además del militar de la Agenda de Versalles, es decir, en materia energética y económica se han tomado medidas. Así, para reducir la dependencia de los hidrocarburos rusos se adopta el Plan *Repower EU* que implica una transformación ecológica y política del modelo de desarrollo europeo además de una diversificación forzada de las fuentes europeas de aprovisionamiento que se orientarán muy rápidamente hacia Noruega, Estados Unidos y Catar. En términos de soberanía, esta diversificación por sí misma ya tiene el mérito de poner fin a una dependencia excesiva de un único país lo que reduce la vulnerabilidad estratégica de los europeos[4]; sin embargo, la

---

4   BERTONCINI, Y.; "Quelle souveraineté européenne aprés la déclaration de Versailles?; *Policy Paper*, n.º 721, Fondation Robert Schuman, 9, 0ctobre, 2023.

otra cara de la moneda reside en que aumentamos nuestra dependencia energética de un socio del que dependemos también militarmente, como es EE. UU. Doble dependencia es excesiva dependencia.

Construir una base económica más sólida es el otro pilar de la Agenda de Versalles. Ello supone, entre otros aspectos, reducir la dependencia estratégica europea en múltiples ámbitos como los semiconductores, la sanidad, productos alimenticios, economía digital, etc. Todas esas cuestiones que nos han llevado a redefinir la Autonomía Estratégica otrora fundamentalmente militar, trasmutada ahora en Autonomía Estratégica "abierta" y a la que nos referiremos en el siguiente capítulo.

(https://www.robert-schuman.eu/questions-d-europe/721-quelle-souverainete-eur opeenne-apres-la-declaration-de-versailles).

Capítulo 5

La Brújula Estratégica: una ¿obsoleta? nueva estrategia de seguridad para Europa

5.1. Antecedentes

Hasta que la guerra en Ucrania alteró por completo el orden de las cosas, la UE proseguía con su agenda de reforzamiento progresivo de la PCSD iniciada unos años antes. Como ya hemos tenido ocasión de glosar en otros trabajos anteriores[1], la política de seguridad y defensa pasó de ser un tabú en el proceso de integración europea a ocupar un lugar central en la agenda comunitaria. El Tratado de Lisboa introdujo innovaciones de gran potencialidad que diseñaban una forma peculiar

---

1   Principalmente: DE CASTRO RUANO; J. L.; "Hacia una Unión Europea de la Defensa o cómo hacer de la necesidad virtud" en *Anuario Español de Derecho Internacional*, n.º 34, 2018. DE CASTRO RUANO, J. L. y BORRAJO VALIÑA, D.; "El futuro de la seguridad y la defensa en la UE post-Brexit: el salto a la integración; en *Cuadernos Europeos de Deusto*, n.º 60, 2019 (https://ced.revistas.deusto.es/article/view/1580). DE CASTRO RUANO, J. L.; *La integración de la seguridad y la defensa en la Unión Europea. Un nuevo instrumento de actuación internacional para un actor global en el siglo XXI.* Madrid, Instituto de Estudios Europeos Robert Schuman/UFV, 2020. DE CASTRO RUANO, J. L. "La seguridad y la defensa comunitaria europea entre el Brexit y la pandemia" en DE CASTRO RUANO, J. L. (Coord.); *La Unión de Seguridad y Defensa: el futuro ya está aquí*, Madrid, Dykinson, 2021.

y poliédrica de Unión de la Seguridad y la Defensa; pero el desarrollo no fue el previsto y la implantación de estas innovaciones, en unos casos no se produjo y en otros lo hizo de una manera desvirtuada o con una exasperante lentitud. Una cierta inflexión se irá produciendo a partir del año 2016.

Desde 2016 cuando se presentó la Estrategia Global para la Política Exterior y de Seguridad[2] hasta hoy, esta cuestión nunca había ocupado un lugar tan relevante en la agenda comunitaria. Indudablemente, el *Brexit* proporcionó la ventana de oportunidad para ello al tener el efecto de soltar lastre y permitir el avance en una materia crítica permanentemente cortocircuitada por la oposición del Reino Unido. Las consecuencias para las relaciones transatlánticas derivadas de la presidencia de Donald Trump en EE. UU. acabaron de despejar las dudas acerca de la necesidad de profundizar en este ámbito hasta entonces permanentemente pospuesto al abrigo que proporcionaba, precisamente, la alianza atlántica. El surgimiento de nuevas amenazas, así como el deterioro de las condiciones de seguridad en la vecindad de la Unión Europea (conflicto en Ucrania previo al estallido de 2022, "primaveras árabes", inestabilidad en Libia, Yemen, Siria, etc.) hizo el resto.

En los últimos años son muchas las realizaciones que ya evidenciaban la evolución hacia una forma de Europa de la Defensa desde la citada Estrategia Global para la Política Exterior, conocida como Estrategia Mogherini, presentada el 28 de junio de 2016, (es decir, cinco días después del referéndum del *Brexit*) y que surgía, precisamente, para orientar la política exterior y de seguridad en los siguientes años. El documento Mogherini enumeraba las cinco prioridades de la acción exterior: seguridad, fomento de la resiliencia en nuestros vecinos del este y del sur, enfoque integrado de los conflictos, promoción de órdenes regionales de cooperación en todo el mundo y, fomento de una gobernanza mundial para el siglo XXI.

---

2   Servicio Europeo de Acción Exterior, *Una visión común, una actuación conjunta: una Europa más fuerte. Estrategia global para la política exterior y de seguridad de la Unión Europea* (file:///C:/Users/zipderuj/Downloads/una%20visi%C3%B3n%20com%-C3%BAn%20una%20actuaci%C3%B3n%20conjunta-OF0116825ESN.pdf).

Aunque refuerza la idea del *soft power*[3], propone reforzar la cooperación en materia de defensa[4] hasta alcanzar la Autonomía Estratégica, concepto que adquirirá una gran centralidad posteriormente y que nos ocupará de forma específica en las siguientes páginas.

Otros peldaños para la construcción de esta política de defensa fueron el Plan de Acción Europeo de la Defensa concebido como un plan de trabajo para desarrollar la Estrategia Mogherini; la Revisión Anual Coordinada de Defensa –según sus siglas en inglés, CARD–, concebida como un foro voluntario de cooperación que evalúa el estado de las capacidades de los Estados y las necesidades de futuro, así como la evolución de los presupuestos anuales de defensa de los Estados participantes y la inversión que realizan en materia de defensa. También el Fondo Europeo de Defensa puesto en marcha en 2017 para apoyar la inversión en investigación, equipos y tecnología de defensa conjunta[5] y que está dotado para el periodo 2021-2027 con un monto total de 8000 millones de euros; la Capacidad Militar de Planificación y Ejecución creada también en 2017, de forma paralela a la ya existente para entonces Capacidad Civil de Planificación y Ejecución y que tiene el objetivo de asumir el mando de las misiones militares no ejecutivas de la UE erigiéndose en un antecedente de un verdadero Cuartel General permanente de la UE que posibilite la planificación, mando y ejecución de todo el espectro de misiones operativas comunitarias. Asimismo se estableció la Cooperación Estructurada Permanente contemplada en el artículo 42.6 del Tratado de la UE que tiene como objetivo reforzar las capacidades comunitarias de defensa[6]. Por último, el Fondo Europeo de Apoyo a la Paz, instrumento extrapresupuestario que se puso en marcha en 2021 destinado a reforzar la capacidad de la UE de prevenir conflictos, consolidar la paz y reforzar la seguridad internacional

---

3 "La Unión Europea siempre ha estado, y seguirá estando, orgullosa de su poder no coactivo, porque en ese terreno somos los mejores" *Ibidem*, p. 3.

4 "Para Europa, el poder no coactivo y el poder coactivo van de la mano", *Ibidem*, p. 3.

5 Resolución legislativa del Parlamento Europeo, de 18 de abril de 2019, sobre la propuesta de Reglamento del Parlamento Europeo y del Consejo por el que se establece el Fondo Europeo de Defensa (COM(2018)0476 – C8-0268/2018 – 2018/0254(COD)) https://www.europarl.europa.eu/doceo/document/TA-8-2019-0430_ES.html

6 LÓPEZ JACOISTE, E.; "Los 47 proyectos PESCO: buenas perspectivas para la UE y España" en *Revista Aranzadi Unión Europea*, n.° 4, 2020.

posibilitando para ello la financiación de operaciones de la PCSD que tengan repercusiones en el ámbito de la Defensa[7].

El siguiente paso se daría con la Brújula Estratégica, la hoja de ruta y guía de acción comunitaria en materia de seguridad y defensa para la próxima década y, en la práctica, primer "Libro blanco sobre la defensa europea".

5.2. La Brújula Estratégica: alcance y contenido del nuevo Concepto Estratégico de la UE[8]

Una de las limitaciones que habían caracterizado al desarrollo de la seguridad y la defensa de la UE era la falta de una cultura estratégica común, es decir, el hecho de que la UE no hubiera identificado nunca las prioridades estratégicas que respondiesen a sus necesidades de seguridad en el contexto actual. A nadie se le escapa la dificultad de tal empresa, si tenemos en cuenta las diferentes percepciones de las amenazas de cada uno de los socios comunitarios en función de su historia particular, su ubicación geográfica concreta, sus ambiciones, su naturaleza, su sensibilidad, etc. Para intentar solventar esta cuestión y

---

7   Apoya también a países terceros en sus misiones de seguridad y defensa y para aumentar la capacitación de sus propios ejércitos. Este Fondo reemplaza a los mecanismos anteriores Athena y Fondo de Apoyo a la Paz para África. Dotado inicialmente con una cuantía económica de 5000 millones de euros para el periodo 2021-2027 que aportan los Estados miembros según una clave de reparto basada en la Renta Nacional Bruta, ha sido posteriormente aumentado en 2000 millones más en 2023, dado que ha nutrido las diferentes partidas de apoyo militar a Ucrania en su guerra con Rusia. Posteriormente, el 14 de marzo de 2023, el Consejo adoptó una Decisión por la que se eleva el límite financiero de este Fondo a un total de 8000 millones de euros hasta el año 2027 en que finaliza el actual marco presupuestario plurianual de la UE. Recordemos que el Tratado actual no permite disponer del presupuesto comunitario para financiar gastos con implicaciones militares y de defensa, razón por la que este Fondo tiene la naturaleza de extrapresupuestario.

8   Félix ARTEAGA afirma que la denominación adoptada de "brújula estratégica" encuentra su razón de ser en la voluntad de diferenciarse del término "concepto estratégico" asociado a la OTAN. *Vid.* "La Brújula Estratégica: para proporcionar más seguridad que defensa a la UE"; en *Comentario Elcano* 20/2022 del 7 de abril de 2022 (https://media.realinstitutoelcano.org/wp-content/uploads/2022/04/com entario-arteaga-la-brujula-estrategica-para-proporcionar-mas-seguridad-que-defe nsa-a-la-ue.pdf).

contar con una visión común para la seguridad y la defensa europea, el Consejo de la UE presentó en junio de 2020 la iniciativa para dotarnos de la denominada Brújula Estratégica, un instrumento estratégico que permitiera una mayor concreción y precisión respecto a los documentos anteriores (me refiero a la Estrategia Europea de Seguridad o "Estrategia Solana" del 2003 y la Estrategia Global para la Política Exterior y de Seguridad de la UE o "Estrategia Mogherini" del 2016, ambas elaboradas además en un contexto geopolítico bastante diferente[9]). Por eso, la Brújula Estratégica utiliza una terminología algo más precisa y concreta, fijando plazos y fechas en algunas ocasiones, frente a las excesivas generalizaciones de las Estrategias precedentes.

El documento a elaborar debía partir de una evaluación colectiva de las amenazas para los próximos diez años basada en las aportaciones de los servicios de inteligencia de cada uno de los Estados miembros. Nunca se había elaborado en la UE un mapa colectivo de las amenazas como el que se llevó a cabo durante el año 2021. Este documento –documento clasificado que no fue difundido públicamente– debería contribuir a desarrollar esa cultura europea común de seguridad y defensa de la que carecíamos hasta la fecha. Además, el documento final permitiría también avanzar en la dirección de una utilización más eficiente del cúmulo de recursos e instrumentos generados en el seno de la PCSD a lo largo de los últimos años. En definitiva, aportaría las orientaciones estratégicas y políticas requeridas para identificar las capacidades que necesitamos desarrollar en el futuro.

Tras casi dos años de trabajo en su elaboración, el Consejo aprobó formalmente la Brújula Estratégica el 21 de marzo de 2022[10], es decir, en

---

9   Para un análisis comparativo de las amenazas que consideraba tanto la Estrategia Europea de Seguridad (2003), el Informe sobre la Implementación de la Estrategia Europea de Seguridad (2008) como la Estrategia Global de la UE (2016) *vid.* PONTIJAS CALDERÓN, J. L.; "La brújula estratégica de la Unión Europea" en *Documento Análisis*, del Instituto Español de Estudios Estratégicos, 17 de noviembre de 2021 (file:///C:/Users/zipderuj/Downloads/Dialnet-LaBrujulaEstrategicaDeLaUnion Europea-8536463.pdf).

10 CONSEJO DE LA UE; *Una Brújula Estratégica para la Seguridad y la Defensa. Por una Unión Europea que proteja a sus ciudadanos, defienda sus valores e intereses y contribuya a la paz y la seguridad internacionales*, Bruselas, 21 de marzo de 2022 (https://data.consil ium.europa.eu/doc/document/ST-7371-2022-INIT/es/pdf). La Brújula Estratégica fue refrendada por el Consejo Europeo del 25 de marzo de 2022.

plena guerra de Ucrania, coyuntura que no hizo sino dotarla de más sentido todavía del que inicialmente ya tenía; aunque también, para algunos, forzando una obsolescencia prematura de la misma, al estar concebida para un escenario distinto al de competencia entre potencias nucleares y rivalidad geoestratégica como el que deberemos de afrontar en el futuro inmediato[11]; de hecho solo unos pocos meses después de su aprobación, la UE comenzó a proporcionar capacidades militares (además de económicas, políticas y humanitarias) a Ucrania en una proporción sin precedentes y, desde luego, en una dimensión que va mucho más allá de lo que había previsto la Brújula Estratégica. En todo caso, de los últimos documentos comunitarios se desprende una percepción de la Brújula Estratégica semejante a un proceso dinámico "que habrá de actualizarse y adaptarse en función del análisis de amenazas (…)"[12].

Como hemos señalado antes, la Brújula Estratégica es una iniciativa dirigida por los Estados miembros de la UE cuyo objetivo es aportar claridad y ofrecer orientaciones en relación con la política común de seguridad y defensa de la UE, así como establecer una visión común de los principales riesgos y desafíos a los que se enfrenta Europa a corto y medio plazo. Tiene como finalidad conseguir que la UE se convierta en un proveedor de seguridad para sus ciudadanos, protegiendo nuestros valores e intereses.

El documento en cuestión se inicia con una descripción del sombrío entorno internacional actual caracterizado por la inestabilidad, las amenazas híbridas, el terrorismo y la competencia geopolítica entre diferentes polos, en un escenario de erosión del multilateralismo que está dando lugar a unas relaciones internacionales más conflictivas con el regreso de una política de poder. Con el objetivo de reforzar la

---

11 "Probablemente los cambios políticos y de todo tipo que está exigiendo el citado conflicto [se refiere como es obvio al conflicto de Ucrania] forzarán a una revisión total de la Brújula Estratégica" en REY ARROYO, F.; "¿Los vientos de guerra en Ucrania dispersarán la niebla de la Autonomía Estratégica en Europa?" en *Documento Opinión* 104/2022 del 22 de noviembre de 2022, del Instituto Español de Estudios Estratégicos (https://www.ieee.es/Galerias/fichero/docs_opinion/2022/DIEEEO 104_2022_LUIREY_Ucrania.pdf).

12 *Vid.* Resolución del Parlamento Europeo, de 18 de enero de 2023, sobre la aplicación de la política común de seguridad y defensa: informe anual 2022, p. 11 (https://www.europarl.europa.eu/doceo/document/TA-9-2023-0010_ES.html).

seguridad y la defensa de la UE y concebida como una especie de Libro Blanco de la Defensa del que carecíamos hasta ahora, la Brújula Estratégica se articula en torno a cuatro grandes ejes que incluyen en total más de sesenta medidas destinadas a reforzar las capacidades de la Unión Europea:

- *Actuar*: para ser capaz de actuar con rapidez cada vez que se produzca una crisis, en colaboración con sus socios si es posible y sola cuando sea necesario.
- *Garantizar nuestra seguridad*: mejorar la capacidad de anticipación y respuesta ante las amenazas y los desafíos existentes.
- *Invertir*: los Estados se comprometen a incrementar sustancialmente sus gastos en materia de defensa, así como a reforzar la base tecnológica e industrial de la defensa europea. El objetivo es invertir más e invertir mejor en capacidades de defensa.
- *Trabajar de manera asociativa* para hacer frente a las amenazas y los retos comunes.

En cada uno de estos ámbitos, fija una serie de objetivos a lograr, comprometiendo la fecha en la que se debe llevar a cabo. Así, en el primer pilar ("Actuar"), se prevé la creación de una Capacidad de Despliegue Rápido de la UE de hasta 5000 militares –una vez más– que incluya componentes terrestres, aéreos y marítimos con los elementos de apoyo estratégicos necesarios para diferentes tipos de crisis en la que los intereses de la Unión se vean amenazados en el exterior de su territorio, siendo esta quizá la propuesta más ambiciosa o por lo menos más espectacular que se prevé plenamente operativa para 2025[13], una vez los Estados miembros hayan acordado todos los parámetros necesarios

---

13 Aunque desde 2005 ya existían los denominados *Battle Groups*, Grupos de Combate de 1.500 efectivos que, sin embargo, no habían sido utilizados en ninguna ocasión por falta de voluntad política de los Estados miembros, así como por carencia de financiación para su movilización y la ausencia de entrenamientos conjuntos previo. Ahora, para dotar de credibilidad a esta nueva Capacidad de Despliegue Rápido se propone dotarla de mandato, estructura y medios adecuados a las misiones susceptibles de ser encomendadas. De esta forma, esta nueva Capacidad se presentaría como un instrumento de actuación más contundente y a la vez más flexible.

para ello: definición de escenarios de utilización, acuerdo sobre las capacidades requeridas en términos, por ejemplo, de transporte estratégico o de apoyo, así como de las modalidades de financiación, etc. Bien entendido que esta Capacidad no está concebida para intervenir en la defensa colectiva del territorio europeo (para lo que se cuenta con la OTAN en el caso de los Estados miembros que forman parte también de la organización militar). Se preveía también la realización de maniobras militares regulares conjuntas en tierra y en mar para el año 2023 para poder testar las cadenas de mando de la UE[14].

Además, a través de la adopción de un nuevo Pacto sobre la Vertiente Civil de la PCSD, se establece el compromiso de contar con la capacidad para desplegar una misión civil de la PCSD con 200 expertos plenamente equipado en un plazo de 30 días, incluso en entornos complejos, así como de reforzar las misiones y operaciones civiles y militares de la PCSD. Se propone también la implementación del artículo 44 del TUE que permite que un grupo de Estados miembros capaces pueda decidir llevar a cabo una misión u operación dentro del marco de la Unión; para ello se pretende utilizar la abstención constructiva y mejorar las posibilidades de financiación conjunta de las misiones y operaciones.

---

14 Entre el 16 y 22 de octubre de 2023 se llevó a cabo el primer ejercicio de la UE con fuerzas desplegadas sobre el terreno –Ejercicio Livex–. En este ejercicio participaron casi 2800 militares provenientes de 9 Estados de la Unión (Austria, España, Francia, Hungría, Irlanda, Italia, Malta, Portugal y Rumanía). España, como país anfitrión dado que las maniobras se desarrollaron en Cádiz (en la base naval de Rota y en el Campo de maniobras de El Retin), aportó el cuartel General de la Fuerza y la mayor parte del personal y de los medios utilizados. Se trató de un ejercicio militar de gestión de crisis que simuló una operación de desembarco en un país sumido en una situación de caos donde debe desplegarse una misión de estabilización. El fin fundamental del ejercicio era poner a punto la Capacidad de Planeamiento y Conducción de Operaciones de la UE que deberá estar operativa plenamente en 2025, según establece la Brújula Estratégica. El ejercicio combinó la intervención de fuerzas navales, terrestres, aéreas y anfibias, movilizando simultáneamente diferentes navíos, helicópteros rumanos y franceses, así como dos aviones Eurofighter españoles, además de otros portugueses y franceses. El ejercicio, cuyo coste ascendió a 5 millones de euros, fue financiado por el Fondo Europeo de Apoyo a la Paz. Vid. "Le premier exercice Livex de l´Union européenne. Navires, avions, forces spéciales en action" en B2. Le Quotidien de l´Europe géopolitique. 17 octubre 2023 (https://www.bruxelles2.eu/2023/10/en-bref-le-premier-exercice-livex-de-lunion-europeenne/).

En el segundo pilar ("Garantizar la Seguridad"), dado el crecimiento progresivo de las amenazas de naturaleza híbrida, se propone impulsar las capacidades de análisis de inteligencia así como desarrollar instrumentos y equipos de respuesta contra tales amenazas híbridas, desarrollar instrumentos de ciberdiplomacia y ciberdefensa para responder ante los ciberataques; también prevé dotarse de instrumentos contra la desinformación y elaborar una estrategia espacial de la UE para la seguridad y la defensa, así como otros instrumentos en materia de seguridad marítima. El documento vislumbra también la utilización de los instrumentos disponibles a través de la PCSD para combatir el terrorismo.

En el tercer pilar ("Invertir") se compromete a impulsar la innovación tecnológica en el ámbito de la defensa y reducir las dependencias tecnológicas e industriales europeas reduciendo las vulnerabilidades en las cadenas de abastecimiento. Se pretende alcanzar un nivel importante de soberanía tecnológica especialmente en áreas críticas. En este sentido, la propuesta incluye también proceder al fortalecimiento de dos instrumentos ya en marcha, como son el Fondo Europeo de Defensa[15] y la Cooperación Estructurada Permanente[16]. Los Estados se comprometen a aumentar sustancialmente sus presupuestos de Defensa para contar con unas fuerzas interoperables y avanzadas tecnológicamente que permitan conducir el espectro total de misiones y operaciones susceptibles de desarrollar. Explícitamente la Brújula señala algunas capacidades

---

15 Dotado con un presupuesto de 8000 millones de euros para el periodo 2021-2027, pretende incentivar acciones que aborden las necesidades más urgentes y críticas en materia de productos de defensa. El requisito para obtener la financiación comunitaria con cargo a este Fondo es que las acciones se lleven a cabo por un consorcio integrado por, al menos, tres Estados miembros y que, como mínimo, el 70 % de los componentes utilizados procedan de la UE y de países asociados.

16 El 16 de noviembre de 2021, es decir, unos meses antes de aprobarse la Brújula, el Consejo adoptó una Decisión para actualizar la lista de proyectos a emprender en el marco de la Cooperación Estructurada Permanente, con catorce nuevas propuestas que se adicionan a los 46 existentes hasta entonces. Con lo cual, en el momento de aprobarse la Brújula, la Cooperación Estructurada Permanente cuenta con 60 proyectos que implican a 25 Estados miembros (todos menos Dinamarca, que se incorporará posteriormente, y Malta) que abarcan ámbitos tan diversos como los centros de formación, los sistemas de formación terrestre, los sistemas marítimos y aéreos, la ciberseguridad, los servicios de capacitación conjuntos múltiples o el espacio.

estratégicas cuyas carencias deben superarse; entre otras: transporte aéreo estratégico, conectividad y comunicaciones en el espacio, ámbito sanitario, ciberdefensa, inteligencia, drones. Encontramos también las consabidas referencias a la necesidad de evitar la fragmentación de la industria militar europea y las ineficiencias que se han venido produciendo hasta ahora como consecuencia de la priorización de los intereses individuales nacionales sobre los colectivos comunitarios europeos.

En el cuarto pilar ("Trabajar de manera asociativa") se compromete a reforzar la cooperación con socios estratégicos como la OTAN y las Naciones Unidas, así como con asociaciones regionales como la OSCE, la Unión Africana y la ASEAN; además desarrollará asociaciones bilaterales con países afines y socios estratégicos, entre los que el documento cita específicamente Estados Unidos, Canadá, Noruega, Reino Unido, Turquía, así como los socios de Asia-Pacífico (Japón, Corea del Sur, India, Pakistán, Indonesia y Vietnam). En el área iberoamericana destaca la asociación con Colombia y Chile para profundizar el diálogo sobre seguridad y defensa.

La referencia que la Brújula realiza a China no puede ser más contenida ni escueta: "seguiremos manteniendo el diálogo y las consultas con China, especialmente para garantizar el respeto del Derecho del mar y un orden internacional basado en normas". En el otro extremo nos encontramos con la OTAN, primera organización a la que se hace referencia y, además, ocupando un lugar muy destacado dado que "es crucial para nuestra seguridad euroatlántica". La UE expresa su voluntad de "reforzar esta asociación clave" y proseguir esta "cooperación estrecha y mutuamente beneficiosa" para reforzar la cooperación existente en los ámbitos del diálogo político, el intercambio de información, las operaciones de gestión de crisis, el desarrollo de capacidades militares y la movilidad militar. Para ello se llevarán a cabo reuniones conjuntas de alto nivel entre las dos organizaciones con mayor frecuencia y se aumentarán los intercambios entre el Comité Político y de Seguridad de la UE y el Consejo del Atlántico Norte. También se pretende reforzar la asociación estratégica con las Naciones Unidas para defender el multilateralismo basado en normas y los principios de la Carta de las Naciones Unidas. Específicamente se señala el compromiso de fortalecer la asociación estratégica con las Naciones Unidas en el ámbito de las operaciones de paz y la gestión de crisis.

La posición oficial comunitaria afirma que la Brújula Estratégica contribuirá a marcar el rumbo de la acción futura de la UE en materia de seguridad y defensa en los próximos diez años y a hacer frente a unas amenazas cada vez mayores, como la competencia geopolítica, las rivalidades económicas, el desarrollo tecnológico y la desinformación, la crisis climática y la inestabilidad regional y mundial. Cierto es que la Brújula Estratégica supera, sin ninguna duda, el nivel de ambición de la Estrategia Global de 2016, pero lo hace en un entorno estratégico también más complicado y con mayores demandas de seguridad.

Sin embargo, en nuestra opinión, las capacidades que se proponen en ella, con ser relevantes, parecen dirigirse más a enfrentar situaciones de gestión de crisis en el exterior, prevención de conflictos lejanos y mantenimiento de la paz –nada nuevo, por lo tanto, dado que es lo que la UE viene haciendo desde hace años– que a responder eficazmente a los grandes retos geopolíticos y las potentes amenazas militares que nos circundan en esta coyuntura. No hay referencia alguna en este documento a la defensa territorial de los Estados miembros como objetivo a lograr de manera autónoma. Aunque a lo largo del texto hay varias alusiones a la "solidaridad y asistencia mutua" prevista en el artículo 42.7 del Tratado de la Unión Europea, no se incluye una previsión para su desarrollo normativo que la convirtiera en un instrumento realmente operativo. A través de la Brújula, la UE parece reafirmarse como un proveedor de seguridad a terceros, más que en un garante de la defensa de su propio territorio y el de sus Estados miembros, cuestión que se delega en las capacidades que proporciona la OTAN. A pesar de que los últimos borradores se vieron afectados ya por la invasión militar rusa de Ucrania, lo que llevó a la utilización explícita de un léxico más asertivo, en ningún momento aparece, por ejemplo, el término "disuasión".

Como síntesis general, aun siendo un documento importante en muchos ámbitos y que supone cambios cuantitativos y cualitativos en algunas materias, en general incluye más deseos, buenos propósitos e intenciones que acciones, objetivos y compromisos concretos. Se dejan demasiadas líneas de fuga en espera de una voluntad política de los 27 que en otras ocasiones no llegó. ¿Llegará ahora?; no podemos olvidar que la seguridad y la defensa no son competencia exclusiva de la UE, sino que dependen del acuerdo de los Estados miembros.

La Brújula Estratégica sigue rezumando esa retórica optimista y bien intencionada, tan propia de este tipo de documentos comunitarios; pero evidenciando una carencia alarmante de propuestas y acuerdos contundentes por parte de los Estados sobre planes de acción claros y fechados[17]. En sentido semejante, Araceli Mangas afirma que la Brújula es un documento realista al reconocer que la "UE no tiene potencia militar. Por ello, es rupturista respecto a documentos de estrategia anteriores porque se atreve a hablar de poder duro y enfatiza la necesidad de alcanzarlo (…) La Brújula Estratégica de la UE de 2022 configura –antes incluso de la agresión [se refiere a la agresión de Ucrania por parte de Rusia]–, de forma decepcionante, la política común de defensa bajo la dirección de la OTAN, reflejando impotencia y subordinación a EE. UU. Después de más de setenta años, todavía la UE no puede defender a sus ciudadanos, ni a sus Estados ni los intereses del conjunto. La Brújula nacía desnortada y fuera de la realidad instalada en el jardín francés que es la UE, metáfora muy utilizada por el Alto Representante"[18].

5.3. La Autonomía Estratégica como objetivo de la Brújula

La Autonomía Estratégica fue señalada como una aspiración de la PCSD y una ambición estratégica amplia en la Estrategia Global de la UE de 2016[19]; desde entonces este concepto aspiracional va a adquirir un gran protagonismo en la reflexión académica y política, así como en la planificación estratégica de la Unión si bien de forma un tanto imprecisa

---

17 "¿Una brújula que pierde el norte?" se pregunta con ironía Nicolas GROS-VERHEYDE en un artículo extremadamente crítico con la PCSD de título suficientemente elocuente "L'Europe joue toujours en seconde division dans la défense. Paradoxal dans un contexte troublé" en *B2 Le Quotidien de l'Europe géopolitique,* 11 novembre 2023 (https://www.bruxelles2.eu/2023/11/analyse-lunion-europee nne-de-la-defense-alias-leurope-de-la-defense-peine-a-exister/).

18 MANGAS MARTÍN, A.; "Ucrania: baño de realidad para la política de defensa europea" en BOLLO AROCENA, M. D. y JIMÉNEZ PINEDA, E. (Dirs.); *El Derecho Internacional y Europeo contemporáneos ante la agresión rusa a Ucrania.* Valencia, tirant lo blanch, 2024, p. 384.

19 *Una visión común, una actuación conjunta: una Europa más fuerte. Estrategia global para la política exterior y de seguridad de la Unión Europea,* Luxemburgo, Oficina de Publicaciones Oficiales de la UE, 2016 (file:///C:/Users/josel/Downloads/

y con significados heterogéneos. Uno de los objetivos derivados de las propuestas que incluye la Brújula Estratégica, en principio por lo menos[20], es posibilitar la tan ansiada Autonomía Estratégica. La Brújula Estratégica proporciona una especie de hoja de ruta que permitirá en la práctica avanzar en el camino hacia la consecución de la Autonomía Estratégica. Concepto ambiguo e impreciso[21] pero que nos sugiere una cierta capacidad de la UE para actuar y tomar sus propias decisiones de manera autónoma y evitando excesivos condicionamientos por parte de terceros. Autonomía Estratégica no implica soberanía, ni independencia, ni unilateralismo, ni autarquía, ni proteccionismo ni aislacionismo; ni tampoco debe entenderse en oposición a la relación transatlántica.

una%20visi%C3%B3n%20com%C3%Ban%20una%20actuaci%C3%B3n%20conjunta-OF0116825ESN.pdf). Sin embargo, esta expresión no se utilizaba en la Estrategia Europea de Seguridad de 2003 ("Estrategia Solana"). Al parecer, la primera vez que se utilizó este concepto en un documento oficial de la UE fue en 2010 en un informe realizado por el Parlamento Europeo según señala Frédéric MAURO en *Strategic Autonomy under the Spotlight: The New Holy Grail of European Defence*, Bruxelles, Group for Research and Information on Peace and Security GRIP REPORT 2018/1. file:///C:/Users/zipderuj/Downloads/Strategic_autonomy_under_the_spotlight_T.pdf Nathalie TOCCI, sin embargo, data la primera utilización del concepto en el Consejo de Asuntos Exteriores de la UE de diciembre de 2013; en *European Strategic Autonomy: What It Is, Why We Need It, How to Achieve It*, Rome Istituto Affari Internazionali, 2021 (https://www.iai.it/sites/default/files/9788893681780.pdf).

20 Las referencias a la Autonomía Estratégica que encontramos en la Brújula estratégica son muy escasas. El término "autonomía" aparece cuatro veces, fundamentalmente con el significado de la necesaria autonomía de decisiones por parte de la UE; hay dos referencias a la "soberanía tecnológica". Daniel FIOTT estima que "la ausencia de referencias a la "Autonomía Estratégica" puede considerarse una respuesta a las divisiones políticas que conlleva el término. No todos los Estados de la UE se sienten cómodos con la noción de Autonomía Estratégica, ya que a menudo se interpreta como una fórmula para la independencia de Estados Unidos (…) la Alianza [atlántica] recibe nada menos que 28 menciones específicas en el documento". En "La Brújula Estratégica y la autonomía de la UE" en *Política Exterior*, n.º 207, 2022, p. 71.

21 *Vid.* MAURO, F.; *Europe's Strategic Autonomy: That obscure object of desire*. Paris, Institut de Relations Internationale et Strategiques, Analysis, n° 13, 2021. (https://www.iris-france.org/wp-content/uploads/2021/10/EN-ANALYSIS-13-EUROPE%E2%80%99S-STRATEGIC-AUTONOMY-October-2021.pdf) *Vid* también LÓPEZ JACOISTE, E.; "Hacia la Autonomía Estratégica de la UE: el necesario equilibrio entre ambición y realidad" en *Revista General de Derecho Europeo*, n.º 50, 2020. FIOTT, D.; "Strategic Autonomy: ¿Towards European Sovereignity in Defence?" en *European Union Institute for Security Studies EUISS, Brief*, n.º 12 November, 2018 (https://espas.sec ure.europarl.europa.eu/orbis/sites/default/files/generated/document/en/Brief%20 12%20Strategic%20Autonomy.pdf).

Ser autónomos estratégicamente supone que la UE pueda desarrollar su propia capacidad de acción independientemente de lo que las otras potencias puedan considerar[22].

La Autonomía Estratégica no tiene una base material y de contenido estable, determinable y cuantificable; no es un *quantum* concreto y mensurable, no es un listado de capacidades. Por el contrario, se trata de una noción vacía o flotante que debe negociarse permanentemente entre los Estados miembros y las instituciones comunitarias[23].

Nathalie Tocci afirma que la Autonomía Estratégica tiene un componente interno y otro internacional o por decirlo con más propiedad, multilateral.

Una UE autónoma puede vivir de acuerdo con sus leyes y normas protegiéndolas internamente y asociándose multilateralmente en un orden internacional basado en reglas. El debate sobre la autonomía política ha ganado relevancia como consecuencia del desarrollo interno de la UE y los profundos cambios que se han producido en el sistema internacional. Internamente el proyecto europeo ha evolucionado desde un mercado único a una unión económica y monetaria, con un espacio común de libertad, seguridad y justicia, así como una política exterior en construcción. A través de este desarrollo interno, la Autonomía Estratégica se convirtió en una posibilidad. En el ámbito exterior la profunda transformación del sistema internacional ha hecho necesaria también la Autonomía Estratégica. Durante la mayor parte de su existencia, el proyecto europeo se desarrolló bajo el orden liberal internacional, caracterizado por la existencia de organizaciones, leyes, normas, regímenes y prácticas internacionales tuteladas por EE. UU. Este mundo se está desvaneciendo, si no lo ha hecho ya[24]; EE. UU. no

---

22 ARTEAGA, F.; GARCÍA, R.; MOLINA, I., *et al.*; "Autonomía Estratégica europea e intereses de España". *Análisis del Real Instituto, ARI* 89/2021, 2 de noviembre de 2021 (https://www.realinstitutoelcano.org/analisis/autonomia-estrategica-europea-e-intereses-de-espana/).

23 MAURO, F.; "Strategic autonomy under the spotlight: The New Holy Grail of European Defence", *op. cit.*

24 Para FERNÁNDEZ SOLA, es "evidente el desmoronamiento del orden liberal internacional, con la pandemia COVID-19 y la posterior guerra en Ucrania ha desaparecido prácticamente, aunque está por ver el orden internacional que se configura después", "Miradas sobre la guerra de Ucrania. Su impacto sobre el orden europeo" *op. cit.*

representa más la hegemonía indiscutible del mundo. Además, con la experiencia de la presidencia de Donald Trump ya no debemos asumir simplemente que podemos confiar en los Estados Unidos como hicimos en el pasado. A medio plazo –mucho menos a largo plazo– no podemos dar por asegurado el compromiso estadounidense con la defensa del viejo continente, por eso habrá que seguir trabajando por contar con instrumentos que nos posibiliten ir construyendo una suerte de Autonomía Estratégica. En esta época de multipolaridad o de bipolaridad renovada la Autonomía Estratégica europea es tan necesaria en las pocas ocasiones en las que la UE y EE. UU. divergen como en las muchas más en las que convergen. El vínculo transatlántico requerirá una mayor cooperación europea[25].

No cabe duda de que la dimensión más inmediata de todo ello se refiere a la capacidad de actuación en materia de seguridad y defensa. Se trataría de disponer de capacidad suficiente para enfrentar las crisis en nuestro entorno más inmediato al margen de la voluntad de nuestros socios. Hay que señalar que nunca se interpretó este concepto como algo parecido a la independencia militar (obviamente, autonomía e independencia no son sinónimos), ni autarquía, ni aislacionismo, ni proteccionismo; si bien sí sugería cierta capacidad de actuación al margen de la voluntad de EE. UU. principalmente, ya que en el imaginario colectivo la Autonomía Estratégica se esgrimía fundamentalmente frente a la OTAN y los EE. UU.

La guerra en Ucrania ha dotado al concepto de una visión mucho más contenida; pero también más pragmática y más realista. Una amenaza como la que supone Rusia no es posible afrontarla de forma autónoma prescindiendo de la OTAN y de los EE. UU. Así, la Autonomía Estratégica sería complementaria a los compromisos con la Alianza Atlántica y perfectamente compatible con una relación transatlántica más fuerte, incluso, algunos consideran que esta es una precondición necesaria para alcanzar la primera[26]. Pero, además, la Autonomía

---

25 TOCCI, N., *European Strategic Autonomy; What It Is, Whi We Need It, Ho to Achieve It*, *op. cit.* pp 3 y 4.
26 ARTEAGA, F.; GARCÍA, R.; MOLINA, I; *et al.*; *Autonomía Estratégica europea e intereses de España, op. cit.*, p. 4.

Estratégica europea requerirá que la UE asuma una mayor responsabilidad y, por tanto, un mayor riesgo en sus regiones vecinas especialmente en materia de seguridad, lo que incluye en consecuencia, un mayor compromiso político y económico.

En todo caso, yendo más allá de la aproximación general y formal recogida en las líneas anteriores, ¿qué entendemos por Autonomía Estratégica de una forma más precisa y pormenorizada?

En el contexto político de la UE sigue sin haber una definición explícita del concepto[27], lo cual se alinea con una práctica bastante habitual de las instituciones comunitarias que consiste en eludir la definición estratégica y centrarse en las acciones materiales concretas y el desarrollo de capacidades materiales y operativas que la dotan de contenido (lo mismo se hizo con el concepto de Resiliencia en la propia Estrategia Global)[28]. La Estrategia Global no lo hace, aunque califica a la Autonomía Estratégica como una necesidad para promover los intereses europeos reforzando la cooperación con los socios de la OTAN. También la considera un medio para mejorar la capacidad militar de la UE. La Autonomía Estratégica no comprometería la soberanía de los Estados miembros en materia de defensa ni debilitaría las alianzas existentes; básicamente se trataría de reforzar las capacidades en determinadas áreas críticas para mejorar la operatividad. Debería permitir a los Estados europeos actuar con los EE. UU. siempre que sea posible y de forma autónoma, cuando fuera necesario, sea a través de los recursos de la propia UE, de la OTAN o de las Naciones Unidas[29].

El concepto se reintroduce en los documentos programáticos de la UE a raíz del *Brexit* y del acceso de Donald Trump a la presidencia de

---

27 Como acertadamente señala Mariola URREA, la "Autonomía Estratégica" que prevé la Estrategia Global de la Unión es "un concepto en búsqueda de un significado"; en "De la Autonomía Estratégica a la idea de ¿"soberanía estratégica"? de la Unión Europea: la pandemia como factor de aceleración" en DE CASTRO RUANO, J. L. (Coord.); *La Unión de Seguridad y Defensa: el futuro ya está aquí*. Madrid, Dykinson, 2021, p. 124.

28 GARCÍA PÉREZ, R.; "Autonomía Estratégica de la Unión Europea: una realidad incómoda" en *Revista Aranzadi Unión Europea*, n.º 4, abril 2020. El autor desarrolla en este trabajo una interesante genealogía del concepto aplicada al marco comunitario. Nos valemos de ello en los próximos párrafos.

29 *Ibidem* p. 105.

EE. UU., convirtiéndose en uno de los objetivos estratégicos de la PCSD. Autonomía Estratégica implica gozar de autonomía de medios y autonomía de fines: no depender de nadie para lograr los propios objetivos con los propios medios disponibles[30]. La muy limitada "autonomía de medios" no es discutida por nadie dada la aceptación general, por obvia, de que Europa carece de los medios militares suficientes para asumir de manera autónoma su propia seguridad. Buena parte de los instrumentos que se están desarrollando en los últimos años, incluso en los últimos meses, van destinados precisamente a solventar esta cuestión tanto en inversiones como en desarrollo tecnológico (Fondo Europeo de Defensa, inversiones conjuntas en fabricación de armamentos, compras conjuntas, proyectos multinacionales en el seno de la Cooperación Estructurada Permanente, etc.).

Más problemas presenta aún la "autonomía de fines". ¿Tiene la UE unos fines comunes específicos, autónomos respecto a los que persigue la Alianza Atlántica? ¿Existe realmente una divergencia entre los fines que persiguen los Estados Unidos y la Unión Europea?[31]. Pues si atendemos a los desafíos actuales reflejados en los respectivos documentos estratégicos, parece que cada vez más. Así, EE. UU. parece dirigirse preferentemente al espacio de Asia-Pacífico con China como principal contendiente estratégico y amenaza existencial; mientras que los europeos nos sentimos más vulnerables por la inestabilidad que nos llega de la región mediterránea y el Sahel, además de Rusia, por supuesto.

Pero la Autonomía Estratégica debe permitir a la UE actuar en el escenario internacional con un cierto margen de discrecionalidad diplomática y política, sin seguir necesariamente en todo momento los pasos de EE. UU. en nuestras relaciones bilaterales o multilaterales. Debe permitirnos desarrollar posiciones propias en nuestra vecindad (sean los

---

30 *Ibidem* p. 109. Otros interpretan la existencia de dos dimensiones de la Autonomía Estratégica: la corriente mayoritaria que la entiende como el desarrollo de capacidades militares; y la corriente minoritaria que la interpreta como la capacidad de acción para definir y ejecutar una decisión frente a un conflicto o crisis internacional; MORA BENAVENTE, E.; "Presentación"; VV. AA.; *Una Estrategia Global de la Unión Europea para tiempos difíciles*. Madrid, Centro Superior de Estudios de la Defensa Nacional CESEDEN, 2016, p. 16.

31 *Ibidem*, p. 112.

países mediterráneos no comunitarios, los del Cáucaso, los Balcanes, etc.) o con otros socios (América Latina, Países ACP, etc.).

Ser autónomos estratégicamente implica, en definitiva, disponer de más capacidad de actuación en diferentes ámbitos. Primero en materia de seguridad y defensa por supuesto; pero también disponer de una mayor capacidad de actuación contando con mecanismos de decisión más ágiles (la unanimidad para la toma de decisiones en materia de política exterior es un lastre y disminuye y limita nuestra capacidad de actuación y respuesta en escenarios que, normalmente, exigen una respuesta inmediata); y por supuesto, maximizar nuestra capacidad comercial y económica, aumentar nuestra resiliencia energética, nuestro acceso a recursos críticos en materia industrial, sanitaria, etc. Y, sobre todo, ser conscientes de que la ambición de ser autónomos estratégicamente va en paralelo a la dimensión industrial y política. Sin capacidad industrial (base tecnológica e industrial de la defensa) y sin fortaleza y coherencia política interna (en el proceso de adopción de decisiones, definición conjunta y asunción colectiva de objetivos) no se alcanzará una auténtica Autonomía Estratégica sólida y creíble[32].

---

32 LÓPEZ-JACOISTE DÍAZ, E.; "Hacia la Autonomía Estratégica de la UE: el necesario equilibrio entre ambición y realidad". *Revista General de Derecho Europeo, op. cit.* p. 43.

Capítulo 6

El desarrollo de nuevas capacidades: cambio cualitativo y cuantitativo

6.1. Dinamarca también se apunta

En el contexto de la guerra en Ucrania, la incorporación de Suecia y Finlandia a la Alianza Atlántica ha ocupado muchas páginas de análisis; bastante menos atención, sin embargo, mereció la incorporación de Dinamarca a la Política Común de Seguridad y Defensa que se produjo como consecuencia del referéndum celebrado el 1 de junio de 2022 en que un 67 % de la población danesa, con una participación del 65 % del electorado, votó a favor de acabar con la exclusión voluntaria de la participación en la cooperación de la UE en materia de defensa tras la entrada en vigor del Tratado de Maastricht, en noviembre de 1993[1].

En consecuencia, el país nórdico se unió a la PCSD el 1 de julio de 2022 y con posterioridad se irá integrando progresivamente en las diferentes estructuras comunitarias creadas en torno a la política de seguridad y defensa; comenzará igualmente a contribuir y participar

---

1 SCHAART, E.; "Denmark votes to scrap EU defense opt-out"; *Politico,* 1 june 2022 (https://www.politico.eu/article/denmark-votes-to-scrap-eu-defense-policy-opt-out/).

en las misiones y operaciones militares de la PCSD. El 23 de marzo de 2023 notificó al Consejo y al Alto Representante su intención de participar en la Cooperación Estructurada Permanente y de su capacidad para cumplir los compromisos exigidos. Dinamarca también se unió en marzo de 2023 a la Agencia Europea de Defensa de la que estaba voluntariamente excluida.

Bien entendido todo ello que esta incorporación de Dinamarca a la PCSD no supone menoscabo alguno a su vocación atlantista. Antes bien, al contrario, dado que algunos meses más tarde de su ingreso en la PCSD, Dinamarca firmará un acuerdo de defensa sin precedentes con los EE. UU.[2], de forma que se autoriza al ejército estadounidense a permanecer estacionado en tres bases danesas. Dinamarca refuerza así el acceso de EE. UU. a Europa y al mar Báltico y contribuye a la defensa colectiva de Europa por parte de la OTAN. Recordemos también que los socios comunitarios Suecia y Finlandia –además del país tercero, Noruega– han firmado acuerdos similares: Suecia firmó ese mismo mes un acuerdo que autoriza a las tropas estadounidenses a utilizar ciertas partes de 17 bases, instalaciones y zonas de entrenamiento militar suecas; y Finlandia, el último miembro de la OTAN, por su parte, permite el acceso al ejército de EE. UU. a un total de 15 instalaciones militares.

En todo caso, la incorporación de Dinamarca a las estructuras de seguridad y defensa comunitarias no puede considerarse sino como un exponente muy elocuente del cambio que está suponiendo la seguridad y la defensa en la agenda comunitaria y en la percepción de los Estados miembros acerca de la misma. Incluso Irlanda, cuyo ejercicio de neutralidad le lleva a tener también un *opting-out* en materia de PCSD formalmente reconocido, participa cada vez más activamente en iniciativas comunes de defensa, como la Agencia Europea de Defensa y la Cooperación Estructurada Permanente[3].

---

2   *Vid.* "Le Danemark signe un accord de défense inédit avec les États-Unis" en *Euractiv,* 20 décembre 2023 (https://www.euractiv.fr/section/defense/news/le-danemark-signe-un-accord-de-defense-inedit-avec-les-etats-unis/).
3   GUINEA LLORENTE, M.; "La defensa europea tras la guerra de Ucrania: ¿es la Autonomía Estratégica un objetivo realmente compartido y factible?" en LÓPEZ GARRIDO, D. (Dr.); *El Estado de la Unión Europea. Ante una nueva legislatura. Informe 2023,* Fundación Alternativas, p. 61(https://fundacionalternativas.org/wp-content/uploads/2023/11/INFORME-UE-2023-CORREGIDO-1.pdf).

Pero el cambio cuantitativo y cualitativo que se está produciendo en este ámbito, tiene otras múltiples expresiones que nos van a ocupar, sin ánimo de exhaustividad, en las próximas páginas.

6.2. Instrumentos de financiación: el Fondo Europeo de Defensa y el Fondo Europeo de Apoyo a la Paz

El Fondo Europeo de Defensa –en adelante FED– se puso en marcha de forma preliminar en el año 2017, en cuyo presupuesto se asignó una partida inicial de 25 millones de euros para apoyar la investigación conjunta y el desarrollo conjunto de equipos y tecnologías de la defensa[4]. El FED incluye dos secciones complementarias: a) sección de investigación para la financiación de investigación colaborativa en tecnologías de defensa; b) sección de capacidades, destinada al desarrollo y adquisición de equipos de defensa tanto para uso civil o militar, que permitirá a aquellos Estados que lo deseen adquirir conjuntamente tales equipos en cofinanciación con el presupuesto comunitario. Bien entendido que los Estados miembros seguirán manteniendo plena soberanía en los asuntos de defensa, serán ellos quienes seleccionarán en qué programas participan y, en definitiva, las capacidades obtenidas mediante el concurso del FED serán propiedad de los Estados miembros. Es más, la UE solo se comprometerá con la cofinanciación del desarrollo de prototipos, si los Estados miembros se comprometen a adquirir el producto final.

El Fondo fomenta la innovación tecnológica y la cooperación en el sector europeo de la defensa, de modo que Europa se beneficie de tecnologías y equipos de defensa de vanguardia e interoperables (verdadero déficit de las capacidades militares europeas) en ámbitos tan novedosos como el de la inteligencia artificial, el *software* encriptado, la tecnología de drones o la comunicación por satélite.

En el marco del denominado Programa Europeo de Desarrollo Industrial en materia de Defensa –EDIP, resultante de sus siglas en inglés– en esta fase del Fondo que hemos denominado preliminar (el

---

4   *Vid. Launching the European Defence Found*, Bruxelles, 7.06.2017, COM (2017).

EDIP realmente es el precursor del FED), la UE destinó 90 millones para la sección de investigación durante el periodo 2017-2019; y 500 millones de euros para el bienio 2019 y 2020 para el desarrollo de equipos y tecnología[5]. Como hemos dicho, el EDIP puede considerarse como el precursor del FED hasta la verdadera puesta en funcionamiento de este tras la aprobación del Reglamento de 29 de abril de 2021[6] y el primer programa de trabajo anual aprobado por la Comisión el 30 de junio de ese mismo año, con una dotación de 1200 millones de euros y una muy amplia cobertura geográfica (casi 700 entidades jurídicas de 26 Estados miembros de la UE y Noruega participaron en las propuestas seleccionadas). El FED se ejecuta a través de programas de trabajo anuales centrados en los retos emergentes (tales como el apoyo médico en el ámbito de la defensa, las amenazas químicas, biológicas radiológicas y nucleares, los factores biotecnológicos y humanos, el ciberespacio y el espacio); proporciona un impulso tecnológico potente (como la transformación digital, la resiliencia energética y la transición medioambiental, las tecnologías disruptivas, etc.); la excelencia en materia bélica, para reforzar la puesta en común de capacidades y apoyar sistemas de defensa ambiciosos (por ejemplo en el combate aéreo, la defensa aérea

---

5   La Comisión adoptó el 19 de marzo de 2019 los primeros proyectos industriales de defensa conjuntos financiados por la Unión a través del Programa Europeo de Desarrollo Industrial en materia de Defensa y por una cuantía de casi 500 millones de euros. En el mismo se hará hincapié en ámbitos como la tecnología de drones, la comunicación por satélite, los sistemas de alerta temprana, la inteligencia artificial, la ciberdefensa o la vigilancia marítima. Son los siguientes: Facilitación de las operaciones, la protección y la movilidad de las fuerzas militares (80 millones de euros); Información estratégica y seguridad de las comunicaciones y el ciberespacio (182 millones de euros); Capacidad para llevar a cabo operaciones de muy alta tecnología (71 millones de euros); Tecnologías de defensa innovadoras y pymes (27 millones de euros); desarrollo del sistema europeo de drones *Eurodrone* (100 millones de euros); y programa ESSOR para el establecimiento de un sistema de comunicaciones militares interoperables y seguras (37 millones de euros). La siguiente convocatoria por un montante similar se llevó a cabo en el 2020 (http://europa.eu/rapid/press-release_IP-19-1717_es.htm).

6   El 29 de abril de 2021 se aprueba el Reglamento (UE) 2021/697 del Parlamento Europeo y del Consejo por el que se establece el Fondo Europeo de Defensa y por el que se deroga el Reglamento 2018/1092 (https://eur-lex.europa.eu/legal-content/ES/TXT/PDF/?uri=CELEX:32021R0697)

      (DO L 170 de 12.5.2021, p. 146).

y antimisiles, el combate terrestre, la protección y la movilidad de las fuerzas, el combate naval, la guerra submarina, etc.)

El Fondo se inserta en el seno del actual Marco Financiero Plurianual, para el período 2021-2027, y quedará dotado con un montante financiero de 8000 millones de euros destinados a potenciar la investigación y desarrollo en el ámbito militar; concretamente se prevé destinar algo más de 2600 millones de euros a investigación colaborativa y los 5300 millones restantes al desarrollo de capacidades (según establece el Art. 4 del Reglamento). El FED está abierto también a los países de la Asociación Europea de Libre Comercio miembros del Espacio Económico Europeo.

De acuerdo con el Art. 3 del Reglamento, "El objetivo general del Fondo es estimular la competitividad, la eficiencia y la capacidad de innovación de la base tecnológica e industrial de la Defensa europea en toda la Unión y su libertad de acción (…)". Específicamente el Fondo persigue:

a) apoyar la investigación colaborativa que pueda impulsar de manera significativa el rendimiento de futuras capacidades en toda la Unión, con el objetivo de maximizar la innovación e introducir nuevos productos y tecnologías de defensa (…) con el objeto de lograr la máxima eficiencia en el gasto de investigación en el ámbito de la defensa de la Unión.

b) Apoyar los proyectos colaborativos de productos y tecnologías de defensa, contribuyendo así a la mayor eficiencia del gasto de defensa dentro de la Unión, logrando mayores economías de escala, reduciendo el riesgo de que se produzcan duplicaciones innecesarias, y por lo tanto, fomentando la comercialización de los productos y tecnologías de defensa europeos y reduciendo la fragmentación de los productos y tecnologías de defensa en toda la Unión, en última instancia, dando lugar a un aumento de la normalización de los sistemas de defensa y a una mayor interoperabilidad entre las capacidades de los Estados miembros. Dicha colaboración será conforme con las prioridades en materia de capacidades de defensa acordadas en común por los Estados miembros en el marco de la Política Exterior y de Seguridad Común.

Es decir, como vemos, el FED se concentra en la investigación y el desarrollo en común de nuevos sistemas armamentísticos; si bien no da el paso, todavía, de proceder a la adquisición conjunta.

Los proyectos susceptibles de ser elegibles y financiados con cargo a este Fondo (Acciones subvencionables según el Art. 10 del Reglamento) han de ser proyectos transnacionales en los que participen, como mínimo, tres empresas procedentes de, al menos, tres países distintos[7], sean Estados miembros o países asociados. En principio, solo pueden optar a financiación las entidades establecidas en la UE o en países asociados que no sean controladas por terceros países o sus entidades jurídicas. El Reglamento del FED permite la participación de empresas extracomunitarias, pero sometidas a ciertas condiciones; así, exige que la propiedad intelectual del proyecto sea exclusivamente europea e impide que países terceros impongan controles y restricciones a la exportación del armamento fabricado con cargo a los fondos. Con carácter excepcional, podrán optar a financiación las filiales establecidas en la UE de empresas de terceros países, siempre que se cumplan determinadas condiciones que garanticen que no se ponen en peligro los intereses de seguridad y defensa de la UE y de los Estados miembros. Las empresas establecidas fuera de la UE no recibirán financiación de la Unión, pero pueden participar en proyectos de cooperación. De este modo, la UE no excluye a nadie del FED, sino que establece unas condiciones para recibir financiación, similares a las que encuentran las empresas de la UE en los mercados de terceros países.

Las acciones subvencionables se deberán dedicar (Art. 10.2 del Reglamento) a la creación de nuevos productos y tecnologías de defensa y a la mejora de productos y tecnologías de defensa existentes; actividades destinadas a crear y mejorar los conocimientos y productos y tecnologías que puedan tener efectos significativos en el ámbito de la defensa; estudios de viabilidad de productos y tecnologías de defensa sean nuevas o mejoradas; actividades destinadas a mejorar la interoperabilidad y la

---

7   Tanto Consejo como Comisión, inicialmente consideraban suficiente la concurrencia de dos Estados. Fue por imposición del Parlamento Europeo en su votación sobre el acuerdo del FED del 18 de abril de 2019 que, finalmente, deban ser tres los Estados concernidos.

resiliencia; dominar tecnologías de defensa esenciales; reforzar la capacidad de suministros, etc.; así como al diseño de productos o tecnologías de defensa; prototipos, componentes, tecnologías y/o ensayo de productos de defensa; el desarrollo de tecnologías que incrementen la eficacia durante el ciclo de vida de los productos y tecnologías de defensa, etc.

También hubo una importante discusión interinstitucional acerca de la posibilidad de utilizar los fondos para la fabricación de armas controvertidas; así el Reglamento excluye finalmente la financiación del desarrollo y producción de productos o tecnologías prohibidas por el Derecho Internacional (como las minas terrestres antipersonas, bombas de racimo, armas nucleares, químicas y biológicas), así como las armas autónomas letales que no permitan un control humano significativo (como ocurre con los denominados robots asesinos).

Bien entendido que todos estos fondos deben tener como objetivo complementar y no duplicar ni sustituir las inversiones estatales en la materia. Es decir, el FED debe coordinar, complementar y ampliar las inversiones estatales en la investigación para la defensa y en la adquisición de tecnología y equipos militares, actuando como catalizador para lograr capacidades interoperables.

Hasta el momento de escribir estas líneas, la Comisión ha lanzado tres convocatorias de propuestas para proyectos de defensa desde el 2021. El 15 de marzo de 2024, la Comisión adoptó el 4.º programa de trabajo anual en el marco del FED y último hasta el momento de redactar este trabajo, que asigna 1100 millones de euros adicionales a proyectos colaborativos de investigación y desarrollo en materia de defensa. Este programa de trabajo correspondiente a 2024 se centra en las tecnologías y capacidades de defensa necesarias, en consonancia con las prioridades de la UE en materia de capacidades acordadas por los Estados miembros y desarrolladas en la Brújula Estratégica[8]. Con la adopción

---

8   El programa de trabajo del FED de 2024 aborda 32 temas y financia proyectos en ámbitos cruciales de la defensa incluida la lucha contra misiles hipersónicos, desarrollo de vehículos no tripulados en el aire y sobre el terreno y la garantía de una comunicación espacial segura. Prepara el terreno para sistemas de defensa de próxima generación, como helicópteros y aeronaves de carga de tamaño medio. *Vid.* https://defence-industry-space.ec.europa.eu/document/download/4b51d a1d-93f4-426f-8457-98c2d8c92921_en?filename=EDF%20Work%20Programme%202 024%20Part%20II.pdf

de este programa de trabajo anual para 2024, la Comisión se comprometió a invertir más de 4000 millones de euros en I+D en materia de defensa colaborativa desde la entrada en vigor del Reglamento del FED en 2021 en proyectos de defensa relacionados con el combate aéreo, la defensa antiaérea y antimisiles, la seguridad cibernética, la transformación digital, las tecnologías disruptivas, energía y medio ambiente, protección y movilidad de fuerzas, combate terrestre, asuntos navales, etc.

Vemos por lo tanto que el FED está plenamente operativo, si bien subsisten dudas sobre el alcance de los proyectos financiados hasta la fecha; en particular, la guerra en Ucrania ha condicionado su utilidad. En vez de limitarse en exclusiva a la innovación tecnológica, que era su objetivo originario principal, la guerra ha planteado serios interrogantes sobre la capacidad comunitaria de fabricación, especialmente en lo que se refiere a las municiones. La coyuntura actual interpela necesariamente sobre la funcionalidad de los proyectos del FED, y más concretamente, si estos logran satisfacer las necesidades operativas reales de los ejércitos europeos, en un momento en que tienen que enfrentarse a una guerra convencional[9].

No cabe duda de que, con el FED, la Europa de la Defensa empezará a contar con un presupuesto propio que fomentará la, tan demandada, base industrial y tecnológica de la defensa, innovadora, competitiva y puramente europea; y todo ello, sin lugar a dudas contribuirá en favor de la no menos demandada Autonomía Estratégica de la UE. Por otra parte, y desde el punto de vista de la comunitarización de la Europa de la Defensa, no podemos valorar sino positivamente la irrupción de la Comisión europea en un terreno que antes monopolizaban los Estados; sin embargo, sorprende que el PE haya renunciado a todo derecho de control sobre la utilización de los fondos. A pesar de los intensos debates y desencuentros en la cámara de Estrasburgo[10]. Tampoco podemos descartar una intervención del Tribunal de Justicia de la UE en algún

---

9 FIOTT, D.; "¿Invertir o innovar? España y el Fondo Europeo de Defensa". ARI 86/2023 de 26 de septiembre de 2023, Real Instituto Elcano, p. 1 (https://www.realinstitut oelcano.org/analisis/invertir-e-innovar-espana-y-el-fondo-europeo-de-defensa/)

10 Recordemos que el acuerdo se aprobó con el voto en contra de 231 eurodiputados (y 328 a favor y 19 abstenciones), lo cual no deja de sorprender en un tema de tanta transcendencia.

momento del proceso, dado que el Tratado de Lisboa prohíbe explícitamente la financiación de proyectos militares o de defensa a través del presupuesto comunitario[11]. Para sortear esta cuestión se creó el Fondo Europeo de Apoyo a la Paz que analizaremos seguidamente.

En marzo de 2021 por decisión del Consejo se creó el denominado *European Peace Facility* o Fondo Europeo de Apoyo a la Paz –en adelante FEAP–[12] para proporcionar apoyo global en materia militar y de defensa a sus socios y convertir así a futuro a la UE en un proveedor de seguridad mundial. Este Fondo tiene un alcance geográfico mundial y tiene el objetivo de reforzar la capacidad de los países socios para evitar crisis y responder ante ellas y contribuir a su resiliencia para una mejor protección a sus poblaciones.

Dado que los Tratados comunitarios prohíben al presupuesto comunitario financiar gastos militares operacionales, este Fondo intergubernamental tiene la característica de ser un fondo extrapresupuestario que reemplaza y amplía los anteriores instrumentos financieros de este ámbito, a saber, el denominado mecanismo Athena[13] y el Fondo Europeo de Apoyo a la Paz para África, *African Peace Facility*. Financiará, entre otras cuestiones, los aspectos militares de las operaciones de apoyo a la paz, aunque no capacidades financiadas con cargo al presupuesto de la Unión. Es decir, financia costes conjuntos de las operaciones militares que se llevan a cabo en el marco de la PCSD y los relacionados con el desarrollo de las capacidades militares de los socios en los países en los que interviene la Unión. Inicialmente tuvo un límite financiero de 5692 millones de euros (5000 millones de euros a precios

---

11 *Vid.* Art. 41.2 del TUE: "Los gastos operativos derivados de la aplicación del presente capítulo también correrá a cargo del presupuesto de la Unión, excepto los relativos a las operaciones que tengan repercusiones en el ámbito militar o de defensa (…)". *Vid.* también el artículo 41.3 del TUE.

12 Decisión (PESC) 2021/509 del Consejo, de 22 de marzo de 2021, por la que se crea un Fondo Europeo de Apoyo a la Paz (FEAP) DO L 102 de 24.3.2001 (https://www.boe.es/doue/2021/102/L00014-00062.pdf) (DO L 102 de 24.3.2021, p 14).

13 Mecanismo establecido en 2004 y que permite matizar levemente la restricción del artículo 41.2 del TUE permitiendo financiar con el presupuesto comunitario alguna pequeña parte de los "gastos comunes" de las operaciones (aspectos como transporte, establecimiento de cuarteles generales e infraestructuras de alojamiento, salarios del personal contratado local, etc.), lo que suele suponer aproximadamente un 10/15 % del total del coste de las operaciones.

de 2018) para el periodo 2021-2027, con un límite que oscilaba entre los 420 millones de euros para 2021 y los 1132 millones de euros para 2027. Las aportaciones de los Estados se determinan según una clave de reparto basado en la renta nacional bruta (RNB), es decir, igual que el principal componente de los recursos propios del presupuesto ordinario de la Unión; en la práctica esta forma de financiamiento del fondo supone que cuatro países (Alemania, Francia, Italia y España) asumen dos terceras partes del volumen total (un 64 % concretamente); mientras que los países bálticos participan de manera mínima a este esfuerzo de solidaridad europea: Estonia, Lituania y Letonia contribuyen con un 0,6 % del total. El pilar "operaciones" subvenciona los costes comunes de las misiones y operaciones militares de la PCSD que tengan repercusiones en el ámbito militar o de la defensa, de conformidad con el artículo 42.4 y el 43.2 del TUE.

Este Fondo cuenta con dos pilares de financiación reunidos en un único instrumento de forma que se simplifiquen los procedimientos de toma de decisiones y aporte una mayor unidad y coherencia a las acciones de la UE en este ámbito: el pilar "medidas de asistencia" subvenciona actuaciones de la Unión dirigidas a terceros países y organizaciones regionales e internacionales, de conformidad con los artículos 28 y 30 del TUE con la finalidad de reforzar la capacidad en el ámbito militar y de la defensa y apoyar los aspectos militares de las operaciones de apoyo a la paz. Recordemos que un porcentaje significativo de los costes asociados a las operaciones militares de la PCSD corre a cargo de los Estados participantes, de acuerdo al principio de que "cada cual corre con sus propios gastos"; pero hay otros gastos que son financiados de forma común por los países de la UE en su totalidad a través del segundo pilar del Fondo, denominado pilar "operaciones", encargado de financiar los costes comunes[14], dado que el Tratado impide la financiación de las operaciones militares a través del presupuesto

---

14 Entre otros se trata de costes de establecimiento y funcionamiento del cuartel general de la operación, incluidos los viajes, administración, personal contratado sobre el terreno, despliegue y alojamiento del cuartel general de la fuerza, etc.; infraestructuras, servicios médicos en el teatro de operaciones; reembolsos a la OTAN u otras organizaciones como Naciones Unidas, Unión Africana, etc.; costes específicos del despliegue y otros varios que pudieran considerarse.

comunitario. Si el Consejo así lo decide, el Fondo también puede financiar los gastos relacionados con el transporte y el alojamiento de las fuerzas y los cuarteles generales multinacionales existentes por debajo del cuartel general de la fuerza.

Este Fondo es el encargado de financiar las operaciones militares activas de la PCSD (EUFOR Althea en Bosnia y Herzegovina, EUNAVFOR Atalanta en el Cuerno de África, EUTM Somalia, EUTM Mali, EUTM Mozambique, EUTM Níger, Misión de Formación Militar de la UE en la República Centroafricana, etc.). Las primeras medidas de asistencia que llevó a cabo a través del FEAP fueron las detalladas a continuación.

El 22 de julio de 2021, el Consejo adoptó una medida de asistencia en forma de programa general de apoyo a la Unión Africana –en adelante UA–, con un presupuesto de 130 millones de euros; con base en ese programa general se proporcionó apoyo a la Misión de la UA en Somalia (AMISOM) y al Ejército Nacional de ese país. Posteriormente, el 30 de julio de ese 2021, el Consejo aprobó una medida urgente para Mozambique por un importe de 4 millones de euros para proporcionar los equipos y suministros necesarios para la misión EUTM Mozambique. La tercera se aprobó el 4 de noviembre de 2021 para apoyar el desarrollo de capacidades dentro del batallón de desminado humanitario de las Fuerzas Armadas de Bosnia y Herzegovina por una cuantía de 10 millones de euros. Posteriormente se han ido ejecutando diferentes intervenciones en diversos países vecinos y del continente africano: Georgia, Moldavia, Níger, Mauritania, Líbano y Jordania, hasta el momento de escribir estas páginas.

Sin embargo, en los últimos meses ha sido muy recurrente la utilización del Fondo Europeo de Apoyo a la Paz en socorro de Ucrania y para aumentar sus capacidades de defensa (algo que ya adelantaba la Declaración de Versalles en su punto 12, aunque no se refería de una forma explícita a Ucrania, sino que afirmaba de forma más genérica que "apoyaremos a nuestros socios mediante todos los instrumentos disponibles, lo que incluye hacer un mayor uso del Fondo Europeo de Apoyo a la Paz"). Si bien, este apoyo a Ucrania no puede hacerse con el menoscabo de la ayuda prestada en esta materia a los socios africanos, máxime teniendo en cuenta el número de crisis a las que se enfrenta este continente, y teniendo en cuenta no descuidar la ayuda a otras regiones prioritarias, incluida nuestra vecindad inmediata.

En todo caso, no podemos negar que esta utilización ha transformado casi totalmente la funcionalidad del Fondo[15]. Previsto en su origen fundamentalmente para financiar equipamiento en países terceros (preferentemente en África), de forma muy comedida y privilegiando equipos no letales, se ha convertido en el instrumento principal para el suministro de armas, de muy diversos tipos de armas, a Ucrania; así como para el fortalecimiento de los ejércitos europeos. Es decir, el dinero que la UE antes daba a los Estados africanos para fortalecer sus estructuras de seguridad (recordemos la denominación previa de este fondo: Fondo Europeo de Apoyo a la Paz para África), ahora se entrega masivamente a Ucrania. El 27 de febrero de 2022, apenas tres días después del inicio de la invasión de Ucrania por parte de Rusia, el Fondo comprometió la primera suma económica en favor del país europeo agredido. El Fondo se está utilizando masivamente para reembolsar a los Estados miembros los gastos incurridos en el suministro militar a Ucrania. Es innegable que la disposición de este instrumento de solidaridad financiera incita a los Estados miembros a proporcionar a Ucrania más rápidamente los materiales bélicos (vehículos e instrumentos de transporte, munición de guerra, armamento de diverso tipo, equipamientos diversos) que este país requiere.

Tampoco puede negarse que, para un número importante de ejércitos, fundamentalmente de Estados del Este europeo dotados de viejo material militar en gran parte obsoleto, estas "donaciones" se han convertido en una excelente oportunidad para deshacerse de estos materiales caducos y en gran medida no operativos o muy deficientemente operativos y renovar sus equipamientos nacionales con financiación común. Es decir, Estados como Polonia, Lituania y Eslovaquia estarían aprovechando esta oportunidad para modernizar sus ejércitos y adoptar un estándar para sus equipos militares más próximo al propio de la

---

15 En apreciación compartimos de GROS-VERHEYDE, N.; "Ces dix mois que ont changé la défense européenne. À son insu, de son plein gré"; *B2 Le Quotidien de l´Europe Geopolitique,* 31, Dec., 2022 (https://www.bruxelles2.eu/2022/12/la-defense-europeenne-retrouve-des-couleurs-en-2022-bonne-annee-2023/).

OTAN. Recordemos que Polonia es uno de los países que está proporcionando –junto con Alemania– más asistencia militar a Ucrania y será también, en consecuencia, uno de los más beneficiados por la financiación europea (para comprar mucho material militar de fuera de la UE, por cierto, como los Abrams y los cazas F-35 de EE. UU., tanques K2 surcoreanos, etc.). Lituania, que en proporción a su PIB ha realizado también una enorme asistencia a Ucrania, recibirá en compensación un gran retorno europeo que algunos cuantifican en más de veinte veces lo aportado[16]. El retorno recibido por Eslovaquia se eleva casi a la mitad de su presupuesto de defensa para el ejercicio del 2022. Así, el Fondo Europeo de Apoyo a la Paz está contribuyendo notablemente a la modernización de los ejércitos europeos más obsoletos, pero sorprendentemente lo hace sin ninguna condición de preferencia europea que obligara a adquirir material fabricado en Europa.

En los diez primeros meses de guerra, se comprometieron cerca de 3000 millones de euros repartidos en seis paquetes de 500 millones de euros; aproximadamente un 90 o 95 % se utilizaron para proporcionar equipos letales. En un año y medio se ha consumido más del 85 % del presupuesto previsto para todo el septenio.

El Consejo de diciembre de 2022 decidió por primera vez aumentar el presupuesto del FEAP, decisión que se ejecutó el 13 de marzo de 2023 con una cuantía adicional de 2000 millones de euros; si bien, no sin anticipar que ese aumento no sería suficiente para responder a las necesidades existentes para el mantenimiento de Ucrania en su ofensiva contra Rusia y, por tanto, en el futuro habría que seguir aumentando el límite máximo del Fondo y, posiblemente, crear una dotación específica para este país, que le garantice un apoyo adecuado, como así ha venido sucediendo. El segundo aumento del límite máximo financiero general se produjo el 26 de junio de 2023 (fecha para la cual, la cuantía de la ayuda entregada a Ucrania ascendía ya a 5600 millones de euros) y supuso una inyección económica adicional de 3500 millones de euros. Con ese

16 GROS-VERHEYDE, N.; "Sur fond de guerre en Ukraine, la solidarité européenne joue à plein. Les intérêts nationaux aussi!" en *B2 Le Quotidien de l'Europe géopolitique*, 19 mars 2023, (https://www.bruxelles2.eu/2023/03/sur-fond-de-guerre-en-ukraine-la-solidarite-europeenne-jour-a-plein/).

aumento, la cuantía del FEAP ascendía a una totalidad de 12 000 millones. Más recientemente, el 18 de marzo de 2024, el Consejo incrementó la cuantía del Fondo Europeo de Paz en 5000 millones de euros adicionales, estableciendo en su seno un específico Fondo de Asistencia a Ucrania. Tras esta cuantía, el Fondo Europeo de Paz asciende a 17 000 millones de euros para el periodo 2021-2027[17].

No cabe duda de que el establecimiento de este Fondo supone un nuevo paso adelante en la PCSD al permitir dotar de asistencia militar, pero también de armamento y equipo militar a terceros países, lo que, sin duda, exigirá nuevos desarrollos en favor de esa Europa de la Defensa que se está construyendo[18].

También hay que señalar la importante contribución a la Unión Europea de Defensa por parte del Banco Europeo de Inversiones a través de su Iniciativa Estratégica Europea de Seguridad anunciada el 10 de marzo de 2022 y que tiene por objeto movilizar 8000 millones de euros en inversiones para apoyar los sistemas europeos de seguridad y defensa de doble uso, así como la movilidad militar, espacio, ciberseguridad, seguridad ecológica, infraestructuras críticas y protección fronteriza. El BEI se ha comprometido a explorar todas las opciones de financiación posibles para proyectos en colaboración de la industria europea de la defensa. Así, en abril de 2024, presentó su Plan de Acción para la Industria de Seguridad y Defensa ante el Consejo de Economía y Finanzas ECOFIN. El Plan del BEI actualiza la definición de proyectos de doble uso y extiende las líneas de crédito a pymes y empresas emergentes innovadoras en el ámbito de la seguridad y la defensa. Para aumentar la financiación a la industria de defensa, el BEI elimina la

---

17 https://www.consilium.europa.eu/en/press/press-releases/2024/03/18/ukraine-ass
istance-fund-council-allocates-5-billion-under-the-european-peace-facility-to-supp
ort-ukraine-militarily/

18 *Vid*. SERRANO DEL RÍO, J.; "El nuevo Fondo Europeo de Apoyo a la Paz: consecuencias para el planeamiento y conducción de las operaciones militares de la Unión Europea" en *Documento Opinión*, 55/2022 del 6 de junio de 2022, Instituto Español de Estudios Estratégicos (https://www.ieee.es/Galerias/fichero/docs_opin ion/2022/DIEEEO55_2022_JESSER_UE.pdf). *Vid*. también SANTOPINTO, F. and MARÈCHAL, J.; *EU Military Assistance under the new European Peace Facility*, Konrad Adenauer Stiftung, 16.02.2021 (https://www.kas.de/documents/280929/11721 132/EU+military+assistance+under+the+new+European+Peace+Facility.pdf/101a2 db7-1fd6-1805-f4c1-37d061bdd4d5?version=1.0&t=1614353982053).

restricción de que al menos la mitad de los proyectos de este sector tengan un destino civil.

6.3. Medidas para la adquisición y producción conjunta de armamentos y munición

La guerra en Ucrania ha evidenciado lo exiguo de los arsenales europeos y ha puesto a prueba la capacidad de la industria armamentística europea en los momentos en que más se la necesita. Aquí también se requiere de un profundo cambio de timón respecto a la idea que se impuso tras la finalización de la guerra fría. El manto protector estadounidense y la caída del enemigo soviético permitió transitar por una época de desinversión armamentística considerable. La defensa se consideraba un gasto difícilmente presentable ante las opiniones públicas nacionales y, en coyunturas de dificultades económicas, la primera partida a reducir[19]. Los ejércitos fueron jibarizándose ante la hipótesis de unos conflictos de baja intensidad. Pero la guerra en Ucrania nos coloca ante un enfrentamiento de gran intensidad donde la abundancia de recursos en el campo de batalla resulta imprescindible. El ejército ucraniano utiliza aproximadamente 90 000 proyectiles de artillería al mes, es decir, el doble de la capacidad de producción de la UE y EE. UU. tomados conjuntamente[20].

Esta nueva realidad desafía una base industrial militar que no estaba pensada para una guerra convencional de semejante intensidad. En consecuencia, es necesario tomar medidas audaces que nos preparen ante un cambio de escenario como el que ha sobrevenido.

---

19 Así, tras la crisis financiera de 2008, los Países Bajos vendieron toda su flota de carros de combate, Dinamarca disolvió su flota submarina y las Fuerzas Armadas alemanas pasaron de tener 500 000 soldados y miles de carros de combate a disponer de menos de 200 000 efectivos y menos de trescientos carros de combate. *Vid.* DEL AMO, P.; "Desafíos en el suministro militar a Ucrania: la incapacidad de la industria militar occidental en tiempos de guerra de alta intensidad" en *ARI (Análisis del Real Instituto)* n.º 111/2023, del 14 de noviembre de 2023, p. 2 (https://media.realinstitutoelcano. org/wp-content/uploads/2023/11/desafios-en-el-suministro-militar-a-ucrania.-la-incapacidad-de-la-industria-militar-occidental-en-tiempos-de-guerra-de-alta-int ensidad.pdf).

20 *Ibidem*, p. 3.

Los programas financieros vistos anteriormente están favoreciendo la compra conjunta a nivel comunitario de equipos militares, lo que supone sin ninguna duda, una transformación cualitativa relevante. La UE está destinando bastantes recursos a la producción conjunta de armamentos y municiones; así, en julio de 2023 se aprobó el Reglamento relativo a la producción de municiones[21] o Ley de Apoyo a la Producción de Municiones (ASAP, según su denominación en inglés). Este Reglamento establece un conjunto de medidas y un presupuesto destinado a reforzar urgentemente la capacidad de respuesta y la base industrial y tecnológica de la defensa europea para garantizar la disponibilidad y el suministro de municiones y remediar las penurias de aprovisionamiento que la guerra en Ucrania ha puesto dramáticamente de manifiesto. El refuerzo industrial consistirá en iniciar y acelerar el ajuste de la industria a los rápidos cambios estructurales impuestos por la crisis de suministros que afectan a los productos de defensa pertinentes necesarios para el rápido aprovisionamiento de las reservas de misiles y municiones de los Estados miembros y de Ucrania. Ello incluirá la mejora de la capacidad de adaptación de las cadenas de suministros de los productos de defensa necesarios y la aceleración de dicha adaptación, la creación de capacidades de fabricación o su potenciación, así como la reducción del plazo de entrega de la producción en el caso de los productos de defensa pertinentes en toda la Unión (artículo 4 del Reglamento). También debe permitir la compra conjunta de un millón de municiones y el aumento de la producción de misiles y munición en Europa.

La dotación financiera que se prevé al efecto en el Reglamento para el periodo comprendido entre el 25 de julio del 2023 y el 30 de julio del 2025 será de 500 millones de euros que se podrán aplicar de forma sinérgica con otros programas de la UE. Se proporcionará apoyo financiero a las acciones que aborden los cuellos de botella detectados en las capacidades de producción y las cadenas de suministro con vistas a asegurar y acelerar la producción de los productos de defensa pertinentes a fin de

---

21 *Vid.* Reglamento (UE) 2023/1525 del PE y del Consejo de 20 de julio 2023 relativo al apoyo a la producción de municiones (DOUE n.º 185, 24 de julio de 2023). (https://www.boe.es/doue/2023/185/L00007-00025.pdf).

garantizar su suministro efectivo y la disponibilidad oportuna. Se han seleccionado más de 30 proyectos que abarcan cinco ámbitos: explosivos, polvo, conchas, misiles y certificación de ensayos y reacondicionamiento. El abanico de posibilidades del objeto de financiación es muy amplio, abarcando la práctica totalidad de formas de capacidades. A *sensu* contrario, el artículo 8.4 del Reglamento establece: "No podrán optar a financiación con cargo al instrumento las acciones siguientes:

a) acciones relacionadas con la producción de bienes o prestación de servicios prohibidos por el Derecho Internacional aplicable;
b) acciones relacionadas con la producción de armas automáticas letales sin posibilidad de control humano significativo (…);
c) acciones que ya estén formalmente financiadas por otras fuentes públicas o privadas".

Además de la producción conjunta de municiones, otro aspecto contemplado en la Declaración de Versalles era la referida a la pertinencia de proceder a una adquisición conjunta de armamentos. Así, el 19 de julio de 2022 la Comisión presentó su propuesta de Reglamento sobre la Ley de Adquisición Común[22]. Se trataba de contar con un instrumento comunitario a corto plazo para potenciar las capacidades industriales en materia de defensa mediante la adquisición conjunta. Este instrumento ayudará a los Estados miembros a subsanar las déficits más urgentes e importantes de forma colaborativa evitando que los Estados compitan por los mismos productos y facilitará el ahorro de costes.

De forma particular el instrumento creado por este Reglamento, "fomentará la cooperación en el proceso de adquisición de equipos de defensa, contribuyendo a la solidaridad, la interoperabilidad y la eficacia del gasto público (…) y evitará la fragmentación. Impulsará la competitividad y la eficiencia de la base tecnológica e industrial de la defensa europea, en particular acelerando la adaptación de la industria a los cambios estructurales, por ejemplo, aumentando sus capacidades de fabricación para suministrar los productos necesarios, como

---

22 Propuesta de Reglamento de la Comisión del 19 de julio de 2022 por el que se establece el refuerzo de la industria europea de defensa mediante la Ley de Adquisición Común (https://ec.europa.eu/commission/presscorner/detail/es/IP_22_4491).

consecuencia del nuevo entorno de seguridad tras la agresión de Rusia a Ucrania". El instrumento creado suministrará acciones que cumplan las siguientes condiciones: que se trate de un consorcio de al menos tres Estados miembros; que amplíe la cooperación ya existente o establezca una nueva cooperación en favor de la adquisición común de los productos de defensa más urgentes y críticos; que sean procedimientos de adquisición que reflejen la participación de la base tecnológica e industrial de la defensa europea.

Sobre esta base y con este contenido, Consejo y Parlamento Europeo alcanzaron el acuerdo el 27 de junio de 2023 sobre el Reglamento para el refuerzo de la industria europea de defensa mediante la adquisición común[23] o Ley de Adquisición Común –EDIRPA, según sus siglas en inglés–.

La actuación llevada a cabo por las instituciones comunitarias viene motivada por la necesidad de los Estados miembros de reponer y reabastecer sus existencias de equipos de defensa que han sido transferidos de forma urgente a Ucrania, mediante la adquisición conjunta. Los Estados miembros que acepten poner en común su demanda y adquirir conjuntamente productos de defensa en consorcios compuestos por al menos tres Estados miembros, obtendrán un reembolso parcial con cargo al presupuesto de la UE. El Reglamento establece con claridad cuáles son las condiciones para ello: los contratistas que participen en la adquisición común deben estar establecidos en la UE (o en un país asociado: Islandia, Liechtenstein o Noruega); los contratistas deberán utilizar instalaciones y recursos situados en la UE o en un tercer país asociado. Un límite absoluto del 15 % permitirá una distribución equitativa de los fondos disponibles entre los Estados miembros y entre las prioridades de financiación. Este nuevo instrumento estará financiado con una cuantía de más de 300 millones de euros para un periodo de

---

23 Se trata de un acuerdo provisional a la espera del texto definitivo tras las pertinentes revisiones jurídicas y traducciones a las lenguas oficiales que, en el momento de redactar estas páginas, en agosto de 2023, todavía no se habían llevado a cabo. (*Vid.* https://www.consilium.europa.eu/es/press/press-releases/2023/06/27/eu-defe nce-industry-council-and-european-parliament-agree-on-new-rules-to-boost-com mon-procurement/).

dos años y actuará de forma compatible y coherente con el Fondo Europeo de Defensa y con el Fondo Europeo de Apoyo a la Paz.

En definitiva, el Reglamento trata de ser consecuente con ese principio tan manido de gastar más en defensa; pero sobre todo gastar mejor, de forma más coordinada y cooperativa evitando riesgos tales como el aumento de la fragmentación por países del sector europeo de la defensa, limitar el potencial de cooperación a lo largo del ciclo de vida completo de los equipos, acentuar e intensificar las dependencias externas como consecuencia de nuevas compras de sistemas armamentísticos, obstaculizar la interoperabilidad, etc. La Comisión incentiva por vez primera a los Estados miembros a adquirir conjuntamente productos de defensa que atiendan a las necesidades más urgentes y críticas, fundamentalmente en tres ámbitos: munición, defensa aérea y antimisiles, y plataformas y sustitución de sistemas heredados (ej., tanques, vehículos blindados, drones, y otros).

6.4. El nuevo Pacto sobre la Vertiente Civil de la Política Común de Seguridad y Defensa (PCSD)

Tradicionalmente una de las señas de identidad que ha distinguido a la UE en la gestión y prevención de crisis, ha radicado en su capacidad para desplegar activos y capacidades tanto civiles como militares, en el marco de una comprensión integral de los conflictos y las crisis exteriores y la forma y manera de la UE de afrontarlos[24]. Así, la PCSD ha tenido desde el origen una dimensión civil que se añadía a la puramente militar buscando y promoviendo la sinergia entre ambas dimensiones, civil y militar, para un mejor y más adecuado tratamiento y gestión de las crisis a las que se enfrentaba la UE. La Estrategia Global sobre la Política Exterior y de Seguridad Común de 2016 ya expresaba la voluntad de reforzar la dimensión civil de la PCSD, preocupados por el deterioro del entorno estratégico de la UE.

---

24 Sobre la denominada gestión integral de crisis en el exterior por parte de la UE *vid.* BORRAJO VALIÑA, D.; *La gobernanza europea y los ensamblajes globales de seguridad. La emergencia del enfoque integral de la Unión Europea en la gestión de conflictos y crisis en el exterior (2009-2020).* Madrid, Marcial Pons, 2020.

Así, el Consejo en noviembre de 2018 procedió a acordar el Pacto sobre la Vertiente Civil de la PCSD con orientaciones estratégicas para reforzar la vertiente civil de esta política de seguridad y defensa[25]. Este Pacto pretende conducir a una vertiente de la PCSD más capaz, más eficaz y más fusionada para desplegar misiones civiles de gestión de crisis más eficientes. Entre otras, las funciones básicas de estas misiones consistirán en reforzar la policía, el Estado de Derecho y la administración civil en entornos frágiles y en conflicto, contribuir a la reforma del sector de la seguridad en zonas de conflicto; responder con celeridad en todo el ciclo del conflicto, con especial hincapié en la estabilización y la prevención; hacer frente a desafíos en materia de seguridad vinculados con la migración irregular, las amenazas híbridas, la ciberseguridad, el terrorismo y la radicalización, la delincuencia organizada, la gestión de fronteras y la seguridad marítima, la prevención y el combate del extremismo violento, entre otras posibles. Se trata de llevar a cabo diversos tipos de misiones civiles, dentro de todo el espectro de misiones de gestión de crisis de conformidad con los artículos 42 y 43 del TUE[26].

El Pacto pretende alcanzar una mayor visualización de la vertiente civil de la PCSD y para ello se compromete con mayor cantidad de personal, material, formación, apoyo a los ejercicios, aportaciones financieras u otro tipo de contribución. Los Estados miembros se comprometen también a aumentar la disponibilidad, el número y la participación de expertos nacionales destacados en las misiones civiles de la PCSD. Se promueve también un proceso de toma de decisiones operativas más ágil, reducir su tiempo de despliegue sobre el terreno, permitiendo

---

25 Conclusiones del Consejo relativas a la adopción de un Pacto sobre la Vertiente Civil de la PCSD, Bruselas, 19 de noviembre de 2018 (https://data.consilium.europa.eu/doc/document/ST-14305-2018-INIT/es/pdf).

26 El artículo 42.3 establece: "Los Estados miembros pondrán a disposición de la Unión, a efectos de la política común de seguridad y defensa, capacidades civiles y militares". El artículo 43.1 establece: "Las misiones contempladas en el apartado 1 del artículo 42 en las que la Unión podrá recurrir a medios civiles y militares, abarcarán las actuaciones conjuntas en materia de desarme, las misiones humanitarias y de rescate, las misiones de asesoramiento y asistencia en cuestiones militares, las misiones de prevención de conflictos y de mantenimiento de la paz, las misiones en las que intervengan fuerzas de combate para la gestión de crisis, incluidas las misiones de restablecimiento de la paz y las operaciones de estabilización al término de los conflictos (...)".

además una ejecución eficaz y flexible. El Pacto señala también en su punto 11 el objetivo de ser capaces de "poner en marcha una nueva misión de hasta doscientos efectivos en cualquier zona de operaciones en un plazo de treinta días a partir de una decisión del Consejo". Es decir, se trata del mismo objetivo que incluye la Brújula Estratégica en su página 16. Literalmente: "(...) estaremos capacitados y preparados para desplegar una misión integrada por doscientos expertos civiles en un plazo de treinta días (...)", para seguidamente reiterar una vez más la voluntad de "Reforzar la vertiente civil de la PCSD a través de un nuevo pacto que establezca objetivos sobre el tipo, número y tamaño de las misiones civiles, los elementos de un proceso estructurado de desarrollo de las capacidades civiles y las sinergias con otros instrumentos de la UE".

Pues siguiendo el mandato de la Brújula y para "hacer frente de manera más eficaz al actual entorno geopolítico, marcado por la reaparición de la guerra en Europa (...)" el 22 de mayo de 2023 el Consejo adoptó un nuevo Pacto sobre la Vertiente Civil de la PCSD.[27] En ese momento, la UE mantenía 12 misiones desplegadas en países de tres continentes; son las siguientes: EUMAN Irak, EUBAM Libia, EUBAM Rafah, EUPOL COPPS, EUAM RCA, EUCAP Sahel Níger, EUCAP Sahel Mali, EUCAP Somalia, EULEX, UEMM Georgia, EUAM Ucrania y la última en establecerse en ese momento, EUM Armenia.

Este nuevo Pacto, con un léxico bastante parecido al anterior y bastante parecido también al que utiliza la Brújula Estratégica al efecto, propone mejorar la eficacia, influencia, flexibilidad y solidez de las misiones civiles, "lo que les permitirá hacer frente con mayor eficacia a los desafíos en materia de seguridad presentes, incipientes y futuros". Como el Pacto anterior, también en este se apuesta por dar mayor visibilidad política a la vertiente civil de la PCSD, manteniendo, por ejemplo, debates anuales a nivel ministerial. El nuevo Pacto incluye compromisos concretos para reforzar los cuarteles generales de las misiones civiles, aumentar la resiliencia de los Estados de acogida y

---

27 Conclusiones del Consejo relativas a la adopción de un Pacto sobre la Vertiente Civil de la PCSD, Bruselas, 22 de mayo de 2023 (https://www.consilium.europa.eu/media/64515/st09588-en23.pdf).

las misiones, crear mayores sinergias con otros instrumentos de la UE en el marco del enfoque integrado de los conflictos y crisis exteriores comentado anteriormente y seguir invirtiendo y fomentando las capacidades que sean necesarias para conseguir que el 100 % de los puestos se ocupen con personal destacado y que al menos el 40 % de los mismos los ocupen mujeres. También se apuesta por fomentar la coordinación y la cooperación con el sector de Justicia y Asuntos de Interior y otros actores y socios pertinentes de la UE. Se propone también reforzar las asociaciones con terceros Estados de ideas afines, que compartan valores y objetivos de la UE y con organizaciones internacionales y regionales, en particular las Naciones Unidas, la OTAN y la OSCE.

Todo ello en un texto declarativo y bien intencionado, un *déjà vu* de propuestas anteriores bastante semejante al contenido del Pacto del 2018 y de la Brújula Estratégica. Este nuevo Pacto reitera nuevamente el objetivo nuclear recogido anteriormente: "La Unión Europea tiene previsto prepararse para desplegar a doscientos expertos civiles en un plazo de treinta días, cuando sea necesario, incluso en entornos complejos". Uno no puede por menos de sorprenderse que un *desiderátum* como este, no sea ya una realidad absolutamente lograda y superada. Cuesta entender la incapacidad de una organización del nivel de la UE para poner sobre el terreno a doscientas personas, doscientos expertos civiles, contando con treinta días de plazo para ello, por muy complejo que pudiera ser el entorno en el que esto se requiera.

6.5. Otras medidas: hacia la comunitarización de la seguridad y defensa de la UE

La guerra en Ucrania va a afectar a todo el quehacer de la actividad institucional cotidiana de la UE en su día a día; todas las políticas comunitarias y todas las instituciones de la Unión van a verse afectadas de una u otra forma por la realidad de la guerra y la toma de partido de la UE y los Estados miembros en contra del agresor ruso[28]. En todas las áreas

---

28 Según hemos ido dado cuenta regularmente de una forma pormenorizada en nuestra "Crónica Político-Institucional" que llevamos a cabo mensualmente en la *Revista Aranzadi Unión Europea.*

de la gestión comunitaria, incluso en aquellas más alejadas de la política exterior, la guerra de Ucrania ha estado presente de manera muy relevante, sea en la extensión del *roaming* a los ucranianos si hablamos de telecomunicaciones, en la defensa de la protección del patrimonio cultural o de la creación artística en peligro, si pensamos en Cultura, o con la extensión de las redes transeuropeas en Ucrania y Moldavia, o por supuesto en el ámbito de la economía y las finanzas, por referirnos solo a algunos ejemplos. Y por no hablar de la medida más importante, cual es la concesión del estatuto de país candidato a Ucrania –así como a Moldavia y a Georgia– con todo lo que ello supone de asesoramiento, fondos de preadhesión y programas *ad hoc*, etc., para acercar la legislación ucraniana a la comunitaria europea en todos los sectores socioeconómicos y políticos, e incluso la apertura de negociaciones para la adhesión como hecho más relevante.

En el primer año de la guerra se celebraron siete Consejos Europeos con esta cuestión como punto central en su orden del día. Lo mismo ha ocurrido en numerosos Consejos sectoriales, por supuesto en los de Asuntos Exteriores y Asuntos de Defensa, pero también en otros varios[29]. Incluso en el trascendente Consejo Europeo del 23 de marzo

---

29 José DÍAZ TORIBIO enumera las diferentes reuniones en las que se ha producido esto en la nota 18 de su trabajo "El enfoque estratégico de la Unión Europea en la guerra de Ucrania" en *Documento Opinión* 68/2023 de 10 de julio de 2023 del Instituto Español de Estudios Estratégicos, p. 7 (https://www.ieee.es/en/Galerias/fichero/docs_opinion/2023/DIEEEO68_2023_JOSDIA_Ucrania.pdf). El autor establece 4 categorías principales de las medidas que ha ido tomando la UE. Por un lado, medidas de carácter político (condena de la agresión, apoyo a la integridad territorial de Ucrania, condena a Bielorrusia, apoyo a los Estados soberanos de Georgia y Moldavia, potenciación de la complementariedad con la OTAN, etc.). También, apoyo político y material a Ucrania (reconocimiento de las aspiraciones europeas de Ucrania, apoyo financiero, apoyo humanitario, apoyo logístico, Misión Militar de la UE en apoyo de Ucrania, facilidades de acceso al mercado único, etc.). Por otro lado, sanciones a Rusia hasta un total de once paquetes de sanciones en el momento de escribir este texto (han sido, están siendo, las más importantes de la historia de la UE y se han extendido a sectores económicos completos aunque los más afectados han sido el sector financiero, energía y transporte, producción de doble uso, financiación de las exportaciones, y por supuesto, los hidrocarburos, petróleo y gas). Por último, reformas para gestionar en el ámbito interno el impacto de la guerra (como hemos visto más arriba: Brújula Estratégica, Fondo Europeo de Defensa, Facilidad Europea de Apoyo a la Paz, Revisión Anual de la Defensa, programa de adquisiciones conjuntas de material de defensa y de municiones, etc.).

de 2023 en el que se reitera y refuerza el apoyo de la UE a Ucrania, se cuenta con la participación *on line* del presidente ucraniano Volodymyr Zelensky que se dirigió a los líderes comunitarios europeos para demandar la intensificación de las sanciones contra Rusia. La presencia del presidente Zelensky se ha producido igualmente en otras Cumbres.

También es de destacar el papel que está jugando la Comisión Europea en la política de defensa, es decir en un ámbito puramente intergubernamental... hasta ahora. Mediante el denominado Programa *Defence-EU*, el ejecutivo comunitario ha decidido asumir un papel sin precedentes en la coordinación de inversiones en la industria militar a través del presupuesto de la UE. Además, programas e iniciativas como las comentadas (Fondo Europeo de Defensa, Fondo Europeo de Apoyo a la Paz, etc.) con el protagonismo de la Comisión en todos ellos, "trastoca definitivamente el patrón de gobernanza de la Europa de la Defensa"[30], especialmente el Fondo Europeo de Defensa que procede a "incorporar directamente a la Comisión a la sala de máquinas del desarrollo de la PCSD, hasta ahora dominada en exclusiva por los Gobiernos de los Estados miembros"[31].

Como afirma este autor a continuación: "No se trata solo de que en tanto que autoridad de ejecución corresponda a la Comisión la aprobación de los programas de trabajo anuales del Fondo, la adopción de las decisiones sobre los proyectos concretos de investigación y de generación de productos y tecnologías de defensa que deban recibir financiación (...); es que con todo ello se dota al proceso en su conjunto de una cierta visión o impulso comunitarios (...)". Cierto es también que los primeros pasos para esta incorporación de la Comisión a la política de Defensa no se inician con la crisis de Ucrania, sino anteriormente en una dinámica de reforzamiento previo de la PCSD que hemos analizado en otros trabajos. Así, en 2019 la Comisión establece la nueva Dirección General DG DEFIS para encargarse de cuestiones referidas a la industria de la Defensa y el Espacio, bajo la responsabilidad del Comisario de

---

30 GONZÁLEZ ALONSO, L. N.; "Descifrando la gobernanza de la "nueva" Política de Seguridad y Defensa de la Unión Europea: ¿una revolución silenciosa?" en *Revista de Derecho Comunitario Europeo*, n.º 70, 2021, p. 850.
31 *Ibidem*, p. 851.

Mercado Interior. Todo ello está procediendo a un rediseño del modelo de gobernanza que hasta ahora había presidido la PCSD, "introduciendo en su seno vectores que refuerzan con claridad su dimensión "común" y, en consecuencia, las posibilidades de generar por primera vez una dinámica con un cierto grado de autonomía en el proceso tendente a colmar las lagunas que atenazan la capacidad de actuación de la Unión en este ámbito"[32]. Según el autor, este salto cualitativo que se está produciendo ha permitido por vez primera el establecimiento de ciertos anclajes "comunitarios" para el desarrollo de la PCSD.

En la Comisión Eruopea 2024-2029 (en proceso de conformación en el momento de escribir este trabajo) la Presidenta Von der Leyen ha previsto el establecimiento de una nueva cartera de Defensa. En nuestra opinión, la propuesta tiene cierta lógica si consideramos que hoy ya hay una serie de instrumentos y fondos que gestionar desde la Comisión por lo que existe una Dirección encargada de ello, la DG DEFI. Este Comisario de Defensa se encargaría fundamentalmente de la política industrial de defensa y lo que afecta a las capacidades comunitarias (IVA, investigación, movilidad, fondos para la promoción industrial, etc.) y no a las prerrogativas de los Estados en materia de defensa (tales como alianzas internacionales, formato de los ejércitos, integración en estructuras militares, etc.). Tampoco debería entrometerse en competencias del Alto Representante, como la defensa en su dimensión exterior, PCSD, operaciones militares, etc.[33]

Pero más allá del listado concreto de las nuevas capacidades que se crean en este nuevo contexto, quizá lo más significativo, lo que expresa de forma más acertada la profundidad de la transformación es ver cómo la crisis de Ucrania también va a reforzar y reorientar los instrumentos de defensa que ya existían en el sentido de dotarles de una mayor funcionalidad y operatividad para la acción rompiendo sucesivamente muchos de los diferentes tabús que existían en este ámbito. Así, como hemos visto el Fondo Europeo de Defensa y el "renovado" Fondo

32 *Ibidem*, p. 863.
33 GROS-VERHEYDE, N.; "Un commissaire chargé de la défense. Une bonne idée à développer" en https://www.bruxelles2.eu/2024/03/analyse-un-commissaire-charge-de-la-defense-une-bonne-idee-a-developper/

Europeo para la Paz se transforman en un mecanismo para financiar la adquisición y producción conjunta de munición y armamento; las estructuras operacionales son reforzadas sustancialmente: el Estado Mayor de la UE y especialmente la denominada Capacidad Militar de Planificación y Ejecución –MPCC según sus siglas en inglés[34]– se adapta rápidamente a la situación bélica convirtiéndose en el centro neurálgico del suministro de armamento europeo a Ucrania, centralizando las necesidades ucranianas y los ofrecimientos europeos; la Agencia Europea de Defensa, cuyo presupuesto aumenta sustancialmente en esta coyuntura, procede al análisis de capacidades y lagunas en materia de armamento, para orientar las prioridades en las adquisiciones conjuntas.

La Comisión también decidió movilizar el Centro Europeo de Satélites situado en Madrid, para prestar servicios de inteligencia al Gobierno ucraniano, en una muestra más de la UE de convertirse en una fuerza geoestratégica dejando atrás su vocación pacifista implicándose en un conflicto militar de una grandísima envergadura.

También merece señalarse la Misión de Asistencia Militar de la UE en apoyo a Ucrania (EUMAN Ucrania), creada por Decisión del Consejo adoptada el 17 de octubre de 2022 (DO L 270 de 18.10.2022, p. 85) y puesta en marcha el 15 de noviembre del mismo año[35]. Tiene como objetivo general la mejora de las capacidades operativas militares de las Fuerzas Armadas ucranianas. Con una duración inicial de dos años, la

---

34 Creada en junio de 2017 para mejorar las estructuras de gestión de crisis de la UE se encarga del aspecto estratégico de la planificación operativa. Inicialmente permite asumir el mando de las misiones militares no ejecutivas de la UE, es decir, misiones militares armadas pero que no implican el uso de la fuerza (misiones de formación militar, reconstrucción de fuerzas armadas y reforma del sector de la seguridad que la UE tiene desplegadas en Somalia, Mali, República Centroafricana). Fue la primera estructura propiamente militar de que se dotó la UE y se hizo con vocación de adoptar progresivamente más competencias para erigirse en un verdadero cuartel general permanente de la UE capaz de dirigir el planeamiento de todo el espectro de operaciones militares de la PCSD. El Parlamento Europeo en su *Resolución de 18 de enero de 2023, sobre la aplicación de la política común de seguridad y defensa: informe anual 2022 (2022/2050(INI))* demandó su plena capacidad operativa inmediata, así como que se incremente considerablemente su personal, aumentándolo hasta 250 personas.

35 https://www.eeas.europa.eu/eeas/european-union-military-assistance-mission-ukraine-eumam_en

EUMAM Ucrania ha proporcionado formación individual, colectiva y especializada a treinta mil soldados antes de finalizar el año 2023. Una de las singularidades de esta misión PCSD es que, por primera vez en lo que se refiere a estas misiones, la labor de formación militar no se lleva a cabo en el territorio del país beneficiario de la misma, sino que se realiza en territorio comunitario, teniendo su cuartel general en el Servicio Europeo de Acción Exterior. Se excluyó la presencia de formadores militares europeos en Ucrania para evitar que las fuerzas militares europeas pudieran aparecer como unas fuerzas que toman parte directamente en el conflicto.

.

Capítulo 7

El diálogo OTAN/UE

7.1. El nuevo Concepto Estratégico de Madrid y la revitalización de la OTAN

Las imágenes de la caótica y precipitada retirada de las tropas occidentales de Afganistán en el verano de 2021 tras casi veinte años de guerra, huyendo apresuradamente desde el aeropuerto de Kabul, fue la muestra más gráfica de una organización debilitada y superada por un pequeño país del sur global sin apenas estructuras de Estado. Efectivamente, si la OTAN no estaba en muerte cerebral como había afirmado el presidente Emmanuel Macron dos años antes[1], desde luego podemos afirmar rotundamente que no contaba con una buena salud. En esos momentos se volvían a escuchar afirmaciones acerca de la conveniente disolución de la organización atlántica, ante la desaparición de los objetivos y los motivos que justificaron su creación.

Sin embargo, tras años de padecer un cierto aletargamiento apático y hasta una cierta indolencia, la impaciencia estratégica de Putin

---

1 Expresión del presidente francés Emmanuel Macron en una entrevista concedida al diario *The Economist* el 7 de noviembre de 2019.

evidenciada con su intolerable agresión a Ucrania puso fin a este proceso de retraimiento y desinversión en la defensa transatlántica que "de haber seguido unos años más, hubiera acabado con la capacidad militar de la mayoría de los aliados y socios de ambas organizaciones [el autor se refiere tanto a la UE como a la OTAN], si no con la desaparición de alguna de estas"[2]. La invasión de Ucrania por parte de Rusia nos recordó dramáticamente que las amenazas a la seguridad no habían desaparecido y no eran algo lejano y de lo que podríamos desentendernos.

Efectivamente, poco más de dos años después de aquella estampida desde Kabul, la OTAN ha vuelto, dejando absolutamente claro que la seguridad y la defensa europea no es factible sin la implicación estadounidense a través de la Organización Atlántica. Si en las primeras semanas que siguieron a la invasión ucraniana, los Gobiernos finlandés y sueco apelaron al compromiso comunitario de defensa mutua del artículo 42.7 del TUE como garantía de seguridad[3], unos meses más tarde no dudaron en abandonar su tradicional neutralidad para solicitar el ingreso en la OTAN[4]. Es obvio que el artículo 5 del Tratado de Washington les confiere más garantía que el 42.7 del Tratado de Lisboa.

2   ARTEAGA, F.; "El futuro de la seguridad europea y transatlántica" en AA. VV., *La Guerra en Ucrania un año después. Impacto global, europeo y español*. Real Instituto Elcano, febrero de 2023 (https://media.realinstitutoelcano.org/wp-content/uplo ads/2023/02/ruiz-molina-la-guerra-en-ucrania-un-ano-despues-real-instituto-elc ano.pdf), p. 18.

3   En carta del 8 de marzo del 2022 dirigida al Presidente del Consejo Europeo, Charles Michel, y previamente a la Cumbre de Versalles que se celebraría tan solo unos días más tarde, ambos países invocaron la cláusula de defensa mutua del artículo 42.7 del TUE "Suecia y Finlandia invocan el compromiso de defensa mutua de la UE frente a Rusia" en *El País*, 9 de marzo de 2022 (https://elpais.com/internacional/2022-03-09/ suecia-y-finlandia-invocan-el-compromiso-de-defensa-mutua-de-la-ue-fre nte-a-rusia.html).

4   Como señala Araceli Mangas, el Consejo Europeo nunca dio respuesta a la solicitud nórdica: "Ese precepto (art. 42.7 TUE) vehicula la solidaridad de la UE con aquellos Estados miembros que sufren un ataque, pero endosa la actuación militar a la OTAN. No exige que la solidaridad o asistencia sea militar. El precepto reconoce la primacía de la Alianza Atlántica y la dependencia de la UE (...) subordinando cualquier repuesta militar a su puesta en marcha bajo el mando de la OTAN (...) La solidaridad militar europea se canaliza a través de la Alianza Atlántica: esa es la puerta para ayudar y ser ayudados. Una lectura simple del art. 42.7 TUE deduce que los miembros de la UE, si son agredidos, podrían recibir ayuda del conjunto de socios de la UE; pero no necesariamente militar. Un pacto militar o una cláusula

Y es obvio igualmente que la guerra ruso-ucraniana ha proporcionado un revulsivo inesperado a la Alianza Transatlántica que vuelve a tener razón de ser y de existir. Es un lugar común entre los analistas valorar que el nuevo Concepto Estratégico aprobado en la Cumbre de la OTAN de Madrid el 29/30 de junio de 2022 supone una revitalización de la Alianza, inaugurando una nueva etapa y estableciendo una nueva reorientación de la misma con unas prioridades claras y renovadas[5]. También parece bastante evidente que la crisis desatada en Ucrania modificó el perfil de una Cumbre que, sin la agresión rusa, se hubiera centrado en el desafío que supone China para la hegemonía estadounidense.

El de Madrid es el octavo concepto estratégico aprobado desde 1949 y debe servir como hoja de ruta de la Alianza Atlántica para el próximo decenio. Estos documentos estratégicos que conceptualizan y marcan la estrategia a seguir, así como las nuevas prioridades y tareas principales, son los más importantes en la jerarquía de la OTAN después del propio Tratado del Atlántico Norte o Tratado de Washington. Los cuatro primeros Conceptos Estratégicos se elaboraron durante el periodo de la Guerra Fría y se centraban en la disuasión y la defensa; eran de un contenido predominantemente militar y se trataba de documentos clasificados a los que el público no tenía acceso. Fueron documentos secretos hasta 1992, momento a partir del cual se hacen públicos una vez finalizada la guerra fría y la desaparición de la URSS, el adversario contra el que se concibió la organización. Desde entonces ha habido tres Conceptos Estratégicos adicionales, basados ya en los dividendos de la paz y la cooperación del periodo posterior a la Guerra Fría[6].

de ayuda mutua es una obligación sinalagmática. Los socios no atlánticos de la UE (ahora Austria, Irlanda...) en caso de serle recabada ayuda militar por los socios europeos no estarían obligados a la ayuda militar al no ser miembros de la OTAN ni exigirlo el art. 42.7 TUE", en "Ucrania; baño de realidad para la política de defensa europea" *op. cit.*

5   *Vid.* entre otros: MARRONE, A.; "El nuevo Concepto Estratégico de la OTAN: novedades y prioridades", *Política Exterior,* julio 2022 (https://www.politicaexterior.com/el-nuevo-concepto-estrategico-de-la-otan-novedades-y-prioridades/).

6   El primer Concepto Estratégico data de 1950 con motivo de la creación de la OTAN; el segundo se elabora en el contexto de la Guerra de Corea en 1952; el tercero es de 1957 y responde a la estrategia conocida como de "represalia masiva" al poner mayor énfasis en el uso de armas nucleares; el cuarto es de 1968 y supone un cambio hacia la doctrina de "respuesta flexible" dada la capacidad nuclear desarrollada

El anterior al de Madrid, el Concepto Estratégico de Lisboa de 2010 se concibió para un periodo en el que el área euroatlántica estaba en paz y con un muy bajo riesgo de padecer una guerra convencional. El Concepto de Madrid, sin embargo, no llega a ser una declaración de guerra, pero lo parece en algunos aspectos: "La zona euroatlántica no está en paz. La Federación Rusa ha violado las normas y los principios que contribuyen a un orden de seguridad europeo estable y predecible. No podemos descartar la posibilidad de un ataque contra la soberanía y la integridad territorial de los Aliados. La competencia estratégica, la inestabilidad generalizada y las crisis recurrentes definen nuestro entorno de seguridad más general. Las amenazas a las que nos enfrentamos son mundiales y están interconectadas"[7]. Como vemos, cuando se elabora el Concepto Estratégico de Lisboa en 2010 nos encontrábamos en un entorno de seguridad muy distinto del que nos encontramos hoy.

El Concepto Estratégico de Madrid mantiene los tres cometidos principales de la OTAN: disuasión y defensa, prevención y gestión de crisis, y seguridad cooperativa; pero su aspecto fundamental es la relación futura OTAN/Rusia, el fortalecimiento de la disuasión y la defensa, así como la relación con la República Popular China[8].

La diferencia fundamental entre los Conceptos Estratégicos de Lisboa y de Madrid se refiere al cambio en la relación entre la OTAN y Rusia como consecuencia de la invasión de Ucrania de febrero de 2022. En el Concepto de Lisboa se consideraba a Rusia como un socio con

---

para entonces por la URSS; el quinto es de 1991 en el marco del fin de la guerra fría; el sexto se produce en el contexto de la guerra de los Balcanes en 1999; el séptimo Concepto Estratégico elaborado en Lisboa trata de responder a las nuevas amenazas. *Vid.* FUENTE COBO, I.; "Los ocho conceptos estratégicos de la historia aliada" en *Cuadernos de Estrategia*, n.º 211, 2022 (file:///C:/Users/zipderuj/Downloads/Dial net-LosOchoConceptosEstrategicosDeLaHistoriaAliada-8424618.pdf).

7   Punto 6 del Concepto Estratégico de la OTAN de Madrid 2022 (https://www.defe nsa.gob.es/Galerias/main/nuevo_concepto_estrat_gico_de_la_otan.pdf).

8   Sobre el Nuevo Concepto Estratégico de Madrid, *Vid.* entre muchos otros: BECKER, I. *et al.*; "From context to concept: history and Strategic environment for NATO's 2022 strategic concept"; *Defence Studies*, vol. 22, 2022, Issue 3 (https://www.researchg ate.net/publication/361564555_From_context_to_concept_history_and_strategic_e nvironment_for_NATO%27s_2022_strategic_concept). GILLI, A.; GILLI, M. et al.; *Strategic Shifts and NATO's New Strategic Concept*; NDC Research Paper, 24. (https:// doi.org/10.3929/ethz-b-000560631https://www.research-collection.ethz.ch/bitstr eam/handle/20.500.11850/560631/NDC_RP_24.pdf?sequence=1&isAllowed=y).

el que cooperar por lo que se apostaba por establecer un *partenariado* especial o asociación estratégica; tenía como uno de sus objetivos más relevantes desarrollar una asociación estratégica con la Federación de Rusia con quien existían marcos de diálogo en cuestiones de terrorismo, gestión de crisis, etc. Ahora, sin embargo, la referencia a Rusia como una amenaza es uno de los aspectos más significativos del nuevo Concepto de Madrid.

> "La Federación Rusa es la amenaza más importante y directa para la seguridad de los Aliados y para la paz y la estabilidad en la zona euroatlántica. Procura establecer esferas de influencia y control directo mediante la coacción, la subversión, la agresión y la anexión. Utiliza medios convencionales, cibernéticos e híbridos contra nosotros y nuestros socios. Su actitud militar coercitiva, su retórica y su probada disposición a emplear la fuerza para alcanzar sus objetivos políticos socavan el orden internacional basado en reglas (…). Su objetivo es la desestabilización de los países del Este y el Sur (…). La expansión militar de Moscú, que incluye el Báltico, el mar Negro y el Mediterráneo, junto con su integración militar con Bielorrusia, ponen en peligro nuestra seguridad y nuestros intereses"[9].

De cara a la relación futura, la Alianza deja claro: "Cualquier cambio en nuestra relación depende de que la Federación Rusa ponga fin a su comportamiento agresivo y cumpla plenamente con el derecho internacional" (Punto 9). Hay que señalar que tradicionalmente la posición de los Aliados respecto a la relación con Rusia ha sido divisiva. Algunos países han sostenido la necesidad de mantener abierto un diálogo que permita establecer alguna forma de coexistencia no beligerante que permita progresar hacia la distensión (es la posición tradicional de Francia y Alemania, fundamentalmente) frente a los que propugnan implementar abiertamente una estrategia de defensa colectiva frente a Rusia al considerar a este país una amenaza cada vez más explícita (es la posición liderada por Polonia y las Repúblicas Bálticas). En este Concepto de Madrid, elaborado tras la agresión rusa a Ucrania, se ha impuesto esta segunda posición.

Por primera vez en una Cumbre de la Alianza Atlántica van a participar cuatro países de la región del Indo-Pacífico (Australia, Corea del

---

9   *Ibidem*, punto 8.

Sur, Japón y Nueva Zelanda), muestra clara de cuál es el nuevo epicentro de la geopolítica mundial[10]. Así, una organización atlántica en sus fundamentos y origen, se proyecta hacia el Pacífico, donde se ubica su mayor competidor estratégico. En el Concepto Estratégico de 2010 no se mencionaba a China dado que no se consideraba que tuviera un papel que jugar en la seguridad euroatlántica; sin embargo, el Concepto de Madrid afirma:

> Las ambiciones declaradas y las políticas coercitivas de la República Popular China (RPC) ponen en peligro nuestros intereses, nuestra seguridad y nuestros valores. La RPC emplea una amplia gama de instrumentos políticos, económicos y militares para ampliar su presencia en el mundo y proyectar poder, al tiempo que mantiene la opacidad sobre su estrategia, sus intenciones y su rearme militar. Las operaciones híbridas y cibernéticas maliciosas de la RPC y su retórica de enfrentamiento y desinformación van dirigidas contra los Aliados y son perjudiciales para la seguridad de la Alianza (…). Se esfuerza por subvertir el orden internacional basado en reglas (…). La profundización de la asociación estratégica entre la RPC y la Federación Rusa, y sus intentos de socavar el orden internacional basado en reglas, que resultan en el reforzamiento mutuo, son contrarios a nuestros valores e intereses[11].

Así, Rusia y China son caracterizados en el nuevo Concepto Estratégico de Madrid como los principales peligros estratégicos. Sin embargo, el tratamiento es diferente. Respecto a China, los aliados afirman en el punto 15 del documento: "Seguimos abiertos a un compromiso constructivo con la RPC que incluya el desarrollo de una transparencia recíproca con vistas a salvaguardar los intereses de seguridad de la Alianza. Trabajaremos juntos con responsabilidad en nuestra condición de Aliados, para resolver los desafíos sistémicos que la RPC plantea a la seguridad euroatlántica y proteger la capacidad duradera de la OTAN de garantizar la defensa y la seguridad de los Aliados".

---

10 "El Indo-Pacífico es importante para la OTAN, dado que los acontecimientos en esa región pueden afectar directamente a la seguridad euroatlántica. Reforzaremos el diálogo y la cooperación con los socios nuevos y los ya existentes en el Indo-Pacífico para abordar los desafíos interregionales y los intereses de seguridad compartida", *Ibidem*, punto 45.
11 *Ibidem*, punto 13.

En una clara referencia a la expresada posición rusa contra la posibilidad de la inclusión de Ucrania en la OTAN, el Concepto Estratégico reafirma en el punto 40 su compromiso con la política de puertas abiertas (*Open Door Policy*) del artículo 10 del Tratado del Atlántico Norte que establece que las cuestiones acerca de la membresía de la OTAN atañen solo a los países miembros de la Organización y a los Estados que desean integrarse, sin más capacidad de veto que las de los primeros de acuerdo con el Tratado[12]. En consecuencia, los aliados reafirman la decisión de la Cumbre de Bucarest del 2008 respecto a la posibilidad de que tanto Ucrania como Georgia sean un día miembros de la organización[13].

Propone erigirse en una organización de alcance global con una aproximación de 360 grados a la seguridad, de acuerdo con los diversos tipos de amenazas, sean estas híbridas, cibernéticas, económicas o de cualquier otro tipo[14]. En este sentido hay que señalar que en la Cumbre de Madrid los líderes de la OTAN dieron luz verde a la transición a un Nuevo Modelo de Fuerza –en adelante NMF–; en la práctica se trata de un refuerzo del despliegue militar en Europa a través de un nuevo modelo de fuerza conjunta que fortalecerá aún más a la OTAN aportando nuevos recursos. Específicamente el nuevo modelo de fuerza prevé que cerca de 100 000 soldados puedan estar disponibles en tan solo diez días; alrededor de 200 000 soldados entre 10 y 30 días, y al menos 500 000 con un plazo de entre 30 y 180 días. Estas fuerzas se destinarán a defender países específicos de la OTAN para reforzar aún más los ocho grupos de combate multinacionales desplegados ya

---

12 "Nuestras puertas permanecen abiertas a todas las democracias europeas que compartan los valores de nuestra Alianza, que estén dispuestas y sean capaces de asumir las responsabilidades y obligaciones de los miembros, y que contribuyan a nuestra seguridad común. Las decisiones sobre los miembros las toman los aliados de la OTAN y ningún tercero tiene voz en este proceso" *Ibidem*, punto 40.

13 "Nos reafirmamos en la decisión que tomamos en la Cumbre de Bucarest de 2008 y en todas las decisiones posteriores con respecto a Georgia y Ucrania". *Ibidem*, punto 41.

14 "En un entorno de competencia estratégica mejoraremos nuestra concienciación y alcance globales para disuadir, defender, desafiar y rechazar en todos los ámbitos y direcciones, en concordancia con nuestro enfoque de 360 grados", *Ibidem*, punto 20.

en Polonia, Lituania, Letonia, Estonia, Eslovaquia, Hungría, Rumanía y Bulgaria[15].

Como vemos, la Cumbre de Madrid confirma el incremento del compromiso militar de EE. UU. con Europa. Y confirma que la OTAN se ha reinventado como una organización de seguridad global, sin límite territorial alguno yendo mucho más allá del Atlántico Norte que le dio nombre, y con competencias para intervenir en todo el espectro de amenazas, ya sean convencionales o híbridas. Si en el origen la OTAN fue una organización de defensa colectiva para un ámbito geográfico concreto y limitado, ahora su perfil queda desbordado por la nueva realidad. La Cumbre de Madrid y el Concepto Estratégico allí aprobado reflejan la división de un mundo nuevamente polarizado y convulso.

Respecto a las referencias del Concepto Estratégico de Madrid al flanco sur de la OTAN, quedan implícitas en el enfoque de 360 grados ya comentado y se afirman explícitamente en el punto 11, lo que satisfizo a los aliados meridionales, como España, que fijan su atención en los desafíos que se originan en el Magreb y en el Sahel. Sin embargo, hay que señalar que tampoco suponen un gran cambio cualitativo que resulte muy significativo; efectivamente el Concepto de Madrid señala los riesgos que existen en la zona, pero sin adoptar posiciones comprometidas respecto a ellos ni plantear medidas concretas[16]. En todo caso, debemos recordar que el Concepto Estratégico del 2010 no mencionaba ni una sola vez al Sur ni a África.

Por lo que respecta a la relación con la UE, el Concepto Estratégico de Madrid la considera en el punto 43 como "un socio único e imprescindible para la OTAN", dado que comparten los mismos valores. Propone mejorar la asociación estratégica entre ambos, reforzando las consultas políticas y aumentando la cooperación en cuestiones de interés común como la movilidad militar, el impacto del cambio climático

---

15 *Vid.* ROMERO, C.; "La transformación de la OTAN tras la cumbre de Madrid", *Documento Análisis* 49/2023 del 20 de junio de 2023 del Instituto Español de Estudios Estratégicos, p. 9 (https://www.ieee.es/Galerias/fichero/docs_analisis/2023/DIEE EA49_2023_CARROM_Cumbre.pdf).

16 NÚÑEZ VILLAVERDE, J. A.; "La nueva OTAN vista desde Europa", *Instituto de Estudios sobre Conflictos y Acción Humanitaria*, iecah, 20 de junio 2022 (https://iecah. org/la-nueva-otan-vista-desde-europa/).

en la seguridad, los desafíos sistémicos planteados por China y otros, dado que "La OTAN y la UE desempeñan funciones complementarias, congruentes y que se refuerzan mutuamente a la hora de apoyar la paz y la seguridad internacionales".

El Concepto Estratégico celebra los avances que se están produciendo en materia de Defensa en el ámbito comunitario; pero lo hace desde una perspectiva centrada en su primacía y protagonismo principal como actor de seguridad: "La OTAN reconoce el valor de una defensa europea más fuerte y capaz que contribuya positivamente a la seguridad transatlántica y mundial, *complementaria y compatible con la OTAN*. Las iniciativas para aumentar el gasto en defensa, desarrollar estrategias coherentes y reforzar mutuamente las capacidades, al tiempo que *se evitan duplicaciones innecesarias*, son clave para nuestros esfuerzos por hacer más segura la zona euroatlántica"[17]. La preminencia de la OTAN queda reflejada también de forma nítida en el punto 3 del Concepto Estratégico: "La OTAN es el foro transatlántico *único*, esencial e indispensable para consultar, coordinar y *actuar en todos los asuntos relacionados con nuestra seguridad individual y colectiva*. Reforzaremos nuestra Alianza sobre la base de nuestra *seguridad indivisible*, nuestra solidaridad y nuestro férreo compromiso en defensa mutua tal como se consagra en el Artículo 5 del Tratado del Atlántico Norte. Nuestra capacidad de disuasión y defensa es la columna vertebral de ese compromiso" (las cursivas son nuestras).

7.2. La Tercera Declaración Conjunta UE-OTAN

La construcción progresiva de la Europa de la Defensa levantó desde sus inicios suspicacias y recelos respecto a la OTAN, hasta entonces protagonista prácticamente exclusiva de las estructuras de seguridad en Europa (la existencia apenas simbólica de la Unión Europea Occidental no cuestionó esta cuasiexclusividad de la Alianza Atlántica). Conforme la UE se dotaba de instrumentos en materia de seguridad y

---

17 Punto 34 del Concepto Estratégico de la OTAN de Madrid 2022 (la cursiva es nuestra) (https://www.defensa.gob.es/Galerias/main/nuevo_concepto_estrat_gico_de_la_o tan.pdf).

defensa, iba siendo necesaria la articulación de mecanismos de diálogo y cooperación con la Alianza Atlántica; así, por ejemplo, los Acuerdos Berlín-Plus firmados en 2003 (y solo utilizados en las operaciones de la PCSD Concordia en Macedonia en 2003 y EUFOR Altea en Bosnia-Herzegovina en 2004). La entrada de Chipre en la UE, el 1 de mayo de 2004, supondrá una dificultad objetiva para la cooperación con la OTAN por el conflicto greco-turco (recordemos que Turquía no reconoce a la isla mediterránea, cuyo tercio norte está ocupado por el país otomano). Sí se producirá, sin embargo, cierta cooperación operacional entre la UE y la OTAN en aquellos teatros de operaciones en que ambas organizaciones estaban presentes, fuera en la antigua Yugoslavia, Afganistán, Somalia o Sudán.

La relación OTAN-UE/PCSD lejos de ser competitiva, debe ser complementaria por dos razones, una de orden político (hay muchas regiones del mundo cuyas poblaciones y gobiernos no aceptan una intervención de la OTAN, pero sí de la UE) y otra de orden militar (con los recursos actuales, la UE no puede llevar a cabo una operación militar de gran envergadura y sostenida en el tiempo; pero tiene un gran *savoir faire* en el acercamiento global y multidimensional –civil y militar– al tratamiento de las crisis). Además, una UE con más capacidad podría implicarse autónomamente en escenarios en los que la OTAN decidiera no participar.

La cuestión de la colaboración entre la OTAN y la UE siempre ha sido una de las piedras angulares sobre la que edificar la PCSD con la idea de aprovechar sinergias entre países que comparten, *grosso modo*, una misma agenda de seguridad y unos mismos principios[18]. La UE, con la cooperación para la defensa mutua del artículo 42.7 del Tratado

---

18 Recordemos que, con la adhesión de Finlandia y Suecia, de los 27 países de la UE, 23 son miembros de la OTAN; y de los 32 miembros de la OTAN, 23 pertenecen a la UE. Dicho de otra forma, el 96,5 % del total de la población de la Unión Europea está protegido por la Alianza Atlántica. Es decir, ambas organizaciones tienen 23 miembros comunes, existiendo además cuatro Estados comunitarios neutrales (Austria, Irlanda, Malta y Chipre que ni tan siquiera participa en la Asociación para la Paz) y nueve miembros de la OTAN no comunitarios, de los cuales siete son europeos (Reino Unido, Islandia, Albania, Montenegro, Macedonia del Norte, así como Turquía y Noruega, que participan activamente en las misiones PCSD), además de los americanos EE. UU. y Canadá.

de Lisboa, podría evolucionar hacia una alianza para la defensa mutua que se aproximara a la OTAN, aunque subsidiariamente de ella[19]. En todo caso, no podemos obviar la diferente naturaleza de ambas organizaciones; ni la UE va a convertirse en una organización de naturaleza militar a pesar de los avances en esta materia; ni la OTAN dejará de serlo, a pesar de que cuente con el mandato «civil» de su artículo 2[20] y se dote progresivamente de algunos recursos civiles[21].

El artículo 42.7 del Tratado de Lisboa no cuestiona la preeminencia de la Alianza Atlántica en materia de defensa al establecer que "si un Estado miembro es objeto de una agresión armada en su territorio, los demás Estados miembros le deberán ayuda y asistencia con todos los medios a su alcance (…). Ello se entiende sin perjuicio del carácter específico de la política de seguridad y defensa de determinados Estados miembros" (se salvaguarda la voluntad de aquellos Estados neutrales y los que priorizan la OTAN). Esta cláusula levantó suspicacias en los países neutrales y en los atlantistas. Los primeros temían que la Unión evolucionase hacia una alianza militar defensiva, pues lo que caracteriza a estas es, precisamente, el compromiso de defensa mutuo. Los segundos creían que esta cláusula podría dejar sin sentido el artículo 5

---

19 Decimos «subsidiariamente» porque el 2.º párrafo de ese artículo 42.7 afirma que «los compromisos y la cooperación en este ámbito *seguirán ajustándose a los compromisos adquiridos en el marco de la OTAN,* que *seguirá siendo,* para los Estados miembros que forman parte de la misma, *el fundamento de su defensa colectiva* y el organismo de ejecución de esta» (la cursiva es nuestra).

20 Que reza así: «Las partes contribuirán a un mejor desarrollo de las relaciones internacionales pacíficas y amistosas reforzando sus instituciones libres, asegurando una mejor comprensión de los principios en los que se basan estas instituciones y promoviendo las condiciones adecuadas que favorezcan la estabilidad y el bienestar. Tratarán de eliminar conflictos en sus políticas económicas internacionales y estimularán la colaboración económica entre varias o todas las partes».

21 Para algunos la OTAN no contará nunca con una ventaja comparativa en materia de seguridad como la que cuenta en materia de defensa, porque se ha socializado en una cultura de defensa muy diferente de la que se practica en sectores policiales, judiciales, protección civil, etc. *Vid.* ARTEAGA, F. (201). «La Alianza Atlántica tras su cumbre de Lisboa: nuevo concepto, ¿nueva OTAN?», *ARI Análisis del Real Instituto,* 9/2011, del 19 de enero de 2011 (https://media.realinstitutoelcano.org/wp-content/uploads/2021/11/ari9-2011-arteaga-alianza-atlantica-cumbre-lisboa-concepto-otan.pdf).

de la Alianza Atlántica[22]. El intento de vencer este temor por parte de los socios comunitarios más atlantistas es lo que justificó la inclusión del segundo párrafo de este artículo 42.7: «Los compromisos y la cooperación en este ámbito seguirán ajustándose a los compromisos adquiridos en el marco de la OTAN, que seguirá siendo, para los Estados miembros que forman parte de la misma, el fundamento de su defensa colectiva y el organismo de ejecución de esta». Es decir, de alguna forma queda limitado el alcance de la defensa mutua por el carácter específico de cada Estado en materia de defensa y concretamente por los compromisos derivados de la pertenencia a la Alianza Atlántica. Idea que, por otra parte, ya había quedado suficientemente explicitada en el último párrafo del artículo 42.2 del TUE ("la política de la Unión con arreglo a la presente sección no afecta al carácter específico de la política de seguridad y defensa de determinados Estados miembros, respetará las obligaciones derivadas del Tratado del Atlántico Norte para determinados Estados miembros que consideran que su defensa común se realiza dentro de la OTAN y será compatible con la política común de seguridad y defensa establecida en dicho marco").

En definitiva, se incorpora la cláusula de defensa mutua del artículo V de la UEO y artículo 5 de la OTAN, pero de una forma suficientemente abierta y flexible para que pueda ser aceptada por los distintos socios que mantienen a su vez situaciones heterogéneas respecto a esos marcos defensivos, ya sea por su posición neutralista que mantenían (Suecia y Finlandia en el momento de firmarse el Tratado aunque ahora ya no, así como Austria, Irlanda, Chipre y Malta), o por su convencimiento de que la defensa europea está ya garantizada suficientemente, y principalmente, por la OTAN (Reino Unido, entonces país miembro de la UE, Dinamarca y otros).

También la Estrategia Global abunda en lo mismo cuando afirma que "en lo que se refiere a la defensa colectiva, la OTAN sigue siendo el marco principal para la mayoría de los Estados miembros. Al mismo

---

22 Que establece de forma semejante al artículo 42.7 de Lisboa que un ataque armado contra un Estado de la OTAN «será considerado como un ataque dirigido contra todos» y, en consecuencia, le prestará ayuda «en ejercicio del derecho de legítima defensa individual o colectiva reconocido por el art. 51 de la Carta de NN.UU. (…)».

tiempo, las relaciones UE-OTAN se entienden sin perjuicio de la política de seguridad y defensa de aquellos miembros que no forman parte de la OTAN"[23]. El resultado es una especie de PCSD a la carta, que permite un compromiso más intenso para algunos, sin forzar la voluntad de aquellos otros que se niegan a ello en una materia tan sensible.

En todos estos años se ha insistido en la necesaria cooperación y complementariedad de ambas organizaciones, por lo que no es razonable afirmar que una PCSD más fuerte como la que se está construyendo debilite a la OTAN y al vínculo transatlántico[24]. Un importante impulso en la colaboración entre la OTAN y la UE se dio en la Cumbre de Varsovia del 8 de julio de 2016 con la primera Declaración Conjunta sobre la Cooperación entre la UE y la OTAN[25] firmada por el presidente del Consejo Europeo y de la Comisión, así como por el secretario general de la OTAN que definirá un nuevo marco de relación entre ambas, basada en la Estrategia Global[26]. Esta declaración común definía siete ámbitos estratégicos de cooperación UE/OTAN: 1) la lucha contra las amenazas híbridas; 2) la cooperación operativa, incluidas las cuestiones marítimas; 3) la ciberseguridad y la ciberdefensa; 4) las capacidades de defensa (trataba de garantizar que las capacidades desarrolladas de forma multinacional por parte de los aliados y los Estados miembros estén disponibles tanto para las operaciones de la OTAN como de la UE); 5) industria e investigación sobre defensa; 6) ejercicios y maniobras coordinadas; 7) asistencia a los socios del Este y del Sur en el desarrollo de capacidades en materia de seguridad y defensa. En diciembre de 2016 los Consejos de la UE y de la OTAN adoptaron una hoja de ruta común aprobando un conjunto de 42 acciones concretas destinadas a

---

23 *Estrategia Global para la Política Exterior y de Seguridad, op. cit.* p. 15.
24 LABOIRIE IGLESIAS, M. (2016); "Tres mentiras en contra de la política de defensa europea"Esglobal, 30 de noviembre de 2016 (https://esglobal.com/es) /
25 «Declaración conjunta del presidente del Consejo Europeo, el presidente de la Comisión Europea y el secretario general de la OTAN», 8/7/2016, disponible en https://www.consilium.europa.eu/media/21481/nato-eu-declaration-8-july-en-final.pdf
26 "La UE profundizará en la cooperación con la Alianza del Atlántico Norte en la complementariedad, la sinergia y el pleno respeto del marco institucional, la inclusión y la autonomía de decisión de ambas partes"; *Estrategia Global para la Política Exterior y de Seguridad, op. cit.* p. 15.

ejecutar las medidas de la Declaración común señaladas anteriormente; al año siguiente, en diciembre de 2017, aprobaron 32 nuevas medidas.

El 10 de julio de 2018, la Comisión, el Consejo Europeo y la Alianza Atlántica firmaron una segunda Declaración Conjunta sobre la Cooperación entre la OTAN y la UE, en la que instaban a lograr progresos rápidos y verificables en la aplicación de todas estas medidas. Así, la cooperación y la planificación en los niveles político y administrativo entre la UE y la OTAN es desde entonces la norma establecida y la práctica diaria. Son frecuentes las sesiones informativas transversales recíprocas sobre cuestiones de interés común, así como la práctica establecida de invitarse mutuamente a reuniones ministeriales pertinentes.

La llegada de Trump a la presidencia, unos meses más tarde de la referida Declaración Conjunta UE-OTAN, contribuyó a tensionar la relación entre los socios atlánticos como consecuencia de las reiteradas y poco diplomáticas llamadas del presidente estadounidense al necesario aumento de financiación europea a la Organización. El debate es complejo y desde luego, excede del objetivo de este trabajo, pero las cosas no son tan simples como señalaba Trump en sus tuits, así como otros presidentes estadounidenses, si bien, de forma más contenida y educada. En datos de hace unos años pero que no han sufrido sustanciales modificaciones, la contribución directa de EE. UU. al presupuesto civil y militar de la Alianza es un 22 % del presupuesto total de la Organización; mientras que los europeos asumen conjuntamente 2/3 del presupuesto (y el monto restante es asumido por los aliados no europeos); solo la contribución franco-alemana es ya superior a la estadounidense: 25 % del presupuesto de la Alianza[27]. Además, no podemos olvidar el papel

---

27 GROS-VERHEYDE, N; «Trump tâcle le projet Macron d´armée européenne. A-t-il raison?», *Bruxelles2Pro*, noviembre 2018 (https://www.bruxelles2.eu/2018/11/ trump-tacle-le-projet-macron-darmee-europeenne-a-t-il-raison/). En todo caso, las reflexiones en torno a la valoración económica de la contribución de los diferentes Estados a la Alianza Atlántica nunca son pacíficos, dado la cantidad de variables que lleva asociada: contribución neta, contribución en efectivos y capacidades a las diferentes misiones que despliega la organización, etc. Así, la contribución neta por países se fija en función del PIB de cada país, variable que lleva a que EE. UU. participe con una cuota fija de poco más del 16 %; pero en términos de contribución de capacidades y efectivos en las diferentes misiones desplegadas a lo largo del territorio euroatlántico, el coste asumido por EE. UU. no tiene parangón y, sobre todo, no es sustituible por la acción de los otros aliados.

motor del presupuesto militar estadounidense en tanto que factor de crecimiento económico por sus pedidos a la industria nacional propia, dado que EE. UU. apenas compra en el extranjero, contrariamente a lo que todavía hoy hacen los europeos. Es decir, aproximadamente 500 millones de euros/año con los que EE. UU. contribuye a la OTAN devienen en una inversión, ya que son ampliamente rentabilizados por las compras europeas en el mercado armamentístico estadounidense. Por último, recordemos lo obvio: los Estados miembros solo poseen un conjunto único de fuerzas susceptibles de ser utilizadas en diferentes marcos; así, el desarrollo de las capacidades de los Estados miembros en el marco de la PCSD que hemos visto en capítulos anteriores también ayudará por tanto a reforzar las capacidades potencialmente disponibles para la OTAN.

La Brújula Estratégica reiteraba la importancia para la seguridad euroatlántica del mantenimiento de la asociación estratégica de la UE con la OTAN y señalaba "los avances sin precedentes que se han producido desde 2016 [momento de la primera Declaración Conjunta sobre la Cooperación UE-OTAN] en lo que respecta al fortalecimiento de la cooperación con la OTAN (…)" afirmando seguidamente: "Los pilares fundamentales de esta cooperación son las Declaraciones Conjuntas firmadas en 2016 y 2018" que acabamos de comentar.

Con base en estas dos Declaraciones se han acordado 74 áreas de cooperación, repartidas en los siete ámbitos señalados anteriormente. Pero la realidad no siempre es tan celebratoria como se desprende de las siempre edulcoradas declaraciones oficiales: los contactos tienen lugar a nivel informativo e informal, lo que a menudo impide acuerdos o cooperaciones de verdadero calado. Turquía como miembro de la OTAN bloquea cualquier iniciativa de cooperación con la UE y Grecia y Chipre hacen lo propio desde el lado comunitario. Además, los celos institucionales y la desconfianza mutua de ambos aparatos administrativos son comportamientos habituales. Los asuntos que dominan la agenda europea muchas veces son ajenos a la agenda de la Alianza Atlántica. La UE decide por unanimidad mientras que en la OTAN se impone sin discusión la mayoría de las veces el criterio de EE. UU. Pero el factor que más pesa en el déficit de entendimiento entre ambas organizaciones es la reticencia de EE. UU. en un escenario crecientemente multipolar en el que los intereses y prioridades de ambas partes tienen ciertas divergencias (aunque también múltiples intereses comunes, como es obvio)[28]. En el contexto de la guerra en Ucrania y tras la adopción del nuevo Concepto Estratégico de Madrid, se ha firmado en Bruselas la tercera Declaración Conjunta sobre la Cooperación entre la UE y la OTAN de 10 de enero de 2023 que marca la hoja de ruta de la cooperación entre las dos organizaciones para los próximos años[29]. Tras las tópicas referencias a los valores compartidos y los desafíos comunes, así como las condenas a Rusia, en los 14 puntos que la integran vemos sobre todo un ejercicio de afirmación de la primacía de la OTAN y las posiciones estadounidenses y un ejercicio de sumisión por parte de la UE. El punto 5 de la Declaración censura la asertividad de China y se refiere a la competencia estratégica que protagoniza. El punto 7 afirma que en esta coyuntura importa "más que nunca" el vínculo transatlántico. Los puntos 8 y 9 no dejan lugar a dudas acerca del carácter subsidiario de la UE respecto de la OTAN y su vocación complementaria, lejos de cualquier pretendido comportamiento autónomo desde el punto de vista estratégico[30].

Ambas organizaciones en esta tercera Declaración Conjunta asumen el compromiso de llevar su asociación a un nivel superior. "Vamos a reforzar aún más esa cooperación en los ámbitos en los que ya colaboramos, y la ampliaremos y profundizaremos para afrontar, en

28 *Vid.* PONTIJAS CALDERÓN, J. L.; "Hitos en la agenda europea de seguridad y defensa", *Documento Análisis* 07/2022 de 2 de febrero de 2022 del Instituto Español de Estudios Estratégicos, p. 12 (https://www.ieee.es/Galerias/fichero/docs_anali sis/2022/DIEEEA07_2022_JOSPON_Agenda.pdf).

29 Puede verse en https://www.consilium.europa.eu/es/press/press-releases/2023/ 01/10/eu-nato-joint-declaration-10-january-2023/pdf

30 "La OTAN sigue siendo la base de la defensa colectiva de sus aliados y un componente esencial de la seguridad euroatlántica. Reconocemos la utilidad de una defensa europea más fuerte y más capaz que contribuya positivamente a la seguridad mundial y transatlántica, que sea *complementaria con la OTAN* e *interoperable con ella*" (punto 8); "Nuestra asociación estratégica nos fortalece a ambas y contribuye a reforzar la seguridad dentro y fuera de Europa. La OTAN y la UE tienen *funciones complementarias, coherentes y sinérgicas* a la hora de apoyar la paz y la seguridad internacionales. Seguiremos movilizando el conjunto de instrumentos de que ambas disponemos, ya sean políticos, económicos o militares, para perseguir nuestros objetivos comunes en beneficio de nuestros mil millones de ciudadanos" (punto 9) (las cursivas son nuestras).

particular, la intensificación de la competencia geoestratégica, los asuntos relacionados con la resiliencia, la protección de las infraestructuras críticas, las tecnologías emergentes y disruptivas, el ámbito espacial y las repercusiones del cambio climático en la seguridad, así como la manipulación de la información y la injerencia por parte de agentes extranjeros" (punto 12). La Declaración finaliza haciendo una llamada a una mayor implicación en las iniciativas conjuntas OTAN/UE tanto por parte de los Estados aliados no miembros de la UE, así como de los Estados comunitarios no miembros de la OTAN, si bien, reconociendo la posición de no alineamiento que mantienen algunos de ellos ("sin perjuicio del carácter específico de la política de seguridad y defensa de cualquiera de nuestros miembros", punto 13 de la Declaración Conjunta).

Tendremos que esperar todavía un poco para ver los resultados de esta Declaración Conjunta ; sin embargo, una expresión de la colaboración entre la OTAN y la UE nos lo proporciona ya el Proyecto de Movilidad Militar de la Cooperación Estructurada Permanente, marco de cooperación entre "casi" todos los Estados miembros de la UE (tras la última incorporación al mismo por parte de Dinamarca, todos menos Malta) para desarrollar conjuntamente capacidades de defensa, coordinar inversiones, mejorar la preparación operativa, la interoperabilidad y la colaboración en la puesta en marcha de diferentes proyectos; entro otros, el que nos ocupa. Este Proyecto novedoso es una plataforma político-estratégica que tiene por objetivo simplificar y normalizar los trámites nacionales para el transporte militar transfronterizo además de permitir la rápida circulación de personal y medios militares por toda la UE, ya sea por carretera, ferrocarril, mar o aire.

Aunque la Cooperación Estructurada Permanente se trate de una política puramente comunitaria recogida en el artículo 42.6 del Tratado de Lisboa[31] y dirigida, en principio a aquellos Estados miembros más

---

31 El artículo 42.6 establece, para aquellos Estados que lo deseen y que "cumplan criterios más elevados de capacidades militares y que hayan suscrito compromisos más vinculantes en la materia para realizar misiones más exigentes" la posibilidad de llevar a cabo una cooperación estructurada permanente. *Vid.* ALDECOA LUZARRAGA, F.; "La cooperación estructurada permanente" en RAMON CHORNET, C. (coord.); *La Política de Seguridad y defensa en el Tratado Constitucional*, Valencia,

dispuestos y capaces, el Consejo adoptó el 5 de noviembre de 2020 la Decisión por la que se establecen las condiciones generales en las que se podrá invitar excepcionalmente a terceros Estados a participar en proyectos individuales materializados en el seno de la misma, siempre que los países candidatos reúnan unas determinadas condiciones políticas, jurídicas y materiales, y entre ellas, "compartir los valores en los que se fundamenta la UE y no contravenir los intereses de seguridad y defensa de la UE y sus Estados miembros"[32]. Así, Canadá, Noruega y Estados Unidos se unieron al Proyecto de Movilidad Militar en 2021[33].

La guerra en Ucrania demostró que poder trasladar tropas y equipos militares rápidamente por toda Europa y fuera de ella es un ingrediente fundamental para nuestra seguridad y mejorar la capacidad de la UE y de la OTAN para responder a las crisis; así, Reino Unido solicitó también participar en el proyecto de movilidad, petición a la que

tirant lo Blanch, 2005. ALDECOA LUZARRAGA, F.; "La Cooperación Estructurada Permanente: haciendo creíble la Alianza Defensiva de la Unión Europea" en *Anuario Español de Derecho Internacional*, vol. 34, 2018. FIOTT, D.; MISSIROLI, A.; TARDI, T.; "Permanent Structured Cooperation: What´s in a Name?" en *European Union Institute for Security Studies EUISS, Chaillot Paper* n.º 142, november, 2017 https://www.iss.europa.eu/sites/default/files/EUISSFiles/CP_142_ONLINE.pdf . LÓPEZ-JACOISTE DÍAZ, E.; "La nueva Cooperación Estructurada Permanente: ¿impulso definitivo para una verdadera PCSD en Europa?" en *Anuario Español de Derecho Internacional*, vol. 34, 2018 (file:///C:/Users/zipderuj/Downloads/27452-Texto%20del%20 art%C3%ADculo-80505-1-10-20180530.pdf). BISCOP, S.; "Permanent Structured Cooperation and the Future of the ESDP: Transformation and Integration"; *European Foreign Affairs Review*, Vol. 13, Issue 4, 2008 https://doi.org/10.54648/eerr2008 034 (https://kluwerlawonline.com/journalarticle/European+Foreign+Affairs+Rev iew/13.4/EERR2008034). NOVÀKY, N.; The EU´s Permanent Structured Cooperation in defence: Keeping Sleeping Beauty from Snoozing; *European View, Wilfried Martens Center for European Studies*, vol. 17, Issue 1, 2018 (https://doi.org/10.1177/178168581 8764813
https://journals.sagepub.com/doi/full/10.1177/1781685818764813).

32 *Vid*. Decisión (PESC) 2020/1639 del Consejo de 5 de noviembre de 2020 por la que se establecen las condiciones generales en las que se podrá invitar excepcionalmente a terceros Estados a participar en proyectos individuales de la Cooperación Estructurada Permanente (https://eur-lex.europa.eu/legal-content/ES/TXT/PDF/?uri=CELEX:32020D1639).

33 *Vid*. Decisiones (PESC) 2021/748, (PESC) 2021/749 y (PESC) 2021/750 del Consejo, de 6 de mayo de 2021, relativas a la participación de Canadá, el Reino de Noruega y los Estados Unidos de América en el proyecto de movilidad militar de la Cooperación Estructurada Permanente (CEP), publicadas respectivamente: DO L 160 de 7.5.2021, p. 106; DO L 160 de 7.5.2021, p. 109; DO L 160 de 7.5.2021, p. 112.

respondió favorablemente el Consejo de la UE en Decisión del 15 de noviembre de 2022[34].

En una situación de guerra abierta en el territorio europeo como la actual, las políticas de seguridad y defensa se asocian directamente con la defensa territorial y la disuasión, más que con la gestión de crisis y las políticas de estabilización y pacificación en entornos degradados en conflictos de intensidad media. Y en este tipo de conflictos de muy alta intensidad, que involucran además a una potencia nuclear, la OTAN es el instrumento apropiado[35].

La defensa territorial colectiva de Europa es una función encomendada a la OTAN; no hay ningún otro marco de seguridad capaz de hacer frente a un ataque a gran escala. Al día de hoy no hay alternativa posible a esa realidad. Los instrumentos comunitarios europeos no están concebidos para sustituir a la Alianza Atlántica, sino para complementarla allá donde sea necesario. La Brújula Estratégica no deja lugar a dudas sobre ello cuando considera a la OTAN como "la base de la defensa colectiva para sus miembros". Así, por más que la UE propugne la consecución de su Autonomía Estratégica, incluso con ambiciones globales, se autolimita en la misma línea de salida a ser un mero complemento de la OTAN[36]. Dadas las numerosas alusiones a la complementariedad que realiza la Brújula, así como la Declaración Conjunta , pareciera que la Autonomía Estratégica de la Unión no aspiraría a ser total, sino más bien destinada únicamente a cubrir los vacíos que dejara la Alianza Atlántica[37].

---

34 https://www.consilium.europa.eu/es/press/press-releases/2022/11/15/pesco-the-uk-will-be-invited-to-participate-in-military-mobility-project/

35 MONAGHAN, S.; *Resetting NATO's defense and deterrence: the sword and the shield redux*; Washington, Center for Strategic & International Studies CSIS Brief, 28/VI/2022. En ese artículo, el autor analiza los diferentes conceptos estratégicos de la OTAN a lo largo de su historia, para explicar cómo actualmente la búsqueda de la disuasión vuelve a erigirse en el objetivo central de su actividad (https://www.csis.org/analysis/resetting-natos-defense-and-deterrence-sword-and-shield-redux).

36 PONTIJAS CLADERÓN, J. L.; "Una brújula estratégica para la seguridad y la defensa de la Unión Europea. ¿Un documento más? En *Documento Análisis* del Instituto Español de Estudios Estratégicos, 42/2022, 8 de junio de 2022 (https://www.ieee.es/Galerias/fichero/docs_analisis/2022/DIEEEA42_2022_JOSPON_UE.pdf).

37 PARADA MARTÍNEZ, M.; "La Brújula Estratégica: ¿un documento más para el momento oportuno?" en *Documento Opinión* del Instituto Español de Estudios

7.3. Complementariedad de la OTAN *versus* Autonomía Estratégica: ¿de qué se trata?

La relación entre ambas organizaciones no deja de suscitar controversia acerca de la naturaleza de la interacción que se establecerá entre ambas, sea de coordinación y compatibilidad sinérgica entre la OTAN y la UE, o más concretamente de su PCSD; de complementariedad de esta segunda respecto de la primera; de solapamiento, competencia y conflicto entre ambas; de subordinación comunitaria frente a la primacía atlántica, etc. Y todo ello en una coyuntura de reforzamiento efectivo de las dos organizaciones, en el contexto de una nueva guerra en Europa y cuando estaba arraigando, no sin controversias igualmente, un proyecto político comunitario que afirmaba la ambición de lograr en el futuro una ambigua, indefinida y poco precisa Autonomía Estratégica por parte de la UE.

Los desencuentros entre el seno de la UE acerca de la relación a mantener con la OTAN son un lugar común ya desde los primeros pasos de la Europa de la Defensa. Ambas organizaciones comparten algunos objetivos como el de promover la paz y seguridad internacionales (que figura tanto en el artículo primero del Tratado del Atlántico Norte como en el art. 3.5 del TUE). La vinculación entre ambas es reiterada también en los capítulos del TUE referidos a la PCSD: el art. 42.2 del TUE establece que la PCSD "no afectará al carácter específico de la política de seguridad y defensa de determinados Estados miembros, respetará las obligaciones derivadas del Tratado del Atlántico Norte para determinados Estados Miembros que consideren que su defensa común se realiza dentro de la OTAN y será compatible con la política común de seguridad y defensa establecida en dicho marco"; y el art. 42.7 del TUE afirma que "(…) los compromisos y la cooperación en este ámbito seguirá ajustándose a los compromisos adquiridos en el marco de la OTAN, que seguirá siendo para los Estados miembros que forman parte de la misma el fundamento de su defensa colectiva y el organismo de ejecución de esta" (también vemos esta vinculación en

Estratégicos, n.º 62/2023 del 19 de junio de 2023 (https://www.ieee.es/Galerias/fichero/docs_opinion/2023/DIEEEO62_2023_MANPAR_Brujula.pdf).

algunos protocolos al efecto). Artículos que, según valora buena parte de la literatura especializada, reconocen la preminencia de la OTAN en caso de un conflicto o colisión entre ambas organizaciones[38].

Además, ambas organizaciones dependen de las fuerzas y recursos –también los financieros– que les facilitan sus Estados miembros para la realización de sus misiones y operaciones; y como hemos visto antes, ambas organizaciones comparten la mayor parte de los Estados que las integran. Aunque haya que reconocer que son los EE. UU., el país que representa la absoluta primacía de recursos militares, económicos y políticos con que cuenta la OTAN y, precisamente, el actor que convierte a esta organización en lo que realmente es en lo que se refiere a su singular capacidad de actuación, de intervención y de disuasión.

Así las cosas, y dado que los recursos son siempre limitados, no es difícil pensar que aquellos que se destinan a una organización, se haga en detrimento de la otra. Pero en sentido contrario, la inversión en capacidades por parte de los Estados miembros resulta de utilidad para ambas organizaciones. Y en esta circunstancia, no resulta difícil aceptar que el hecho de que la UE opte por fortalecer los instrumentos propios en materia de seguridad y defensa no implica precisamente debilitar a la alianza transatlántica; sino que, al contrario, supone contar con medios propios susceptibles de ser utilizados en escenarios distintos a los que pudiera interesar a la OTAN y en defensa de los intereses específicos de la UE que no siempre habrán de ser coincidentes con los de EE. UU. y Canadá.

Ciertamente la guerra en Ucrania ha aumentado el valor de la cooperación transatlántica para los europeos y ha proporcionado una unidad sin precedentes entre los aliados estadounidenses y europeos e, incluso, en el seno de estos últimos. Desde el 24 de febrero de 2022 en que se inicia la invasión de Ucrania por parte de tropas rusas, los EE. UU. de *facto* están liderando y coordinando la posición occidental en esta crisis. Además, la guerra en Europa ha proporcionado una ventana de oportunidad para "el regreso" de EE. UU. a Europa. El discurso sobre la Autonomía Estratégica queda en un segundo plano, tras

---

38 Según ha quedado explicado *supra* nota al pie 4, p. 124.

las llamadas a la necesaria implicación del "amigo americano" en la defensa de Europa.

La opinión pública europea, que en general normalmente ha resultado bastante crítica con la presencia estadounidense en Europa, ahora percibe a la OTAN como un instrumento importante (y esto ocurre incluso en países tradicionalmente críticos con el atlantismo como Francia)[39]. La opinión pública europea en esta coyuntura crítica acepta de buen grado una implicación y una mayor presencia militar de Estados Unidos en territorio europeo. La guerra en Ucrania ha acentuado el valor de la cooperación transatlántica ante la toma de conciencia de lo limitada y cara –muy cara– que hubiera resultado la defensa europea si Estados Unidos hubiera abandonado la OTAN o no hubiera contribuido militarmente a la misma[40]. Análisis semejantes son los que han llevado

---

39 *Vid. Transatlantic Trends 2022. Public Opinion in Times of Geopolitical Turmoil.* German Marshall Fund and Bertelsmann Foundation. (https://www.fbbva.es/wp-content/uploads/2022/09/Informe-Transatlantic-Trends-2022.pdf).

40 En este sentido es interesante el trabajo publicado antes de la crisis de Ucrania de BARRI, B.; BARRIE, D. *et al.; Defending Europe: scenario-based capability requirements for NATO´s European Members*, The International Institute for Strategic Studies, May 2019 (https://www.iiss.org/research-paper//2019/05/defending-europe). El estudio aplica el análisis a diferentes escenarios establecidos a principios de la década de 2020, para generar requisitos de fuerza y evaluar la capacidad de los Estados europeos de la OTAN para cumplir con esos requisitos. Propone dos escenarios imaginados y de ficción pero posibles: a) Protección de las líneas de comunicación marítimas mundiales en una situación en la que EE. UU. se ha retirado de la OTAN y ha abandonado la protección marítima global. Los miembros europeos de la OTAN deberían invertir para subsanar la ausencia y el vacío de capacidad estadounidense entre 94 000 y 110 000 millones de dólares. b) Defensa del territorio europeo de la OTAN contra un ataque militar a nivel estatal. En ese escenario las tensiones entre Rusia vs. Lituania y Polonia se acentúan y desembocan en una guerra, tras el abandono de EE. UU. de la OTAN. Como resultado de esa guerra, Lituania y parte de Polonia son ocupados por Rusia; se invoca el artículo 5 del Tratado del Atlántico Norte y se planifica la "operación escudo oriental" para tranquilizar a Estonia, Letonia y resto de Estados de la OTAN de primera línea y disuadir a Rusia. Se prepara también la operación "Tormenta del Este" para restaurar el control polaco y lituano sobre sus territorios. Los miembros europeos de la OTAN tendrían que invertir entre 288 000 y 357 000 millones de dólares para llenar los vacíos de capacidad generados por este escenario. Además, la evaluación realizada en el estudio no cubre una guerra continental a gran escala en Europa, sino una guerra regional limitada a un parte de Europa. En definitiva, la investigación pone de manifiesto la importancia de los EE. UU. en términos militares para la defensa de Europa y subraya que sería útil que el debate sobre la Autonomía Estratégica se centrara en las capacidades necesarias para hacer frente a las amenazas a la seguridad europea en lugar de a la ingeniería

a los representantes de algunos Estados europeos a afirmar que "las ilusiones de la Autonomía Estratégica deben terminar"[41] o al entonces Secretario General de la OTAN Jens Stoltenberg a afirmar que "debemos evitar la percepción de que la UE puede defender Europa, porque la UE no puede defender Europa".

Así, el debate que existió en los primeros años del siglo XXI entre los que veían que la creación de una Europa de la Defensa podría finiquitar una Alianza Atlántica a la que no se veía gran razón de ser en aquel entonces y los que defendían que esta Europa de la Defensa naciente podría fortalecer a la OTAN queda superado en una coyuntura en la que no se cuestiona la vigencia y primacía de la Alianza Atlántica en detrimento de cualquier atisbo de Autonomía Estratégica de la UE cuya PCSD solo puede aspirar a ser complementaria de la anterior.

El nuevo Concepto Estratégico de Madrid supuso un revulsivo para la propia Alianza; los más conspicuos atlantistas cuentan ahora con nuevos argumentos para enfatizar la vigencia y funcionalidad de la Alianza Atlántica: dos países como Finlandia y Suecia, históricamente no alineados y que hicieron de la neutralidad una de sus más características señas de identidad, eligen la OTAN como privilegiado instrumento de seguridad cuando vienen mal dadas, evidenciando con ello que el artículo 42.7 del TUE no proporciona las mismas garantías de seguridad. El instrumento más potencialmente disruptivo de la Europa de la Defensa, el compromiso de seguridad colectiva queda así bastante

---

institucional. Los autores concluyen que, si estuviera disponible la financiación suficiente para cubrir los déficits generados por la ausencia de EE. UU., llevaría hasta veinte años alcanzar la situación actual, dada la limitada capacidad de producción, el tiempo que lleva decidir y producir los equipos y el armamento, las demandas de contratación y formación, el tiempo que tardan las nuevas unidades en alcanzar la capacidad operativa necesaria, etc. Como miembro de la OTAN, EE. UU. proporciona una importante reserva de capacidades a las que la OTAN puede recurrir en caso de crisis; algunas de esas capacidades son relativamente sencillas y baratas de sustituir (como la logística y el sostenimiento de las fuerzas terrestres), pero otras son casi exclusivas de EE. UU. y de muy difícil sustitución por capacidades europeas.

41 Mario LABORIE IGLESIAS atribuye esa expresión a la ministra alemana de Defensa Annegret Kramp-Karrenbauer. Posiciones semejantes son frecuentes en Polonia, Países Bálticos, Chequia, Hungría, etc. Vid "Unión Europea: ¿hacia una Autonomía Estratégica y nuevas relaciones transatlánticas?, *esglobal*, 9 de abril de 2021 (https://esglobal.com/es/).

desacreditado. Lo que para la OTAN supone un cierto aldabonazo, para la Unión Europea de la Defensa es justo lo contrario. Cláusula de defensa mutua que además no cuenta con legislación alguna para su desarrollo como reiteradamente ha denunciado el Parlamento Europeo[42]. Y sin capacidad de disuasión efectiva, no hay mucha Autonomía Estratégica posible.

El intenso andamiaje institucional creado en los últimos tiempos por la UE en materia de seguridad y defensa, así como los fondos financieros dedicados al efecto, especialmente tras la invasión rusa de Ucrania, no parece que puedan tener otra finalidad que la construcción de capacidades propias que permitan actuar a la UE en escenarios de relevancia media y que no afecten a la defensa colectiva sin tener que recurrir a las capacidades estadounidenses de la OTAN y poder ofrecerse complementariamente a esta para aumentar su capacidad disuasiva para la defensa colectiva. La subordinación de la PCSD respecto de la OTAN es tanto normativa, recogida en los tratados según hemos visto anteriormente, como fáctica por un desequilibrio en recursos en favor de la segunda por la membresía y liderazgo que ejerce en ella EE. UU. La guerra de Ucrania que está teniendo el efecto de fortalecer

---

42 Y que solo puede significar una falta de voluntad de los Estados miembros para hacerla realmente operativa, y que genera dudas sobre su utilidad y utilización, como señala Mercedes GUINEA LLORENTE en su interesante trabajo "Las relaciones entre la Unión Europea y la OTAN en el nuevo contexto de la guerra en Europa: ¿competencia y subordinación o complementariedad y cooperación" en GARCÍA SEGURA, C.; GARRIDO REBOLLEDO, V. y MARRERO ROCHA, I. (Coord.); *Comprendiendo las alianzas y los regímenes de seguridad en relaciones internacionales: el papel de la OTAN en el S. XXI*, Valencia, tirant lo Blanch, 2023. La autora señala taxativamente en una valoración que compartimos que "si hubiera que utilizar el 42.7 para proveer de asistencia militar a un Estado miembro que sufre una agresión armada, la UE no estaría preparada. Al día de hoy no sabemos qué obligaciones tendrían los EEMM, ni qué procedimiento institucional habría que seguir, ni qué órganos serían responsables de la coordinación, ejecución y de la logística, por no entrar en las dudas sobre la posibilidad de armar rápidamente una operación militar multinacional (…) Y pueden permitirse ignorar la obligación jurídica del 42.7 porque para protegerse ya cuentan con la OTAN y el respaldo estadounidense. La Capacidad de Despliegue Rápido de 5000 hombres prevista por la Brújula Estratégica no persigue tampoco la intención de hacer operativo el 42.7, ya que está pensada para ser desplegada en operaciones en el exterior, esto es, para continuar con la política de seguridad internacional que hace la UE" (p. 347).

notablemente las capacidades comunitarias en materia de seguridad y defensa, no ha cambiado esta circunstancia, sino que la ha clarificado.

Con todo, no debemos olvidar de que no es la OTAN la que se está involucrando decididamente en la guerra, sino los aliados de forma individual y la UE de manera colectiva. Es la UE la que está dispensando fondos económicos para mantener la administración y la ayuda humanitaria; es la UE la que ha aprobado sucesivas rondas de sanciones a Rusia; es la UE la que está instruyendo a contingentes militares ucranianos a través de la Misión PCSD EUMAM Ucrania y es la UE por supuesto, la que ha concedido en un tiempo récord el estatus de país candidato a Ucrania y negocia ya la adhesión.

Capítulo 8

Más capacidades conjuntas en materia de seguridad y defensa, pero menos Autonomía Estratégica

8.1. Mayor demanda europea de capacidades, pero menor oferta europea de capacidades

Como hemos visto en las páginas anteriores, la guerra en Ucrania de 2022 acentuó el protagonismo y la centralidad de la seguridad y la defensa en la agenda comunitaria europea. La guerra también asestó el golpe –¿definitivo? – a la ya tambaleante arquitectura de seguridad de Europa y a los objetivos voluntariosos de alcanzar la Autonomía Estratégica[1]; y también ha sacudido los cimientos normativos –reiteradamente cuestionados en la práctica, por otra parte– del sistema multilateral.

Si bien la seguridad y la defensa en la UE ya venían adquiriendo un protagonismo creciente en los últimos años, como hemos tenido

---

1 "(…) el ataque y la guerra provocada en Ucrania ha hecho saltar por los aires el incipiente sistema europeo de seguridad colectiva y el objetivo de la Autonomía Estratégica y de defensa de la UE" en afirmación que compartimos de Araceli MAN-GAS MARTÍN, "Ucrania, baño de realidad para la política de defensa europea (…)", *op. cit.*

oportunidad de desarrollar en otros trabajos[2], tras la agresión a Ucrania se va a intensificar notablemente con el desarrollo cuantitativo y cualitativo de nuevas capacidades e instrumentos como hemos visto en las páginas anteriores. Y todo ello va en la dirección correcta si queremos dotarnos de capacidades suficientes en esta materia para manejarnos en una coyuntura tan incierta y en un contexto internacional de creciente complejidad y conflictividad. Ahora bien, esta estrategia comunitaria de "pequeños pasos" que indudablemente implica vigorización y fortalecimiento de la seguridad y la defensa en el marco comunitario, no supone necesariamente un aumento de la Autonomía Estratégica de la UE, ni tan siquiera de la consecución de una unión europea de la seguridad y la defensa propiamente dicha. Quizá, paradójicamente, podría ocurrir justo lo contrario[3].

El envío masivo de armas a Ucrania está suponiendo un nuevo y paradójico reto para la industria europea de defensa. Aunque están aumentando como nunca las inversiones y compras conjuntas de sistemas armamentísticos como consecuencia del despliegue de los programas comunitarios al efecto, según hemos visto anteriormente, la necesidad y la urgencia de reponer en breve plazo de tiempo los arsenales y depósitos de municiones propios, desgastados por el sostenido y continuado suministro a Ucrania y el temor ante una amenaza presente y explícita, está llevando también a los europeos a comprar el armamento foráneo que está ya disponible en el mercado, posponiendo, o dejando en un segundo plano de prioridad por lo menos, los proyectos conjuntos de desarrollo de sistemas armamentísticos.

La industria europea de defensa evidencia una incapacidad para escalar la producción de forma que le permita satisfacer el aumento de la demanda que la nueva coyuntura política internacional de tensión

---

2   DE CASTRO RUANO, J. L.; *La integración de la seguridad y la defensa en la Unión Europea. Un nuevo instrumento de actuación internacional para un actor global en el siglo XXI.* Madrid, Robert Schuman Instituto de Estudios Europeos, UFV Editorial, 2020.

3   Con la guerra, "la esperanza de una Autonomía Estratégica de la Unión, que consolidase las capacidades en el ámbito militar y de defensa, en congruencia con su condición de superpotencia económica, sufrió un duro golpe" afirma Christos KATSIOULIS en "La UE en el escenario global. La Autonomía Estratégica europea"; LÓPEZ GARRIDO, D. (Dr.); *El Estado de la Unión Europea. Reformar Europa en tiempos de guerra.* Madrid, Fundación Alternativas y Friedrich-Eber-Stiftung, 2022, p. 99.

creciente está originando. Los niveles actuales de producción son mucho más lentos que el ritmo de la destrucción de armamentos en Ucrania y, en la mayoría de los casos, no permite una rápida sustitución de lo que ha sido entregado por los Estados europeos a Kiev. Por otra parte, hay unos factores de mercado que han llevado a las empresas europeas del sector a desinvertir en las capacidades necesarias para alcanzar altos volúmenes de producción (el mayor costo de los sistemas utilizados por el aumento de la complejidad en términos de componentes, aviónica, electrónica, *software*, etc.). Además, a más proveedores y más cadenas de valor involucradas, se hace más difícil coordinar un aumento repentino de los volúmenes de producción[4].

Así, las nuevas inversiones en defensa, por potentes que estén siendo, no necesariamente fortalecerán la capacidad de defensa propia europea. En la actualidad asistimos a una cierta paradoja: crece la demanda de seguridad en Europa como consecuencia de la guerra en Ucrania; pero no hay oferta autóctona suficiente para cubrir esa demanda. El material de guerra no se almacena en concesionarios o depósitos militares; sino que se fabrica contra pedidos, según demanda. No hay *stocks* suficientes del mismo. Como afirma Nathalie Tocci, en muchos casos, las capacidades industriales de Europa para satisfacer este aumento de la demanda de defensa son inexistentes o insuficientes.

Las empresas de defensa europeas no pueden responder con solvencia a un aumento sobrevenido de la demanda con la incertidumbre además acerca de si el aumento de financiación persistirá en el tiempo y justificará la inversión en nuevas líneas de producción o si se volatilizará cuando desaparezca la agresión rusa. Así las cosas, bastantes países europeos (Alemania, Finlandia, Bélgica, Dinamarca, Grecia, Italia, Países Bajos, República Checa y Polonia) están comprando aviones F-35 estadounidenses[5]; pero también los países europeos están comprando

4   FREYRIE, M. "Difesa europea a corto: le sfide degli aiuti militari all'Ucraina"; *Affari internazionalli*, 19, settembre, 2022 (https://www.affarinternazionali.it/difesa-euro pea-a-corto-le-sfide-degli-aiuti-militari-allucraina/).
5   Bastante lógico, por otra parte, si tenemos en cuenta que el futuro sistema de combate aéreo europeo FCAS (*Future Combat Air System*) proyecto franco-hispano-alemán (protagonizado por las empresas Airbus, Dassault e Indra) cuyo acuerdo se firmó en abril de 2023, se prevé que estará operativo en el año 2040. Para el 2023, sin embargo, los países europeos cuentan con más de 500 aeronaves F-35 ya encargados,

diverso armamento "llave en mano" en los estantes de los proveedores de otros países como Israel o Corea del Sur[6] entre otros, fragmentando aún más el mercado europeo de la defensa.

La urgencia lleva a los europeos a comprar lo que está disponible en cortos plazos de entrega. Y eso, a menudo obliga a comprar fuera impidiendo que las fuertes inversiones europeas contribuyan a alimentar las bases industriales y tecnológicas de nuestra propia defensa en toda su potencialidad[7]. Si son una realidad las inversiones y las compras conjuntas entre los Estados europeos como consecuencia de los Fondos comunitarios dispuestos al efecto, es todavía mayor el gasto en capacidades de defensa no europeas con lo cual la fragmentación se exacerbará con adquisiciones descoordinadas, motivadas por la urgencia y priorizando el corto plazo sobre la planificación estratégica[8]. Por ejemplo, la ingente inversión en defensa que supondrá el surgimiento de la Alemania estratégica, con unas cifras astronómicas, no acabarán alumbrando una potente política industrial de defensa potenciando la investigación y desarrollo europea de una base industrial propia, sino que alimentará las empresas estadounidenses. Así, aunque en el ámbito comunitario se están adoptando decisiones audaces en la dirección correcta en términos industriales y de capacidad operativa, en las

---

sin esperar al FCAS, por razones obvias. *Vid.* ROMERO JUNQUERA, A.; "La creciente preocupación de Europa por la defensa. La OTAN como única opción real" en *Documento Análisis*, Instituto Español de Estudios Estratégicos, 24/2024, 10 de abril de 2024 (www.ieee.es).

6   Este país se ha convertido en un suministrador privilegiado de Polonia, precisamente uno de los Estados que más está invirtiendo en defensa. Polonia está adquiriendo del país surcoreano sus aviones de combate FA-50, los carros de combate K2. Black Panther, así como sus sistemas de artillería K9. *Vid.* DEL AMO, P.; "Desafíos en el suministro militar a Ucrania: la incapacidad de la industria militar occidental en tiempos de guerra de alta intensidad" *op. cit.* (p. 6).

7   A falta de datos más precisos, en un sector particularmente opaco, hasta la primera mitad del 2023, casi el 80 % de las compras de armamento de los 27 se han producido a proveedores de fuera de Europa. *Vid.* MAULNY, J. P. "The impact of the war in Ukraine on the European Defence Market"; *Policy Paper*, September 2023, Institut de Relations Internationales et Stratégiques (https://www.iris-france.org/wp-content/uploads/2023/09/19_ProgEuropeIndusDef_JPMaulny.pdf).

8   TOCCI, N.; "The paradox of Europe's Defence Moment". *Texas National Security Review*, Winter 2022/23, Vol. 6, Issue 1, pp. 99-108 (http://dx.doi.org/10.26153/tsw/44441).

circunstancias actuales la industria de defensa europea pudiera no estar fortaleciéndose tanto como habitualmente se está predicando.

En una coyuntura como la actual, en la que se requiere de respuestas inmediatas y garantías de seguridad a corto plazo, queda desincentivado el pensamiento y la planificación estratégica a largo plazo. Una situación como esta, invita a acudir al paraguas que ofrece la OTAN.

Así, asistimos al renacer de la OTAN como consecuencia de la guerra, como veíamos antes. Esta organización se ha erigido en el vehículo operativo clave para canalizar la asistencia militar a Ucrania. Y todo parece indicar que seguirá siendo así en el futuro. No hay más que leer la Declaración Conjunta OTAN-UE de 2023 que hemos comentado en el capítulo anterior o ver la presencia y participación cada vez más estrecha y reiterada del entonces Secretario General de la OTAN Jeans Stoltenberg en las reuniones de las instituciones comunitarias[9]. En esta coyuntura de guerra, los europeos "vuelven" a la OTAN, que es quien puede garantizar operativamente su seguridad y su defensa territorial. Así las cosas, si la Alianza Atlántica adquiere un renovado protagonismo como el instrumento que garantiza la defensa en Europa, ¿qué papel deparará el futuro a una PCSD también reforzada cualitativa y cuantitativamente, según hemos visto anteriormente?

Ahora bien, la UE no se ha quedado parada. Ante la toma de conciencia de las limitaciones de la industria militar europea para resolver necesidades inmediatas, está sentando las bases para remediar la situación a medio/largo plazo. A ello responde la Estrategia Industrial Europea de Defensa.

8.2. La Estrategia Industrial Europea de Defensa, instrumento para reforzar la base industrial y tecnológica de la defensa europea (BITDE)

El retorno a Europa de una guerra convencional, pero de muy alta intensidad, ha evidenciado las limitaciones de la capacidad –o mejor,

---

9   Es cada vez más frecuente la participación del Secretario General de la OTAN en Cumbres comunitarias y reuniones de las instituciones comunitarias. El nuevo Secretario General Mark Rutte se reunió por primera vez con la Presidenta de la Comisión a los pocos días de su nombramiento, el 29 de octubre de 2024.

"incapacidad"– de la base industrial y tecnológica de la defensa euro-pea –en adelante BITDE– para suministrar los sistemas defensivos requeridos en una situación de emergencia como la actual; el desajuste entre la capacidad productiva de la industria de defensa y las necesi-dades en una situación de guerra abierta es muy acentuado. A corto plazo ya no hay mucho más que hacer que adquirir los recursos allá donde existan; pero la reflexión que se impone es sentar las bases para contar a medio o largo plazo con las capacidades suficientes. Eso es pre-cisamente lo que pretende la Estrategia Industrial Europea de Defensa presentada por la Comisión Europea el 5 de marzo de 2024[10]. Se trata de crear las condiciones estructurales que permitan la respuesta industrial autóctona en el ámbito de la defensa.

La Estrategia esboza los retos que enfrenta actualmente la BITDE y presenta un conjunto de acciones destinadas a determinar eficiente-mente la demanda colectiva de defensa de los Estados miembros incen-tivando la cooperación en la adquisición de capacidades de defensa; garantizando la disponibilidad de todos los productos de defensa, independientemente de las circunstancias, coyuntura u horizonte tem-poral, apoyando las inversiones de la industria europea de defensa en el desarrollo y la comercialización de las futuras tecnologías y capaci-dades de defensa más punteras; y en definitiva adaptando la industria europea de defensa al nuevo contexto de seguridad. Con esta Estrate-gia se pretende que la industria europea de defensa aproveche todo su potencial, precisamente en unos momentos en que los Estados están aumentando sus presupuestos en este ámbito de una forma tan acen-tuada. Esta inversión económica debe traducirse en una mayor coo-peración a escala de la UE, tanto en la contratación pública por parte de los Estados como a nivel industrial. Debe enfrentarse con decisión la persistente tendencia a la fragmentación en la demanda sacando el máximo partido a las potentes inversiones que se están realizando y conseguir que la adquisición común sea la norma siempre que sea per-tinente.

---

10 https://defence-industry-space.ec.europa.eu/eu-defence-industry/edis-our-com mon-defence-industrial-strategy_en

La Estrategia establece unos indicadores destinados a medir los avances hacia objetivos prefijados. Así, se "invita"[11] a los Estados miembros a alcanzar los siguientes:

- adquirir al menos el 40 % de los equipos de defensa de forma colaborativa de aquí a 2030;
- garantizar que, de aquí al año 2030, el valor del comercio de defensa dentro de la UE represente al menos el 35 % del valor del mercado de defensa de la Unión;
- que al menos el 50 % de su presupuesto de contratación pública en materia de defensa se adjudique dentro de la UE de aquí al 2030 y el 60 % de aquí al 2035.

Recordemos que en la actualidad solo se dedica un presupuesto limitado a la adquisición conjunta de material de defensa, muy por debajo del valor de referencia del 35 % establecido en el marco de la Agencia Europea de Defensa. Además, como ya hemos señalado, la mayoría de las adquisiciones de defensa tienen lugar a proveedores de fuera de la Unión, especialmente desde el inicio de la guerra en Ucrania, y el nivel del comercio dentro de la UE ha disminuido, a pesar de que el mercado de defensa de la UE está creciendo.

La Estrategia se acompaña del Programa Europeo de la Industria de la Defensa –en adelante EDIP– que pretende dar continuidad a los instrumentos de emergencia a corto plazo adoptados en 2023 (el Reglamento relativo a la producción de municiones ASAP y el Reglamento para el refuerzo de la industria de defensa europea mediante la adquisición común EDIRPA, vistos *supra* capítulo 6.3) y cuya vigencia se prevé finalice en 2025. EDIP proporcionará un enfoque más estructurado y a largo plazo; está dotado de 1500 millones de euros del presupuesto de la UE durante el período 2025-27; cuantía que no debe entenderse como la totalidad, sino como una palanca financiera movilizadora de más recursos de la empresa privada y de los Estados miembros y que, sin duda, se ampliará en el próximo Marco Financiero Plurianual posterior

---

11 Solo se "invita" porque la competencia es estatal. Y no sería la primera vez que los Estados incumplen las recomendaciones o sugerencias de organismos comunitarios, como los realizados por la Agencia Europea de Defensa, en este sentido.

al 2027. De hecho, la Estrategia solicita una reflexión y evaluación conjunta para cuantificar las necesidades de financiación de la UE para la preparación industrial de la defensa que sean proporcionales al cambio del paradigma de seguridad.

La Estrategia reitera que una UE más fuerte en materia de seguridad y defensa contribuirá a la complementariedad con la OTAN, "que sigue siendo la piedra angular de la defensa colectiva de sus miembros"[12]. La Estrategia también propone que ambas organizaciones sigan intercambiando puntos de vista y explorando las sinergias y la complementariedad de los esfuerzos en el ámbito de la seguridad de la cadena de suministros.

La iniciativa de la Comisión es relevante y esta Estrategia puede suponer, quizá, un aldabonazo importante para la BITDE; sin embargo, no debemos maximizar su potencialidad dado que, en última instancia, son los Estados con sus propias políticas, sus propios intereses, prioridades y estrategias, así como la industria del sector las protagonistas principales en esta cuestión[13].

8.3. La Autonomía Estratégica "abierta"

En un contexto como al que nos vemos abocados, con una amenaza explícita de la dimensión que supone Rusia, por ejemplo, hablar de Autonomía Estratégica queriendo significar capacidad para autodefendernos autónomamente ante una agresión de estas características es una mera quimera. Como ilustración de esta afirmación baste recordar

---

12 *Vid*. Comisión Europea; "Preguntas y respuestas sobre la Estrategia Industrial Europea de Defensa y el Programa Europeo de la Industria de Defensa", Bruselas, 5 de marzo de 2024 (https://ec.europa.eu/commission/presscorner/detail/es/QANDA_24_1322).

13 No olvidemos que son los Estados quienes compran las armas. Como afirma Félix ARTEAGA: "A diferencia de otras estrategias, donde la Comisión tiene competencias de control de las políticas comunitarias, su Estrategia Industrial de Defensa no vincula a las estrategias ni a las políticas nacionales, por lo que su capacidad transformadora es limitada"; en "La Estrategia Industrial de Defensa de la UE: señalar la luna, mirar el dedo"; *Real Instituto Elcano*, 12 de marzo de 2024 https://www.real institutoelcano.org/comentarios/la-estrategia-industrial-de-defensa-de-la-ue-senalar-la-luna-mirar-el-dedo/.

que uno de los más audaces compromisos que incluye la Brújula Estratégica era el establecimiento operativo para 2025 de una fuerza de reacción rápida de 5000 soldados.

Antes de proceder a la invasión de Ucrania, Rusia movilizó al menos 200 000. Así las cosas, la pretendida Autonomía Estratégica, concebida en un sentido "puro y duro" en términos críticos de seguridad y defensa, queda descartada. De hecho, este concepto que nunca estuvo claramente definido como vimos en las páginas anteriores, en los últimos tiempos ha sido sutilmente trasmutado en Autonomía Estratégica "abierta", para incluir en el mismo otros aspectos distintos de la seguridad y defensa, como el comercio, las finanzas, las inversiones, el desarrollo industrial, la i+d, la energía, etc. A decir verdad, esta resignificación del concepto de Autonomía Estratégica desvinculándola del ámbito estricto de la seguridad y la defensa para adquirir una dimensión más amplia vinculada con una perspectiva más económica y comercial se produce en el contexto de la pandemia por COVID-19[14].

Pero obviamente no es lo mismo. Como acabamos de decir, la reflexión y el debate en torno a la necesidad de una Autonomía Estratégica abierta adquieren impulso con la pandemia de la COVID-19 y la guerra de Ucrania. Ambos acontecimientos, especialmente el primero, ponen de manifiesto cómo la economía global puede convertirse en una fuente de vulnerabilidades, llamando la atención sobre la imperiosa necesidad de proteger un determinado número de sectores críticos. Ser autónoma estratégicamente implica no solo seguridad militar, sino que supone también ser autosuficientes en lo que se refiere a la

---

14 Mariola URREA señala concretamente el inicio de esa resignificación del concepto en las Conclusiones del Consejo Europeo celebrado el 1-2 de octubre de 2020 para tratar sobre el paquete de recuperación para contrarrestar los efectos de la COVID-19 en nuestras economías y promover una recuperación sólida de Europa. El Consejo Europeo refiere en sus Conclusiones que "un objetivo clave de la Unión es alcanzar una Autonomía Estratégica al tiempo que se mantiene una economía abierta"; en "De la Autonomía Estratégica a la idea de "¿soberanía estratégica?" de la Unión Europea (..)"; *op. cit.* p. 139. En ese mismo trabajo, URREA propone explorar nuevas categorías conceptuales que pudieran describir con más precisión esa nueva realidad; así, su propuesta sugiere preservar la expresión de "Autonomía Estratégica" para el ámbito de la seguridad y la defensa por tratarse de una narrativa ya consolidada y utilizar el concepto de "soberanía estratégica" para referirse a este sentido más amplio ligado con la dimensión económica, industrial, tecnológica o sanitaria (*vid.* pp. 139 y 140).

política industrial, mercado interior, política de competencia, política de i+d, política sanitaria, etc. En los momentos más críticos de la pandemia descubrimos la ineficiencia de las grandes cadenas de suministros en los que basábamos nuestra cotidianeidad y la disfuncionalidad de la externalización de la producción de productos tan básicos como el paracetamol, las mascarillas o los respiradores, por citar algunos.

Con la guerra hemos sentido la necesidad de diversificar las cadenas de valor y hemos percibido nuestra vulnerabilidad por la dependencia de los hidrocarburos rusos; pero también de numerosas materias primas críticas, tierras raras, productos químicos como fertilizantes y otros, productos de alta tecnología como los omnipresentes semiconductores, etc.

La Autonomía Estratégica abierta es una expresión del necesario reequilibrio entre los intereses estratégicos geopolíticos y los intereses geoestratégicos comerciales[15]. La Comisión la ha definido como la habilidad de conformar el nuevo sistema de gobernanza económica global y desarrollar beneficio mutuo en las relaciones bilaterales, al mismo tiempo que se protege a la Unión Europea de prácticas abusivas e injustas, incluyendo la diversificación y el fortalecimiento de las cadenas globales de valor en aras de mejorar la resiliencia ante futuras crisis; la Comisión ha analizado las interrupciones de las cadenas de suministros mundiales identificando cuáles son nuestras dependencias estratégicas y cómo pueden traducirse en vulnerabilidades para la UE. Estas dependencias afectan a intereses centrales de la UE especialmente en lo que respecta a la salud, seguridad y protección y acceso a los insumos y tecnologías clave necesarios para las transiciones ecológica y digital[16].

---

15 Para un examen profundo y sistemático de la evolución del concepto de Autonomía Estratégica más allá de su estricta dimensión de la seguridad y la defensa a través de los documentos de alto nivel adoptados por las instituciones comunitarias, *vid.* BORRAJO, D.; "La Autonomía Estratégica de la Unión Europea más allá de la seguridad y la defensa: la seguridad de las cadenas de suministro y la potenciación de la conectividad" en *Revista Electrónica de Estudios Internacionales*, n.º 43, 2022 (http://www.reei.org/index.php/revista/num43/articulos/autonomia-estrategica-union-europea-mas-alla-seguridad-defensa-seguridad-cadenas-suministro-potenciac ion-conectividad). *Vid* también la extensa bibliografía que allí se cita.

16 De los 5200 productos importados en la UE, la Comisión identifica 137 productos (el 6 % del valor total de las importaciones de mercancías de la UE) en ecosistemas sensibles de los que depende en gran medida la UE. Más o menos, la mitad de estos productos vienen de China, Vietnam y Brasil. *Vid.* COMISIÓN EUROPEA, *Actualización*

Algunos hablan de una geopolitización del comercio para significar al comercio como un integrante de la política exterior[17], si es que alguna vez no lo fue. Permite que preocupaciones no económicas influyan en la política comercial, o dicho de otra forma, introducir los condicionantes políticos en la estrategia comercial, sin priorizar esto último frente a lo primero (y que nos ha llevado por ejemplo a depender de los baratos hidrocarburos rusos, al margen de otras consideraciones; aunque también de muchos otros productos de distinta naturaleza adquiridos en regímenes muy poco presentables, pero en unas condiciones muy ventajosas desde el punto de vista económico y comercial). Estaríamos transitando de un entorno comercial basado estrictamente en reglas económicas a otro basado en el poder y las relaciones diplomáticas. La Autonomía Estratégica abierta proporciona a la UE nuevas oportunidades para proteger y promover sus valores e intereses en un mundo cambiante.

Pero no podemos ocultar que la guerra en Ucrania y la decisión europea de eliminar la dependencia de los hidrocarburos de Rusia, no camina precisamente en el sentido de aumentar nuestra Autonomía Estratégica abierta, sino que, muy al contrario, bien pudiera estar debilitándola, precisamente; por lo menos en un ámbito tan crítico y expansivo hacia otros sectores económicos variados como representa el sector energético. Así, EE. UU. se está convirtiendo en el suministrador gasístico más importante de Europa al erigirse en la alternativa fundamental al gas ruso. Al margen de consideraciones medioambientales que no deberíamos despreciar, acerca de lo que se supone traer gas licuado desde miles de kilómetros a bordo de multitud de buques metaneros que atraviesan constantemente el Océano Atlántico, en lugar de a través de gasoductos instalados desde hace años, hay que denunciar que Washington nos está vendiendo el gas a precios hasta cuatro veces más

del nuevo modelo de industria de 2020: Creación de un mercado único más sólido para la recuperación de Europa. Bruselas, 5.5.2021 COM (2021) 350 final (https://eur-lex.eur opa.eu/legal-content/ES/TXT/PDF/?uri=CELEX:52021DC0350), pp. 12 y ss.

17 SCHMITZ, L. "As open as Possible, as Autonomous as Necessary: Understanding the Rise of Open Strategic Autonomy in EU Trade Policy"; *Journal of Common Market Studies*, sept. 2023 (https://www.researchgate.net/publication/363864787_ As_Open_as_Possible_as_Autonomous_as_Necessary_Understanding_the_Rise_ of_Open_Strategic_Autonomy_in_EU_Trade_Policy).

elevados de lo que hacía Rusia y muy por encima de los que existen en su propio mercado y los que aplica a sus clientes asiáticos. Pero es que, además, no parece muy acertado incrementar más nuestra dependencia estratégica, ahora también en el ámbito del suministro de energía con respecto al mismo actor, los EE. UU., del que depende en última instancia también nuestra seguridad territorial. Así, a la dependencia en el sector militar se añade ahora también la dependencia en el sector de la energía. Es decir, a la falta de Autonomía Estratégica hay que sumar ahora también la falta de Autonomía Estratégica "abierta".

8.4. Funcionalidades de la Política Común de Seguridad y Defensa reforzada y renovada: el brazo europeo de la OTAN

En esta nueva coyuntura geopolítica a la que asistimos, con una guerra de alta intensidad al interior del continente europeo que implica además a una potencia nuclear, una reforzada política común de seguridad y defensa de la UE como la que se está construyendo no solo no deja de tener sentido[18], sino que, además, puede tener dos funcionalidades interesantes:

1. Erigirse en un instrumento para la seguridad y la gestión de crisis en el exterior, así como para la estabilización del entorno propiamente europeo –regiones de los Balcanes y del Cáucaso–; pero preferentemente más allá del territorio europeo como pueda ser el norte de África –regiones del Magreb y el Sahel– (aunque en Mali los europeos, donde estábamos bien asentados a través de la Operación Barkhane de Francia así como mediante misiones de la PCSD[19], nos hayamos tenido que replegar y en Níger,

---

18 "¿Quedan todavía razones para ahondar en la Europa de la Defensa? Rotundamente, sí."; RUIZ DÍAZ, L. R.; "La política de defensa de la Unión Europea tras la Cumbre de la OTAN de Madrid 2022. ¿Tocada y hundida?" en GARCÍA SEGURA, C; GARRIDO REBOLLEDO, V. y MARRERO ROCHA, I. (Coord.) en *Comprendiendo las alianzas y los regímenes de seguridad (…), op. cit.* p. 347.
19 Una de naturaleza militar, la EUTM Mali (https://eur-lex.europa.eu/ES/legal-cont ent/summary/eu-training-mission-mali-eutm-mali.html) y otra de naturaleza civil, la EUCAP Sahel Mali (https://www.eeas.europa.eu/eeas/eucap-sahel-mali_en).

donde la UE cuenta con otra misión[20] las cosas tampoco apunten bien), Mediterráneo y Oriente Medio, preferentemente. Además, no podemos olvidar que los EE. UU. tienen interés en que la UE disponga de suficiente capacidad para llevar a cabo esta labor, liberándose ellos de asumir la carga de realizarla y así poder centrarse en su prioridad estratégica que no es otra que la región de Asia-Pacífico, según detalla su última Estrategia de Seguridad Nacional aprobada en octubre de 2022[21].

Es decir, la UE a través de su PCSD deberá ser capaz de gestionar las crisis en su vecindario sin la cooperación de EE. UU. que a medio plazo centrará su orden de prioridades estratégicas en China y Asia. Y esto no carece de importancia, pues no habrá soberanía posible para Europa sin la creación de un arco de países vecinos y próximos que compartan y defiendan los mismos valores y sin contar con una vecindad razonablemente estable[22].

2. La defensa europea puede, y seguramente será así, convertirse en el "pilar europeo de la OTAN"; es decir, en la columna vertebral de la defensa colectiva de Europa dentro de la OTAN. Por ejemplo, el Nuevo Modelo de Fuerzas de la OTAN de hasta 300 000 soldados en un alto estado de preparación y alerta que acordó la Cumbre de la Alianza Atlántica de Madrid de 2022 debería estar integrado mayoritariamente por personal europeo. Como

---

20 EUCAP Sahel Niger (*Vid*: https://www.eeas.europa.eu/eucap-sahel-mali_en).

21 En ella, EE. UU. afirma que su política exterior ha entrado en una nueva era en la que ninguna región del mundo será tan significativa como el Indo-Pacífico; distingue entre China, calificada como un desafío "sistémico y global" cuya rivalidad está ubicada en ese teatro indo-pacífico y Rusia, categorizado como una amenaza directa pero más localizada. *Vid. Estrategia de Seguridad Nacional de EE. UU.*, 2022 (https://www.state.gov/translations/spanish/ficha-informativa-estrategia-de-%E2%81%A0seguridad-nacional-del-gobierno-biden-harris/https://www.state.gov/translations/spanish/ficha-informativa-estrategia-de-%E2%81%A0seguridad-nacio nal-del-gobierno-biden-harris/).

22 DUPRE, B.; "Souveraineté européenne, autonomie stratégique, Europe puissance: quelle réalité pour l'Union européenne et pour que avenir?" en *Question d'Europe*, n.º 620, 24 Janvier 2022, Fondation Robert Schuman Policy Paper, (https://www.robert-schuman.eu/fr/questions-d-europe/0620-souverainete-europeenne-autono mie-strategique-europe-puissance-quelle-realite-pour-l-union-euro).

perspicazmente afirma Tocci, "es irónico que sea la OTAN y no la UE la que más haga por construir un ejército europeo"[23]. Además, las últimas incorporaciones a la OTAN, eleva a 23 de un total de 27, los Estados comunitarios aliados e igual podrían ser más, según sea la evolución austriaca, hoy todavía un Estado que mantiene su estatus constitucional de neutralidad. Si la UE no puede erigirse en la principal responsable de su propia seguridad y defensa colectiva de manera autónoma, por lo menos puede contribuir decisivamente a la defensa territorial europea en el seno de la Alianza Atlántica. Sin cuestionar el vínculo transatlántico, una UE con una PCSD bien dotada, estará en mejores condiciones de contribuir a la defensa territorial y la disuasión propia.

La cuestión importante en este nuevo contexto geoestratégico es saber cuánta relevancia podrá tener Europa en el seno de la OTAN. EE. UU. también espera una mayor y más efectiva implicación por parte de los aliados europeos. "Atrás quedan los tiempos en los que hablar de una Europa fuerte y autónoma dentro de la OTAN era considerado un anatema. (…) no se trata de contraponer a la Alianza y la UE, sino de asumir que una Europa fuerte redunda en beneficio de una OTAN más fuerte"[24].

Con la guerra en Ucrania, se hace evidente que la OTAN se ha revitalizado y ha pasado a ser otra vez la referencia indiscutida e insustituible de la seguridad y la defensa en Europa. La defensa territorial

---

23 TOCCI, N., "The paradox of Europe´s Defence Moment", *op. cit*. En sentido semejante Sven BISCOP se pregunta si este Nuevo Modelo de Fuerza no es de *facto* el ejército europeo de la OTAN; en "The New Force Model: NATOS´s European Army?"; *Egmont Policy Brief*, n.º 285, september 2022 (https://www.egmontinstitute.be/app/uploads/2022/09/Sven-Biscop_PolicyBrief285_vFinal.pdf?type=pdf). El mismo autor llama la atención sobre el riesgo de que ese objetivo de la OTAN absorba completamente la atención y los recursos de la UE y acabe ignorando los compromisos establecidos en la brújula estratégica. *Vid*. BISCOP, S.; *European Defence in a New Geopolitical Environment*, en Egmont Institute, 29, June, 2023 (https://www.egmontin stitute.be/european-defence-in-a-new-geopolitical-environment/).

24 DACOBA CERVIÑO, F.; "Seguridad en Europa: más OTAN, ¿menos UE?". *Documento de Análisis*. 25/2023, 31 de marzo de 2023, Instituto Español de Estudios Estratégicos (https://www.ieee.es/Galerias/fichero/docs_analisis/2023/DIEEEA25_2023_F RADAC_Seguridad.pdf).

colectiva y la disuasión adquieren preminencia respecto de las operaciones de estabilización, mantenimiento de la paz y gestión de crisis en el exterior, que había venido siendo la especialización y ocupación tradicional de la UE a través de su PCSD. No cabe duda de que la invasión rusa de Ucrania desbordó el análisis de riesgos y amenazas elaborado por la Brújula Estratégica así como del andamiaje que en esta materia veníamos construyendo en los últimos años, y puso de manifiesto la falta en ella de una dimensión de defensa colectiva. La tantas veces predicada "Autonomía Estratégica" se ha reducido realmente a la capacidad de actuar autónomamente para proporcionar seguridad y defensa a terceros Estados, fundamentalmente, de nuestra vecindad o de nuestro entorno geopolítico; mientras que la OTAN se reafirma como el pilar de la defensa colectiva de los Estados miembros[25]. La mayor necesidad de protección por parte de EE. UU., supone en consecuencia una reducción del nivel europeo de Autonomía Estratégica.

Aunque la primacía de la Alianza Atlántica para la defensa territorial y la disuasión haya ganado muchos enteros en esta coyuntura bélica en la que nadie renuncia sensatamente a un instrumento de semejante capacidad, la UE no puede renunciar tampoco a construir sus propias capacidades en el ámbito de la seguridad y la defensa; y ello por razones tanto de naturaleza política como de Autonomía Estratégica. No contar con instrumentos de disuasión y defensa territorial en un momento en que tenemos un problema de seguridad de tal dimensión, sería tanto como condenarnos voluntariamente a la irrelevancia. Y esto no debe verse como una competencia entre dos organizaciones que comparten la inmensa mayoría de sus miembros y objetivos estratégicos; sino como una complementariedad imprescindible en estos tiempos, una dimensión más de la cooperación entre la UE y la OTAN. Y, además, una actitud previsora ante la hipótesis de que en el futuro pudiera habitar en la Casa Blanca un inquilino no muy sensible a las problemáticas propias de Europa.

---

25 ARTEAGA, F.; *La política industrial de defensa, civil y espacio de la Comisión Europea: ¡abran paso!* en Real Instituto Elcano, 15 de diciembre de 2022 (https://www.real institutoelcano.org/analisis/la-politica-industrial-de-defensa-civil-y-espacio-de-la-comision-europea-abran-paso/).

Pero no nos engañemos, la renovada vitalidad y creciente relevancia de la OTAN como principal instrumento defensivo de Europa, aleja un poco más la esperanza de lograr una verdadera Autonomía Estratégica por parte de la UE, entendida como una capacidad autónoma de actuar en el ámbito de la seguridad y defensa en sus concepciones más "duras", las que hacen referencia a la disuasión y la seguridad territorial del continente. Ello exigiría dotarnos de los suficientes recursos económicos y militares para tal empresa, además de una visión compartida de las amenazas y de la forma de afrontarlas. Cuestiones todas ellas de las que no estamos sobrados, precisamente.

La guerra en Ucrania significa un punto de inflexión para la UE en su dimensión de actor en materia de seguridad y defensa. Y revela una paradoja con múltiples interrogantes que aún no estamos en condiciones de responder. En primer lugar, supone una toma de conciencia definitiva de nuestras incapacidades para gestionar una amenaza tan potente en nuestro entorno inmediato autónomamente y sin la concurrencia de la OTAN y de EE. UU., una vez más. Ante el deterioro brutal de nuestras condiciones de seguridad, la demanda aumenta. Y la UE responde con innovaciones y progresos considerables: se produce un aumento incuestionable de las capacidades en defensa, se refuerza la PCSD con el ingreso de Dinamarca, nos comprometemos a disponer de una Capacidad de Despliegue Rápido de hasta 5000 militares "que incluya componentes terrestres, aéreos y marítimos y los elementos de apoyo estratégicos necesarios", capacidad que puede emplearse "en diferentes etapas de una operación en un entorno incierto, (..) en escenarios operativos centrados, en un principio, en operaciones de salvamento y evacuación, pero también en la etapa inicial de las operaciones de estabilización"[26]. Tanto en términos históricos; pero a la vez tan poco en una coyuntura tan convulsa y con necesidades tan apremiantes como la que estamos enfrentando en nuestros días. Y, además, nada novedoso, salvo por su dimensión cuantitativa. Los anteriormente previstos Grupos de Combate –*Battle Groups*–, que nunca fueron utilizados, constaban de 1500 efectivos y estaban preparados permanentemente para actuar, por lo menos en teoría.

---

26 P. 4 de la Brújula Estratégica, *op. cit.*

Las fuerzas ya existían; la voluntad política no. Ahora parece que también habrá voluntad política. Pero en términos de Autonomía Estratégica "dura" en el sentido de disuasión y seguridad territorial y colectiva, quizá no aporten lo que sería exigible a un actor internacional de la envergadura de la UE. Además, nunca ha quedado explicitado suficientemente cuál sería la utilidad operativa concreta de esas fuerzas: para qué es necesario disponer de ellas, con qué objetivos, cuándo se utilizarán, en qué teatros y escenarios, en qué tipo de misiones, con qué apoyos contarán, cómo se generarán esas fuerzas, ¿por qué 5000 y no 1500 como preveían los anteriores *battle groups*?, ¿fueron insuficientes aquellos y por eso ahora triplicamos su dimensión y cuantía?; si no lo sabemos porque nunca fueron utilizados aquellos... Más bien parece un cliché simbólico propagandístico sin demasiado fundamento operativo ni reflexión[27].

En el nuevo contexto de seguridad la cuestión no es ya si podemos ser autónomos en materia de seguridad y defensa; sino si podemos ser relevantes dentro de la OTAN; la verdadera cuestión es saber qué papel podemos jugar como Unión Europea dentro de la Alianza Atlántica. Y para ser tenidos en cuenta, es imprescindible contar con un marco institucional adecuado para ello, por supuesto, y aumentar las capacidades de manera suficiente como parece que estamos haciendo también; pero, sobre todo, es imprescindible contar con voluntad política colectiva para ello. Las dos primeras estaban ya en marcha y en un estado de desarrollo progresivo; la voluntad política se ha despertado con la agresión de Rusia del 24 de febrero de 2022. Si para contener militarmente a Rusia no podremos prescindir del "amigo americano", para hacer frente al resto de amenazas que nos circundan en nuestro vecindario, sean en

---

27 Algunos han utilizado expresiones muy duras para referirse a esta iniciativa. *Vid.* BAQUÉS QUESADA, J.; *La construcción de una política exterior y de seguridad común. ¿Por qué es tan problemática?*, Madrid, Los libros de la Catarata, 2023. El autor afirma: "Una fuerza de 5000 efectivos es una ridiculez militarmente hablando (...) si la creación de esta fuerza ha de ser vendida como un éxito, eso no hace más que delatar, aunque sea inopinadamente, lo mal que estamos tres décadas después de Maastricht, veinticinco años después de Ámsterdam y casi setenta años después de la creación de la Unión Europea Occidental y de la entrada en vigor de su artículo V" (p. 135).

Siria, Libia, Túnez, Oriente Próximo, Sahel, etc., necesitaremos cada vez más valernos por nosotros mismos, sin demasiados apoyos de terceros. Y una de las principales causas de vulnerabilidad europea reside, precisamente, en su procedimiento de adopción de decisiones en esta materia. La unanimidad no es un procedimiento adecuado a los nuevos tiempos en los que puede requerirse una toma de decisiones incompatible con los vetos nacionales que defienden intereses puramente estatales. Lo hemos visto en las negociaciones entre los 27 para mantener la unanimidad en las sucesivas rondas de sanciones contra Rusia. Es un procedimiento que no puede mantenerse; pero a la vez, es un procedimiento difícil de sustituir. Sin duda, todo apunta a que será una cuestión que estará en la agenda comunitaria en el momento de reformar los tratados comunitarios, cuando sea que se lleve a cabo tal cuestión.

El nuevo entorno de seguridad y defensa creado en Europa tras la agresión a Ucrania justifica más que nunca la necesidad de que la Unión Europea desarrolle sus propias capacidades defensivas y avance en su, relativa por lo menos, Autonomía Estratégica. Pero no con la ambición, imposible al día de hoy, de defendernos "autónomamente" de una agresión a gran escala prescindiendo de los Estados Unidos; sino para ser un socio más fuerte de nuestros aliados.

De forma más pragmática y realista, en esta coyuntura y en este contexto, la UE tiene como máximo objetivo en materia de seguridad y defensa convertirse en un actor funcionalmente complementario de la Alianza Atlántica, "sin perjuicio del carácter específico de la política de seguridad y defensa de determinados Estados miembros" como reza el artículo 42.7 del Tratado de la Unión Europea para referirse a los Estados miembros neutrales, especificidad que, en cualquier caso, está quedando reducida a la mínima expresión (únicamente Austria, Irlanda, Chipre y Malta) tras adhesión de Finlandia y Suecia a la OTAN. Es decir, la unión de la seguridad y la defensa es una exigencia para reforzar el pilar europeo de la Alianza Atlántica y contribuir de esta forma a la seguridad europea y transatlántica.

Así, la Política Común de Seguridad y Defensa debe reorientarse desde la tradicional y siempre contenida gestión de crisis y labores de mantenimiento de la paz en el exterior, hacia la disuasión y la defensa territorial. Si no es posible hacer esto de manera directa e independientemente de la concurrencia de otros actores socios, deberá hacerse de manera indirecta a través de la OTAN a la que complementamos y con la que participamos. La primacía de la Alianza Atlántica no se discute; pero "urge una reflexión profunda sobre la posible contribución de la UE en esos ámbitos y sobre cómo sus instrumentos de defensa pueden reforzar la estrategia de disuasión y de defensa territorial de la Alianza Atlántica"[28].

Ciertamente, esta reorientación no nos hará más autónomos estratégicamente; pero sí más funcionales desde el punto de vista estratégico. Continuar dedicando la PCSD preferentemente –en la práctica casi exclusivamente– al desarrollo de minúsculas misiones operativas de gestión de crisis, en una coyuntura tan comprometida como la que estamos padeciendo en la que la disuasión se ha convertido en el núcleo central de las necesidades de la seguridad europea, podría llevar a la UE a la irrelevancia geoestratégica. Como afirma Rafael García Pérez, "para seguir siendo Europa, la Unión deberá asumir su redefinición geopolítica"[29].

---

[28] SIMÓN, L.; "Autonomía Estratégica y defensa europea después de Ucrania" en *ARI, Análisis del Real Instituto*, 62/2022, 18 de octubre de 2022, (p. 5) (https://media.real institutoelcano.org/wp-content/uploads/2022/10/ari62-2022-simon-autonomia-estr ategica-y-defensa-europea-despues-de-ucrania.pdf).

[29] GARCÍA PÉREZ, R.; "Una Europa geopolítica seguirá siendo Europa" en PÉREZ-PRAT, L. y CORTÉS MARTÍN, J. M. (Coords.); *Un mundo en continua mutación: desafíos desde el derecho internacional y el derecho de la Unión Europea. Liber amicorum Lucía Millán Moro*. Pamplona, Aranzadi, 2022, p. 900.

Capítulo 9

Reflexiones finales

Como hemos visto a lo largo de estas páginas, la guerra en Ucrania ha supuesto una transformación cuantitativa y cualitativa de la seguridad y la defensa en la Unión Europea; la guerra crea una ventana de oportunidad para el impulso inequívoco de la PCSD[1]; pero lo ha hecho en un contexto en el que la demanda es todavía mayor. Aunque la UE se ha dotado de nuevas capacidades y ha transformado en la dirección correcta algunas de las que ya existían, también sigue habiendo numerosas sombras.

Desde nuestra interpretación de los hechos, se ha producido un cambio de paradigma dentro de la Política Común de Seguridad y Defensa. Apoyar militarmente a un país en guerra supone un cambio cualitativo que hubiera sido impensable hasta el mismo momento en que se produce en respuesta a la agresión rusa a Ucrania. Nunca se había llegado tan lejos en la implicación en un conflicto, con el decidido sostenimiento de una de las partes. Este apoyo militar a Ucrania, según

---

1   CASIER, T.; "The EU and Rusia: The War that Changed Everything" in *Journal of Common Market Studies*, vol. 61 (2023), p. 7 (https://onlinelibrary.wiley.com/doi/epdf/10.1111/jcms.13549).

algunos ya no permitirá en el futuro seguir calificando a la UE como una potencia de naturaleza civil. En este aspecto, la invasión rusa de Ucrania ha actuado como un poderoso revulsivo en el desarrollo de la PCSD: "La UE ha cruzado un Rubicón"[2].

Por otra parte, tampoco podemos ignorar la mutación institucional que se está produciendo con el protagonismo creciente que está adquiriendo la Comisión Europea en el marco de la estrategia global de suministro de material militar a Ucrania, "algo en principio alejado del papel que el Tratado de la Unión Europea le asigna en este ámbito"[3]. Esta especie de "comunitarización incipiente" de la PCSD por el protagonismo de la Comisión estaría evidenciando según este autor un grado de consistencia mucho mayor de lo que pudiéramos haber pensado, especialmente en una coyuntura tan crítica.

Pero, sobre todo, se ha tomado conciencia de la necesidad de pasar de una PCSD enfocada en misiones de gestión de crisis en el exterior y centrada en proyectar estabilidad fuera de nuestras fronteras en teatros poco comprometidos con misiones de baja intensidad y muy limitadas capacidades, a otro escenario centrado en la disuasión y la defensa territorial.

Algunos de los instrumentos más característicos de la PCSD continúan sin desplegar toda la potencialidad que podría esperarse de ellos. Por ejemplo, la Cooperación Estructurada Permanente, que había sido considerada como un núcleo duro de vanguardia de la Defensa comunitaria, en gran medida se ha desnaturalizado para acabar incorporando a todos los Estados miembros (hoy, Malta es el único Estado comunitario no participante). Realmente está teniendo un efecto bastante más contenido y limitado; y muchos de los más de sesenta proyectos lanzados[4]

---

2   GUINEA LLORENTE, M.; "La defensa europea tras la guerra de Ucrania: ¿es la Autonomía Estratégica un objetivo realmente compartido y factible?" en LÓPEZ GARRIDO, D. (Dr.); *El Estado de la Unión Europea. Ante una nueva legislatura europea.* Madrid, Fundación Alternativas, 2023, p. 66 (https://fundacionalternativas.org/wp-content/uploads/2023/11/INFORME-UE-2023.pdf).

3   GONZÁLEZ ALONSO, L. N.; "La Unión Europea frente al desafío de la guerra en Ucrania: ¿la tan ansiada epifanía de su política exterior y de seguridad común?" en *Revista de Derecho Comunitario Europeo*, n.º 75, 2023, p. 48.

4   Concretamente el número de proyectos se eleva a 68, tras la actualización producida el 23 de mayo de 2023 que incorpora once nuevas iniciativas. Con la participación de Dinamarca en la Cooperación Estructurada Permanente producida en marzo de

languidecen sin la urgencia y determinación que exigiría la coyuntura actual. El Parlamento Europeo lo expresa así en su Informe sobre la aplicación de la PCSD de enero de 2023 cuando lamenta que los Estados miembros "no hagan un uso pleno del marco de la Cooperación Estructurada Permanente y que los avances realizados en su aplicación sigan muy por debajo de las expectativas" a la vez que pide una revisión exhaustiva de los resultados de los proyectos de la Cooperación Estructurada Permanente incluyendo "la posibilidad de fusionar, reagrupar e incluso cerrar proyectos que carezcan de avances suficientes y reorientar los esfuerzos hacia un pequeño número de proyectos prioritarios destinados a dar lugar a acciones concretas"[5]. Así, algunos han sido cerrados ya por decisión de los Estados participantes en ellos.

La eficacia de buena parte de las misiones y operaciones de la PCSD continúa siendo bastante limitada en muchas ocasiones y se suceden en escenarios poco comprometidos o con potencialidades muy contenidas para una organización que pretende presentarse ante el mundo como un actor geopolítico relevante. También el PE demanda su revisión y refuerzo "para adaptarlas con mayor precisión a las necesidades reales de los países afectados (…) dotándolas de mandatos más sólidos y flexibles, así como de los recursos, el personal, la financiación, la formación, las herramientas de comunicación estratégica y los equipos necesarios para cumplir los requisitos de unas misiones con objetivos más específicos (…)"[6]. También habría que considerar seriamente las posibilidades derivadas del artículo 44 del TUE sobre la atribución de la ejecución de una misión de la PCSD a un grupo de Estados miembros[7] de manera que la UE pueda ser más eficiente sobre el terreno.

Pero quizá el elemento más restrictivo acerca de lograr hacer efectivas las potencialidades que encierra la PCSD se ubica en su proceso

---

2023 tras su incorporación a la PCSD, en la actualidad es Malta el único de los 27 que no participa en esta estructura de cooperación comunitaria en materia de defensa.

5   *Resolución del Parlamento Europeo, de 18 de enero de 2023, sobre la aplicación de la política común de seguridad y defensa: informe anual 2022* (2022/2050 (INI), punto 15. (https://www.europarl.europa.eu/doceo/document/TA-9-2023-0010_ES.html).

6   *Ibidem*, punto 37.

7   "(…) el Consejo podrá encomendar la realización de una misión a un grupo de Estados miembros que lo deseen y que dispongan de las capacidades necesarias para tal misión (…)" (Art. 44.1 TUE).

de toma de decisiones, caracterizado por la muchas veces exasperante y lenta necesidad de unanimidad. Cierto es que el Tratado de Lisboa posibilita cierta flexibilidad en el marco de la denominada abstención constructiva (artículo 31.1 del TUE) y la ampliación de la votación por mayoría cualificada en ámbitos relacionados con la PCSD en virtud de las "cláusulas pasarelas" (artículos 31.2. y 31.3); si bien esta flexibilización encuentra sus límites dentro del presente tratado con el artículo 31.4 que afirma literalmente: "Los apartados 2 y 3 no se aplicarán en las decisiones que tengan repercusiones en el ámbito militar o de la defensa". Así las cosas, no cabe duda de que la próxima revisión del tratado comunitario, cuando quiera que esta se produzca, no podrá ser ajena a la necesaria revisión del proceso de adopción de decisiones por lo que respecta a la política exterior, seguridad y defensa, que deberá abordar el cambio de la unanimidad a la votación por mayoría cualificada para las decisiones del Consejo con implicaciones militares en asuntos de defensa para situaciones en las que no se apliquen las "cláusulas pasarela" (quizá con la excepción de la cláusula sobre la defensa mutua recogida en el artículo 42.7 del TUE)[8].

La propia UE, autoproclamada como principal defensora del multilateralismo, asume que los instrumentos multilaterales con los que contamos en esta segunda década del s. XXI, no son adecuados para enfrentar los desafíos a los que nos enfrentamos, y de entre los cuales, la agresión de Rusia frente a Ucrania y las deficiencias en la respuesta a la crisis de la COVID, así como los desafíos medioambientales, son las muestras más acuciantes. Fueron adecuados en el mundo de la inmediata posguerra, pero no en este con problemas distintos a los de hace 75 años[9], en profunda mutación y donde experimentamos una nítida transición de poder que está modificando la fisonomía de las relaciones internacionales. El multilateralismo existente hasta la fecha no está resistiendo satisfactoriamente el cambio en la distribución de poder. Nuevos actores demandan su cuota de protagonismo y participación

---

8   *Resolución del Parlamento Europeo, de 18 de enero de 2023, sobre la aplicación de la política común de seguridad y defensa: informe anual 2022 op. cit.*, punto 28.

9   Por ejemplo, el calentamiento global, quizá el principal desafío actual, no existía entonces.

con voz y voto, que un sistema multilateral construido por otros, en cierta medida, les niega. El equilibrio de voto en el sistema de Naciones Unidas, el cuestionamiento creciente de algunas de las instituciones multilaterales señeras, la ineficacia de otras y la emergencia de otras nuevas lideradas por otros actores ponen de manifiesto esta crisis del multilateralismo y la necesidad de repensar sus fundamentos.

La necesaria reconstrucción del multilateralismo es evidente; pero deberá hacerse desde una aproximación diferente a la occidentalocéntrica dominante hasta ahora. El Sur Global, África, América del Sur y distintas regiones de Asia demandan su cuota de participación en este nuevo diseño. Y cada vez son más los que rechazan esta visión eurocéntrica del mundo, sea en la gestión de las vacunas contra la COVID-19, en la condena –o no condena– a Rusia por la agresión a Ucrania, o en los compromisos en la lucha contra el cambio climático.

Asistimos a la emergencia de un nuevo orden internacional multipolar consecuencia de una transición de poder protagonizada principalmente por unos EE. UU. en declive y una China en ascenso, que inevitablemente acentuará su rivalidad. Un nuevo orden en el que la política de poder ha vuelto, como dramáticamente pone de manifiesto la guerra en Ucrania. Asistimos, en definitiva, al surgimiento y configuración de un mundo más peligroso y competitivo.

¿Y Europa qué?

La guerra obliga a la UE a reinventarse como actor geopolítico y de seguridad; en lugar de actuar solo como un actor normativo y tecnocrático[10]. Este mundo crecientemente multipolar es más peligroso y competitivo dejando mucho menos espacio para actuaciones autónomas y favoreciendo la unidad transatlántica como ocurrió en la guerra fría, en la que el temor a la Unión Soviética contribuyó a solidificar las relaciones transatlánticas a través de la OTAN. En este contexto de rivalidad y tensión geopolítica, la única opción para no caer en la irrelevancia y mantener el control de nuestro propio destino, es acentuar

---

10 BLOCKMANS, S.; "In Security and Defence Policy: The emergence of a geopolitical EU"; in BLOCKMANS, S. (Ed.); *A transformational moment? The EU´s response to Russia´s war in Ukraine*. CEPS, Ideas Lab Special Report, 2022, pp. 7-10 (https://cdn. ceps.eu/wp-content/uploads/2022/05/A-transformational-moment_The-EUs-respo nse-to-Russias-war-in-Ukraine.pdf).

y profundizar el proceso de integración para convertirnos en un actor geopolítico relativamente autónomo que sea capaz de moderar la rivalidad entre Washington y Pekín, manteniendo la interlocución amistosa con ambos en función de nuestros propios intereses. Si EE. UU. pugna por contener a China según señala su Estrategia de Seguridad Nacional aprobada en octubre de 2022 (considerada en ese documento como un desafío global), nosotros estamos más interesados en la construcción de un orden internacional multilateral estable donde poder cooperar con el gigante asiático.

Europa ni puede ni debe quedar aprisionada en el conflicto entre EE. UU. y sus adversarios; debemos desarrollar respuestas específicas analizando el mundo con nuestras propias lentes, proyectar nuestra propia visión, en defensa de nuestros intereses específicos que no siempre coincidirán con los de EE. UU. No habrá soberanía posible de Europa en este mundo de hoy sin una equidistancia de la UE respecto de las grandes potencias. Cierto es que los EE. UU. son nuestro principal aliado estratégico (aunque seamos competidores en el ámbito económico como pone evidencia la Ley de Reducción de la Inflación que penaliza las importaciones europeas, la guerra arancelaria en el comercio del aluminio y del acero, el abusivo precio al que nos vende la energía que dejamos de comprar a Rusia y sus armamentos, o nos sanciona si negociamos con China, entre otros ejemplos posibles), pues compartimos valores esenciales; pero esta relación privilegiada no debe significar un alineamiento sin fisuras siempre y en todo lugar ni la pérdida de nuestra capacidad de decisión.

Los EE. UU. son nuestros aliados, pero en determinadas cuestiones podemos comportarnos críticamente con ellos porque no siempre nuestros intereses y los suyos serán absolutamente convergentes (por ejemplo, vemos las políticas estadounidenses que implican un fuerte proteccionismo de sectores críticos o el apoyo del sector público a su economía, o en materia de ciberseguridad, inteligencia artificial, etc., todas ellas políticas contrarias a nuestros intereses europeos). Y también vemos que Estados Unidos "adopta medidas unilaterales sin tomar en consideración el interés y la previa posición política en los países europeos; así ha ocurrido con el reconocimiento de la capitalidad de Jerusalén contra la tradicional posición europea y las pautas del proceso de paz. Por no hablar del apoyo a Marruecos como potencia soberana en el Sahara occidental, ignorando a España y la posición de la ONU, o el establecimiento en Casablanca de su fábrica del motor del caza F-35 de quinta generación"[11].

Europa y EE. UU. tampoco convergen en el diseño del futuro orden mundial con el cual nuestro socio transatlántico pretende contener el ascenso de China. Tras el previsible agotamiento ruso como consecuencia de la guerra en Ucrania, la estrategia de EE. UU. puede ser la restauración de un nuevo orden bipolar. Un mundo divisivo y de bloques militares y económicos enfrentados que no es del interés de Europa. Con "un orden de seguridad de confrontación, las esperanzas de lograr una soberanía europea parecen desvanecerse"[12].

En sentido contrario, aunque compartamos menos valores con China y/o Rusia, lo que nos conducirá en muchas ocasiones a mantener una tensa relación con ellos, también tenemos escenarios convergentes en diferentes ámbitos (en materia de clima, energía, medio ambiente, multilateralismo, etc.) que nos deben llevar a intentar elaborar estrategias de cooperación[13]. Y eso sin olvidar, en lo que se refiere al caso ruso que, siendo el país más grande del mundo, es además nuestro vecino. Y lo va a seguir siendo en el futuro, como es obvio.

Una mayor integración, también en el ámbito de la seguridad y la defensa, debería permitirnos sobre todo participar en la construcción de la nueva arquitectura de seguridad europea superadora del sistema de seguridad construido hace décadas y que ha quedado dinamitado con la guerra en Ucrania. Porque más pronto que tarde, cuando se dé la ventana de oportunidad para ello, habrá que negociar un nuevo concierto europeo de seguridad y para ello, en algún momento tendremos que recuperar la interlocución con Moscú, dado que Rusia va a seguir estando ahí, al lado nuestro. Reconstruir los puentes con Rusia, por

---

11 FERNÁNDEZ SOLA, N.; "Miradas sobre la guerra de Ucrania. Su impacto en el orden europeo" en DE CASTRO RUANO, J. L. *et al.*; *Cursos de Derecho Internacional y Relaciones Internacionales de Vitoria-Gasteiz 2023*, Valencia, tirant lo blanch, 2024.

12 GARCÍA PÉREZ, R.; "El conflicto de Ucrania: la relación euroatlántica y los intereses estratégicos de Europa" en *Revista Española de Derecho Internacional REDI*, vol. 75, n.º 1, 2023, p. 103.

13 DUPRE, B.; "Souveraineté européenne, autonomie stratégique, Europe puissance (...)", *op. cit.*

difícil que pueda parecer en estos momentos, es el reto prioritario. Y la resolución del conflicto en Ucrania también nos aleja, quizá, de EE. UU. A largo plazo, nuestros intereses estratégicos pueden divergir en alguna medida. Si bien ambos compartimos la necesidad de impedir el expansionismo agresivo ruso, EE. UU. bien pudiera preferir una guerra de larga duración que debilite más a Rusia para que quede neutralizada como autor geoestratégico para unas cuantas décadas. Para Europa, sin embargo, una guerra prolongada podría tener efectos inasumibles con importante contestación de la opinión pública[14].

La UE debe trabajar por volver a integrar a Rusia en el seno del mundo occidental donde estuvo durante siglos, concretamente hasta 1917. Las sanciones a Rusia y la hostilidad creciente hacia ella ha obligado a las autoridades del Kremlin a correr hacia los brazos de China que le proporcionan la protección –y el comercio– que los europeos le negábamos. En un nuevo orden de seguridad europeo, Rusia podría haber sido nuestro aliado para construir un tercer polo reforzado con voz propia para la defensa de nuestros intereses ante la rivalidad China-EE. UU. Sin embargo, empujar a Moscú hacia China como resultado de nuestras políticas nos debilita a la vez que fortalece más y más al gigante asiático. No es aconsejable ni conveniente a largo plazo la desconexión económica, política y diplomática de Rusia; pues la posibilidad de influencia de Europa disminuirá en ese caso.

No podemos dejar en manos de EE. UU. la construcción de nuestro propio orden de seguridad, como venimos haciendo desde hace décadas, porque lo construirá de acuerdo con sus intereses y no con los nuestros. Además, tampoco podemos pensar que EE. UU. va a "quedarse" en Europa asumiendo nuestra defensa como hizo durante la guerra fría; ahora su principal desafío está en Asia Oriental y no a este lado del Atlántico. Autonomía Estratégica significa precisamente eso, construir también nuestras propias capacidades para que el sistema europeo de seguridad no se residencie exclusivamente en la OTAN. Desgraciadamente la guerra en Ucrania está generando un alineamiento acrítico con EE.UU. que no parece ir en esa dirección. Que EE. UU. inaugure en Poznan (Polonia) su primera base militar permanente, la primera en

---

14 GARCÍA PÉREZ, R.; "El conflicto de Ucrania (…)", *op. cit.*, p. 102.

el flanco oriental de la Alianza, con capacidad para albergar el Cuartel General del V Cuerpo del Ejército[15], va en la dirección de estrategias ya experimentadas durante la posguerra fría. Que Polonia esté edificando la mayor fuerza terrestre de Europa para hacer frente a Rusia, tampoco puede considerarse, precisamente, una de esas medidas que ayuden a generar un clima de confianza y diálogo, sino que augura nuevas escaladas.

---

15 ORTEGA, A.; "Integrar a Rusia en un hogar común europeo", en *Política Exterior*, 3 de abril de 2023 (https://www.politicaexterior.com/integrar-a-rusia-en-un-hogar-comun-europeos/).

Capítulo 10

Bibliografía citada[1]

ACOSTA FERNÁNDEZ, O.; "Introducción. El multilateralismo en crisis". *Revista CIDOB d´Afers Internacionals*, 2013 (file:///C:/Users/zipderuj/Downloads/07-26_ORIOL%20COSTA.pdf).

ALDECOA LUZARRAGA, F.; "La cooperación estructurada permanente". RAMÓN CHORNET, C.; *La Política de Seguridad y Defensa en el Tratado Constitucional.* Valencia, Tirant lo Blanch, 2005.

ALDECOA LUZARRAGA, F.; "La Cooperación Estructurada Permanente: haciendo creíble la Alianza Defensiva de la Unión Europea". *Anuario Español de Derecho Internacional,* vol. 34, 2018.

AMBROS, I.; "El multilateralismo asiático, un orden internacional con características chinas". *Documento Opinión*, Instituto Español de Estudios Estratégicos,150/2022 (https://www.ieee.es/Galerias/fichero/docs_opinion/2020/DIEEEO150_2020 ISIAMB_multilateralismoAsia.pdf).

AMIGHINI, A. (Ed.); *China´s Belt and Road: a Game Changer?,* Novi Ligure, Edizioni Epoké, 2017.

ARENAL MOYUA, C. del; *Introducción a las Relaciones Internacionales.* Madrid, Tecnos, 1984.

ARTEAGA, F.; "La Alianza Atlántica tras su cumbre de Lisboa: nuevo concepto, ¿nueva OTAN?". *ARI Análisis del Real Instituto,* 9/2011, 19 de enero de 2011

---

[1] Todas las referencias web han sido revisadas por última vez el 25 de enero de 2024.

(https://media.realinstitutoelcano.org/wp-content/uploads/2021/11/ari9-2011-arteaga-alianza-atlantica-cumbre-lisboa-concepto-otan.pdf).

ARTEAGA, F.; "La brújula Estratégica: para proporcionar más seguridad que defensa a la UE". *Comentario Elcano*, 20/2022 del 7 de abril de 2022 (https://media.realinstitutoelcano.org/wp-content/uploads/2022/04/comentario-arteaga-la-brujula-estrategica-para-proporcionar-mas-seguridad-que-defensa-a-la-ue.pdf).

ARTEAGA, F.; *La política industrial de defensa, civil y espacio de la Comisión Europea: ¡abran paso!* en Real Instituto Elcano, 15 de diciembre de 2022 (https://www.realinstitutoelcano.org/analisis/la-politica-industrial-de-defensa-civil-y-espacio-de-la-comision-europea-abran-paso/).

ARTEAGA, F.; "El futuro de la seguridad europea y transatlántica" en AA. VV.; *La Guerra en Ucrania un año después. Impacto global, europeo y español*. Real Instituto Elcano, 2023 (https://media.realinstitutoelcano.org/wp-content/uploads/2023/02/ruiz-molina-la-guerra-en-ucrania-un-ano-despues-real-instituto-elcano.pdf).

ARTEAGA, F.; "La Estrategia Industrial de Defensa de la UE: señalar la luna, mirar el dedo"; Real Instituto Elcano, 12, marzo de 2024 (https://www.realinstitutoelcano.org/comentarios/la-estrategia-industrial-de-defensa-de-la-ue-senalar-la-luna-mirar-el-dedo/).

ARTEAGA, F., GARCÍA, R., MOLINA, I. *et al.*; "Autonomía Estratégica europea e interese de España". *Análisis del Real Instituto, ARI* 89/2021, 2 de noviembre de 2021 (https://www.realinstitutoelcano.org/analisis/autonomia-estrategica-europea-e-intereses-de-espana/).

BAQUÉS QUESADA, J.; *La construcción de una política exterior y de seguridad común. ¿Por qué es tan problemática?* Madrid, Los libros de la Catarata, 2023.

BARBÉ, E.; "El invierno que no llegó: el orden internacional en tiempos de pandemia". *Revista Española de Derecho Internacional*, vol. 72, n.° 2, 2020.

BARBÉ, E. (Dra.); *Las normas internacionales ante la crisis del orden liberal*. Madrid, Tecnos, 2021.

BARRI, B.; BARRIE, D. *et al.*; *Defending Europe: scenario-based capability requirements for NATO´s European Members*, The International Institute for Strategic Studies, May 2019 (https://www.iiss.org/research-paper//2019/05/defending-europe).

BECKER, I. *et al.*; "From context to concept: history and strategic environment for NATO´s 2022 Strategic Concept". *Defence Studies*, vol. 22, issue 3, 2022 (https://www.researchgate.net/publication/361564555_From_context_to_concept_history_and_strategic_environment_for_NATO%27s_2022_strategic_).

BENNON, M. and FUJUYAMA, F.; "China´s Road to Ruin: the Real Toll of Beijing- s Belt and Road", *Foreign Affairs*, sep/oct, 2023 (https://www.foreignaffairs.com/china/belt-road-initiative-xi-imf).

BERMEJO GARCÍA, R.; "La protección de la población civil en Libia como coartada para derrocar un Gobierno: un mal inicio para la responsabilidad de proteger". *Anuario Español de Derecho Internacional*, Universidad de Navarra, vol. XXVII, 2011 (DOI: 10.15581/010.27.2550).

BERMEJO GARCÍA, R.; "La crisis de Ucrania: algo más que un conflicto entre Rusia y Ucrania". *Anuario Español de Derecho Internacional*. Universidad de Navarra, n.º 39, 2023.

BERMEJO GARCÍA, R. y GUTIÉRREZ ESPADA, C.; *La disolución de Yugoslavia*. Pamplona, Ediciones de la Universidad de Navarra, Eunsa, 2007.

BERMEJO GARCÍA, R. y LÓPEZ-JACOISTE DÍAZ, E.; "De la intervención por causas humanitarias a la responsabilidad de proteger. Fundamentos, similitudes y diferencias". *Cuadernos de Estrategia*, n.º 160, 2013 (file:///C:/Users/zipderuj/Downloads/Dialnet-DeLaIntervencionPorCausasHumanitariasALa Responsabi-4173276.pdf).

BERTONCINI, Y.; "Quelle souveraineté europeénne aprés la déclaration de Versailles?". Policy *Paper*, n.º 721, Fondation Robert Schuman, 9, octubre, 2023 (https://www.robert-schuman.eu/questions-d-europe/721-quelle-souverainete-europee nne-apres-la-declaration-de-versailles).

BISCOP, S.; "Permanent Structured Cooperation and the Future of the ESDP: Transformation and Integration". *European Foreign Affairs Review*, Vol. 13, Issue 4, 2008 (https://kluwerlawonline.com/journalarticle/European+Foreign+Affairs+Rev iew/13.4/EERR2008034).

BISCOP, S.; "The New Force Model: NATOS´s European Army?". *Egmont Policy Brief*, n.º 285, september 2022 (https://www.egmontinstitute.be/app/uploads/2022/09/Sven-Biscop_PolicyBrief285_vFinal.pdf?type=pdf).

BISCOP, S.; *European Defence in a New Geopolitical Environment*. Egmont Institute, 29, June, 2023 (https://www.egmontinstitute.be/european-defence-in-a-new-geopo litical-environment/).

BLOCKMANS, S.; "In Security and Defence Policy: The emergence of a geopolitical EU"; in BLOCKMANS, S. (Ed.); *A transformational moment? The EU´s response to Russia´s war in Ukraine*. CEPS, Ideas Lab Special Report, 2022, pp. 7-10 (https://cdn.ceps.eu/wp-content/uploads/2022/05/A-transformational-moment_The-EUs-response-to-Russias-war-in-Ukraine.pdf).

BORRAJO VALIÑA, D.; *La gobernanza europea y los ensamblajes globales de seguridad. La emergencia del enfoque integral de la Unión Europea en la gestión de conflictos y crisis en el exterior (2009-2020)*. Madrid, Marcial Pons, 2020.

BORRAJO, D.; "La Autonomía Estratégica de la Unión Europea más allá de la seguridad y la defensa: la seguridad de las cadenas de suministro y la potenciación de la conectividad". *Revista Electrónica de Estudios Internacionales*, n.º 43, 2022 (http://www.reei.org/index.php/revista/num43/articulos/autonomia-estrateg ica-union-europea-mas-alla-seguridad-defensa-seguridad-cadenas-suminis tro-potenciacion-conectividad).

BORRELL FONTELLES, J.; "Discurso del Alto Representante en el Consejo de Seguridad de la ONU, 15 de junio de 2022". *Occasional Papers* OP 01/2022, Instituto Complutense de Estudios Internacionales (https://docta.ucm.es/rest/api/core/bit streams/923bca7a-25e5-4a18-8ce5-5c34c1056039/content).

BREGOLAT, E.; "Ucrania el telón de fondo". *Política Exterior*, n.º 27, 2022.

CALATRAVA GARCÍA, P. y CALVILLO CISNEROS, J. M. (Coords.); *El orden mundial en transición*. Madrid, Dykinson, 2023.

CASIER, T.; "The EU and Rusia: The War that Changed Everything" in *Journal of Common Market Studies*, vol. 61 (2023), (https://onlinelibrary.wiley.com/doi/epdf/10.1111/jcms.13549).

CLAUDIN URONDO, C. y KORBUT, A.; "Carta de Europa: cinco mentiras acerca de Ucrania". *Política Exterior*, vol. 36, n.º 206, 2022.

DACOBA CERVIÑO, F.; "Seguridad en Europa: más OTAN, ¿menos UE?". *Documento de Análisis*. 25/2023, 31 de marzo de 2023, Instituto Español de Estudios Estratégicos (https://www.ieee.es/Galerias/fichero/docs_analisis/2023/DIEEEA25_20 23_FRADAC_Seguridad.pdf).

DE CASTRO RUANO, J. L.; "Hacia una Unión Europea de la Defensa o cómo hacer de la necesidad virtud". *Anuario Español de Derecho Internacional*, n.º 34, 2018.

DE CASTRO RUANO, J. L.; *La integración de la seguridad y la defensa en la Unión Europea. Un nuevo instrumento de actuación internacional para un actor global en el siglo XXI*. Madrid, Editorial UFV, 2020.

DE CASTRO RUANO, J. L.; "La seguridad y la defensa comunitaria entre el *Brexit* y la pandemia". DE CASTRO RUANO, J. L. (Coord.); *La unión de Seguridad y Defensa: el futuro ya está aquí*. Madrid, Dykinson, 2021.

DE CASTRO RUANO, J. L.; "La respuesta al cambio climático y la estrategia por la neutralidad climática: del Pacto Verde Europeo a la Ley del Clima Europea y más allá". *Revista Aranzadi Unión Europea*, n.º 8 y 9, agosto-septiembre 2023.

DE CASTRO RUANO, J. L. y BORRAJO VALIÑA, D.; "El futuro de la seguridad y la defensa en la UE post-Brexit: el salto a la integración". *Cuadernos Europeos de Deusto*, n.º 60, 2019 (https://ced.revistas.deusto.es/article/view/1580/1912).

DEL AMO, P.; "Desafíos en el suministro militar a Ucrania: la incapacidad de la industria militar occidental en tiempos de guerra de alta intensidad". *Análisis del Real Instituto ARI*, n.º 4111 (2023, del 14 de noviembre de 2023 (https://media.realinst itutoelcano.org/wp-content/uploads/2023/11/desafios-en-el-suministro-mili tar-a-ucrania.-la-incapacidad-de-la-industria-militar-occidental-en-tiempos-de-guerra-de-alta-intensidad.pdf).

DÍAZ TORIBIO, J.; "El enfoque estratégico de la Unión Europea en la guerra de Ucrania". *Documento Opinión* 68/2023 de 10 de Julio de 2023, Instituto Español de Estudios Estratégicos (https://www.ieee.es/Galerias/fichero/docs_opinion/2023/DIEEEO68_2023_JOSDIA_Ucrania.pdf).

DJANKOV, S. and MINER, S. (Eds.); *China´s Belt and Road Initiative: Motives, Scope and Challenges*, Washington, Peterson Institute for International Economics, 2016.

DUPRE, B.; "Souveraineté européenne, autonomie stratégique, Europe puissance: quelle réalité pour l´Union européenne et pour que avenir?" en *Question d´Europe*, n.º 620, 24 Janvier 2022, Fondation Robert Schuman Policy Paper, (https://www.rob ert-schuman.eu/fr/questions-d-europe/0620-souverainete-europeenne-autono mie-strategique-europe-puissance-quelle-realite-pour-l-union-euro).

DWORKIN, A.; "¿Cómo puede Europa reconstruir el multilateralismo tras la COVID-19?". *Policy Brief*, abril, 2021. European Council on Foreign Relations (https:// ecfr.eu/madrid/publication/como-puede-europa-reconstruir-el-multilaterali smo-tras-la-covid-19/).

FALK, R.; "Complexities of the Ukraine War". *Global Justice in the 21 st Century*. Trascend Media Service, 15 april 2022 (https://richardfalk.org/2022/03/17/ukra ine-war-three-academic-perspectives/).

FATHAT, A.; "From Multilateralism to Minilateralism. A Conceptual Paradigm", *Defence Research and Studies*, 10 de junio de 2022 DOI: 10.47362/EJ sss.2022.3107 (file:///C:/Users/zipderuj/Downloads/13753_pdf1.pdf).

FERNÁNDEZ SOLA, N.; "Miradas sobre la guerra de Ucrania. Su impacto en el orden europeo". DE CASTRO RUANO, J.L., OTAEGUI, I. *et al.*; *Cursos de Derecho Internacional y Relaciones Internacionales de Vitoria-Gasteiz 2023*, Valencia, tirant lo blanch, 2024.

FIOTT D.; "Strategic Autonomy: ¿Towards European Sovereignity in Defence?". *European Union Institute for Security Studies EUISS*, Brief, n.º 12, November, 2018 (https://www.iai.it/sites/default/files/9788893681780.pdf).

FIOTT, D.; "La Brújula Estratégica y la autonomía de la UE". *Política Exterior*, n.º 207, 2022.

FIOTT, D.; "¿Invertir o innovar? España y el Fondo Europeo de Defensa". *Análisis del Real Instituto ARI* 86/2023 de 26 de septiembre de 2023 (https://media.realinst itutoelcano.org/wp-content/uploads/2023/09/ari86-2023-invertir-e-innovar.-esp ana-y-el-fondo-europeo-de-defensa.-real-instituto-elcano.pdf).

FIOTT, D., MISSIROLI, A., TARDI, T.; "Permanent Structured Cooperation: What´s in a Name?". *European Union Institute for Security Studies EUISS*, Chaillot Paper, n.º 142, november, 2017 https://www.iss.europa.eu/sites/default/files/EUISSFiles/ CP_142_ONLINE.pdf

FREYRIE, M. "Difesa europea a corto: le sfide degli aiuti militari all´Ucraina"; *Affari internazionalli*, 19, settembre, 2022 https://www.affarinternazionali.it/difesa-euro pea-a-corto-le-sfide-degli-aiuti-militari-allucraina/

FISAS V.; *Hegemonías, bloques y potencias en el Siglo XXI. El orden mundial tras la guerra de Ucrania*. Madrid, Los libros de la Catarata, 2022.

FUENTE COBO, I.; "Los ocho conceptos estratégicos de la historia aliada". *Cuadernos de Estrategia*, n.º 211, 2022 (file:///C:/Users/zipderuj/Downloads/Dialnet-LosO choConceptosEstrategicosDeLaHistoriaAliada-8424618-3.pdf).

FUKULLAMA, F.; *El fin de la historia y el último hombre*. Madrid, Planeta, 1992.

GARCÍA PÉREZ, R.; "Autonomía Estratégica de la Unión Europea: una realidad incómoda". *Revista Aranzadi Unión Europea*, n.º 4, 2020.

GARCÍA PÉREZ, R.; "Una Europa geopolítica seguirá siendo Europa" en PÉREZ-PRAT, L. y CORTÉS MARTÍN, J.M (Coords.); *Un mundo en continua mutación: desafíos desde el derecho internacional y el derecho de la Unión Europea. Liber amicorum Lucía Millán Moro*. Pamplona, Aranzadi, 2022, p. 900.

GARCÍA PÉREZ, R.; "El conflicto de Ucrania: la relación euroatlántica y los intereses estratégicos de Europa". *Revista Española de Derecho Internacional REDI*, vol. 75, n.º 1, 2023.

GILLI, A., GILLI, M., *et al.*; "Strategi Shifts and NATO's New Strategic Concep". *NDC Research Paper*, 24 (https://www.research-collection.ethz.ch/han dle/20.500.11850/560631).

GILPIN, R.; *War and Change in World Politics*, Cambridge, Cambridge University Press, 1983.

GONZÁLEZ ALONSO, L. N.; "Descifrando la gobernanza de la nueva Política de Seguridad y Defensa de la Unión Europea: ¿una revolución silenciosa?". *Revista de Derecho Comunitario Europeo*, n.º 70, 2021.

GOWAN, R.; "Multilateralism in Freefall? The key challenges that lie ahead for multilateralismo and international cooperation at the UN" UNU-CPR United Nations University/ Centre for Policy Research, 30.07.2018 (https://unu.edu/cpr/blog-post/multilateralism-freefall).

GROS-VERHEYDE, N.; "Trump tâcle le projet Macron d'armée européenne. A-t-il raison?": *B 2 Le Quotidien de l'Europe Geopolitique*, noviembre 2018 (https://www.bruxell es2.eu/2018/11/trump-tacle-le-projet-macron-darmee-europeenne-a-t-il-raison/

GROS-VERHEYDE, N.; "L'Europe joue toujours en seconde division dans la défense. Paradoxal dans un contexto troublé". *B2 Le Quotidien de l'Europe géopolitique*. 11 novembre 2023 (https://www.bruxelles2.eu/2023/11/analyse-lunion-europee nne-de-la-defense-alias-leurope-de-la-defense-peine-a-exister/).

GROS-VERHEYDE, N.; "Ces dis mois que ont changé la défense europeenne, À son insu, de son plein gré". *B2 Le Quotidien de l'Europe Geopolitique*, 31, dec. 2022.

GROS-VERHEYDE, N.; "Sur fond de guerre en Ukraine, la solidarité européenne joue a plein. Les intérêts nationaux aussi!". *B2 Le quotidien de L'Europe* géopolitique, 19 mars 2023 (https://www.bruxelles2.eu/2023/03/sur-fond-de-guerre-en-ukra ine-la-solidarite-europeenne-jour-a-plein/).

GUINEA LLORENTE, M.; "Las relaciones entre la Unión Europea y la OTAN en el nuevo contexto de la guerra en Europa: ¿competencia y subordinación o complementariedad y cooperación" en GARCÍA SEGURA, C.; GARRIDO REBOLLEDO, V. y MARRERO ROCHA, I. (Coord.); *Comprendiendo las alianzas y los regímenes de seguridad en relaciones internacionales: el papel de la OTAN en el S. XXI*. Valencia, tirant lo Blanch, 2023.

GUINEA LLORENTE, M.; "La defensa europea tras la guerra de Ucrania: ¿es la Autonomía Estratégica un objetivo realmente compartido y factible?". LÓPEZ GARRIDO, D. (Dr.); *El Estado de la Unión Europea. Ante una nueva legislatura europea*. Madrid, Fundación Alternativas, 2023, (https://fundacionalternativas.org/wp-content/uploads/2023/11/INFORME-UE-2023.pdf).

GUTIÉRREZ ESPADA, C.; "Responsabilidad de proteger y el derecho de veto en el Consejo de Seguridad: algunos ejemplos recientes". *Revista del Instituto Español de Estudios Estratégicos*, n.º 3, 2014 (file:///C:/Users/zipderuj/Downloads/%23%-23common.file.namingPattern%23%23.pdf).

GUTIÉRREZ ESPADA, C.; "Sobre el núcleo duro de la Resolución 1973 (2011) del Consejo de Seguridad y acerca de su aplicación práctica". *Anuario Español de Derecho Internacional*, Universidad de Navarra, Vol. XXVII, 2011 (DOI: 10.15581/010.27.25501).

GUTIÉRREZ ESPADA, C.; "Responsabilidad de proteger, Siria, la República Centroafricana también y el Derecho a Veto en el Consejo de Seguridad", *Revista Electrónica Iberoamericana*, vol. 7, n.º 2, 2013 (https://www.urjc.es/images/ceib/revista_electronica/REIB_vol_7_2013_2_completo.pdf).

GUTIÉRREZ ESPADA, C., y CERVELL HORTAL, M.ª J.; *Nacimiento, auge y decadencia de la Responsabilidad de Proteger*. Granada, Comares, 2014.

HASS, R. N.; *A world in Disarray. American Foreign Policy and the Crisis of the Old Order.* New York, Penguin, 2018.

KEOHANE, R.; "Multilateralism: An Agenda for Research". *International Organization*, Vol. XLV, 1990.

KHALER, M.; "Multilateralism with Samll and Large Numbers". *International Organization*, Vol. 46, 1992.

KHANA, P.; *The Future is Asian. Comerce, Conflict and Culture in the 21st. Century.* New York, Simon & Schuster, 2019.

KRASTEV, I.; *¿Ya es mañana? Como la pandemia cambiará el mundo*. Madrid, Debate, 2020.

KUPCHAN, C. H.; "Un vínculo transatlántico realista", *Política Exterior*, n.º 207, 2022.

LABORIE IGLESIAS, M.; "Tres mentiras en contra de la política de defensa europea". *Esglobal*, 30 de noviembre de 2016 (https://esglobal.com/es/) /).

LABORIE IGLESIAS, M.; "Unión Europea: ¿hacia una Autonomía Estratégica y nuevas relaciones transatlánticas?". *Esglobal*, 9 de abril de 2021 (https://esglobal.com/es/).

LÓPEZ-ARANDA, R.; "La Resolución de la Asamblea General de Naciones Unidas sobre Ucrania y la pugna por el orden internacional". Real Instituto Elcano, 3 de marzo de 2022 (https://media.realinstitutoelcano.org/wp-content/uplo ads/2022/03/aranda-la-resolucion-de-la-asamblea-general-naciones-uni das-sobre-ucrania-y-la-pugna-por-el-orden-internacional-1.pdf).

LÓPEZ CANOREA, A.; MARRADES A. y GONZÁLEZ MÁRQUEZ, J.; *La pugna por el nuevo orden internacional. Claves para entender la geopolítica de las grandes potencias.* Barcelona, Espasa, 2023.

LÓPEZ GARRIDO, D. (Dr.); *El estado de la Unión Europea. Reformar Europa en tiempos de guerra.* Madrid, Fundación Alternativas/Friedirch Eber Stiftung, 2022(https:// fundacionalternativas.org/wpcontent/uploads/2023/02/iue_2022_web_pagbla nco.pdf).

LÓPEZ-JACOÍSTE DÍAZ, E.; "La crisis de Libia desde la perspectiva de la responsabilidad de proteger". *Anuario Español de Derecho Internacional*, Universidad de Navarra, vol. XXVII, 2011 (DOI: 10.15581/010.27.2553).

LÓPEZ-JACOISTE DÍAZ, E.; "La nueva Cooperación Estructurada Permanente: ¿impulso definitivo para una verdadera PCSD en Europa?". *Anuario Español de Derecho Internacional*, Universidad de Navarra, vol. 34, 2018 (file:///C:/Users/zipderuj/Down loads/27452-Texto%20del%20art%C3%ADculo-80505-1-10-20180530.pdf).

LÓPEZ-JACOISTE DÍAZ, E.; "Los 47 proyectos PESCO: buenas perspectivas para la UE y España". *Revista Aranzadi Unión Europea*, n.º 4, 2020.

LÓPEZ-JACOISTE DÍAZ, E.; "Relaciones institucionales entre las Naciones Unidas y la Unión Europea. La opción por el multilateralismo y la cooperación" en BLANC

ALTEMIR, A. (Dir.); *Las relaciones entre las Naciones Unidas y la Unión Europea. Seguridad, Cooperación y Derechos Humanos.* Madrid, Tecnos, 2013.

LÓPEZ-JACOÍSTE DÍAZ, E.; "Hacia la Autonomía Estratégica de la UE: el necesario equilibrio entre ambición y realidad". *Revista General de Derecho Europeo*, n.º 50, 2020.

LÓPEZ JIMÉNEZ, J. A. y MORALES HERNÁNDEZ, J.; *La política exterior de Rusia: los conflictos congelados y la construcción de un orden internacional multipolar.* Madrid, Dykinson, 2017.

LUKIN, A. & XUESONG, F.; "What is BRICS for China?", *Strategic Analysis*, vol. 43, Issue 6, 2019 Special Issue *BRICS and the Global Order*, (https://www.tandfonline.com/doi/abs/10.1080/09700161.2019.1669896).

MALCON, N.; "The Common European Home and Soviet European Policy". *International Affairs*, n.º 65, vol. 4, 1989.

MANGAS MARTÍN, A.; "La autorización del uso de la fuerza armada en Libia". *ARI Real Instituto Elcano*, 57/2011 (https://media.realinstitutoelcano.org/wp-content/uploads/2021/11/ari57-2011-mangas-autorizacion-uso-fuerza-libia.pdf).

MANGAS MARTÍN, A.; "Error de la UE con Rusia". *El Mundo*, 24 de enero de 2022 (www.elmundo.es).

MANGAS MARTÍN, A.; "Guerra en Ucrania: perspectiva jurídico internacional". *Actualidad Jurídica Uría Menéndez*, n.º 60, 2022.

MANGAS MARTÍN, A.; "Europa desafiada: reacción a la agresión rusa en Ucrania". *Anales de la Real Academia Ciencias Morales y Políticas*, de año 75, n.º 100, curso 2022-2023.

MANGAS MARTÍN, A.; "Ucrania: baño de realidad para la política de defensa europea". BOLLO AROCENA, M. D. y JIMENEZ PINEDA, E. (Dirs.); *El derecho internacional y europeo contemporáneos ante la agresión rusa a Ucrania.* Valencia, Tirant lo Blanch, 2024.

MANKOFF, J.; "Russia's Challenge to the European Security Order". *Policy Essay*, n.º 39, 2016, Washington, The German Marshall Fund of the United States (https://www.gmfus.org/sites/default/files/Mankoff_RussiasChallenges_Sept16_0.pdf).

MARRERO ROCHA, I.; "La responsabilidad de proteger de la comunidad internacional en los casos de Libia y Siria: análisis comparativo", *Relaciones Internacionales*, n.º 22, 2013 (https://revistas.uam.es/relacionesinternacionales/article/view/5166).

MARRONE, A.; "El nuevo Concepto Estratégico de la OTAN: novedades y prioridades". *Política Exterior*, julio 2022 (https://www.politicaexterior.com/el-nuevo-concepto-estrategico-de-la-otan-novedades-y-prioridades/).

MAULNY, J. P.; "The impact of the war in Ukarine on the European Defence Market", Policy Paper, Institut de Relations Internationales et Stratégiques, September, 2023 (https://www.iris-france.org/wp-content/uploads/2023/09/19_ProgEuropeIndusDef_JPMaulny.pdf).

MAURO, F.; *Strategic Autonomy under the Spotlight. The New Holy Grail European Defense.* Bruxelles, Group for Research and Information on Peace and Security, 2018 (file:///C:/Users/zipderuj/Downloads/Strategic_autonomy_under_the_spotlight_T-1.pdf).

MAURO, F.; *Europe´s Strategic Autonomy: That obscure object of desire*. Paris, Institut de Relations Internationales et Stratégiques, Analysis, n.° 13, 2021 (https://www.iai. it/sites/default/files/9788893681780.pdf).

MEARSHEIMER, J. J.; *The Tragedy of Great Power Politics*. New York, Norton, 2002.

MONAGHAN, S.; *Resetting NATO´s defense and deterrence: the sword and the shield redux*. Washington, Center for Strategic & International Studes CSIS Brief, 28/VI/2022 (https://csis-website-prod.s3.amazonaws.com/s3fs-public/publication/220628_ Monaghan_ResettingNATO_DefenseDeterrence.pdf?VersionId=j73cwvXqZmu Ko5VBYY.xPMp3Z7X2y7Yx).

MORA BENAVENTE, E.; "Presentación" en AA.VV.; *Una Estrategia Global de la Unión Europea para tiempos difíciles*. Madrid, Centro Superior de Estudios de la Defensa CESEDEM, 2016 (https://www.ieee.es/publicaciones-new/cuadernos-de-estrate gia/2017/Cuaderno_184.html).

MORALES HERNÁNDEZ, J.; "¿Qué fue de la casa común europea? Percepciones de Europa en la política exterior de Rusia". *Araucaria. Revista Iberoamericana de Filosofía, Política, Humanidades y Relaciones Internacionales*, vol. 22, n.° 45, 2022 (https:// www.redalyc.org/journal/282/28268121020/html/).

MOURE PEÑIN, L. y PINTADO LOBATO, M. (Coords.); *Transición de poder y transformaciones del orden liberal en tiempos de pandemia*. Valencia, Tirant lo Blanch, 2022.

MILOSEVICH-JUARISTI, M.; "Las últimas propuestas de Rusia para cambiar el orden de seguridad europeo creado después de la guerra fría". *ARI, Análisis del Real Instituto*, 3/2022 del 25 de enero de 2022 (https://media.realinstitutoelcano.org/ wp-content/uploads/2022/01/ari3-2022-milosevich-rusia-orden-de-seguridad-europeo-descontento-pasivo-al-revisionismo-activo.pdf).

NOVÀKY, N.; "The EU´s Permanent Structured Cooperation in defence: Keeping Sleeping Beauty from Snoozing"; *European View, Wilfried Martens Center for European Studies*, vol. 17, Issue 1, 2018 (https://journals.sagepub.com/doi/full/10.1177/17816 85818764813).

NÚÑEZ VILLAVERDE, J. A.; *La nueva OTAN vista desde Europa*. Instituto de Estudios sobre Conflictos y Acción Humanitaria, 20 de junio de 2022 (https://iecah.org/ la-nueva-otan-vista-desde-europa/).

ORGANSKI, A. F. K.; *World Politics*. New York, Random House, 1958.

ORTEGA, A.; "Integrar a Rusia en un hogar común europeo". *Política Exterior*, 3 de abril de 2023 (https://www.politicaexterior.com/integrar-a-rusia-en-un-hogar-comun-europeos/).

PARADA MARTÍNEZ, M.; "La Brújula Estratégica: ¿un documento más para el momento oportuno?". *Documento Opinión*, Instituto Español de Estudios Estratégicos, n.° 62/2023, del 19 de junio de 2023 (https://www.ieee.es/Galerias/fichero/ docs_opinion/2023/DIEEEO62_2023_MANPAR_Brujula.pdf).

PARDO DE SANTAYANA, J.; "La revolución de Heráclito, todo fluye y nada permanece en el orden global multipolar". *Documento de Análisis*, n.° 4, 2021, Instituto de Estudios Estratégicos (https://www.ieee.es/Galerias/fichero/docs_anali sis/2020/DIEEEA05_2020JOSPAR_multipolar.pdf).

PATRICK, S.; "The New New Multilateralism: Minilateral Cooperation but at What Cost?". *Global Summitry*, 1(2), 2015 https://doi.org/10.1093/global/guv008 (https://academic.oup.com/globalsummitry/article/1/2/115/2362958).

PIROZZI, N.; *The European Union after One Year of War Widening, Deepening, Rebalancing.* Instituto Affari Internazionali, 31.03.2023 (https://www.iai.it/en/pubblicazioni/eu-after-one-year-war-widening-deepening-rebalancing).

PONS RAFOLS, X.; "La guerra de Ucrania, las Naciones Unidas y el Derecho Internacional: algunas certezas sistémicas insostenibles". *Revista Electrónica de Estudios Internacionales*, n.º 43 2022 (http://www.reei.org/index.php/revista/num43/articulos/guerra-ucrania-naciones-unidas-derecho-internacional-algunas-certezas-sistemicas-insostenibles).

PONTIJAS CALDERÓN, J. L.; "La brújula estratégica de la Unión Europea". *Documento Análisis*. Instituto Español de Estudios Estratégicos, 17 de noviembre de 2021 (file:///C:/Users/zipderuj/Downloads/Dialnet-LaBrujulaEstrategicaDeLaUnionEuropea-8536463.pdf).

PONTIJAS CALDERÓN, J. L.; "Hitos en la agenda europea de seguridad y defensa". *Documento Análisis*, 97/2022 de 2 de febrero de 2022. Instituto Español de Estudios Estratégicos.

PONTIJAS CALDERÁN, J. L.; "Una brújula estratégica para la seguridad y la defensa de la Unión Europea. ¿Un documento más?". *Documento Análisis* 42/2002, del 8 de junio de 2022, Instituto Español de Estudios Estratégicos (https://www.ieee.es/Galerias/fichero/docs_analisis/2022/DIEEEA42_2022_JOSPON_UE.pdf).

PRIETO ARELLANO, F.; "Retorno a Westfalia. El callejón sin salida del orden internacional tras la guerra de Ucrania". *Documento Opinión*, Instituto Español de Estudios Estratégicos, n.º 44/2023, 4 de mayo de 2023 (https://www.ieee.es/en/Galerias/fichero/docs_opinion/2023/DIEEEO44_2023_FERPRI_Retorno.pdf).

REY ARROYO, F.; "Los vientos de guerra en Ucrania dispersarán la niebla de la Autonomía Estratégica en Europa". *Documento Opinión*, Instituto Español de Estudios Estratégicos, n.º104/2022 del 22 de noviembre de 2022 (https://www.ieee.es/Galerias/fichero/docs_opinion/2022/DIEEEO104_2022_LUIREY_Ucrania.pdf).

ROMERO, C.; "La transformación de la OTAN tras la cumbre de Madrid". *Documento Análisis* 49/2023 del 20 de junio de 2023. Instituto Español de EstudiosEstratégicos (https://www.ieee.es/Galerias/fichero/docs_analisis/2023/DIEEEA49_2023_CARROM_Cumbre.pdf).

ROMERO JUNQUERA, A.; "La creciente preocupación de Europa por la defensa. La OTAN como única opción real" en *Documento Análisis*, Instituto Español de Estudios Estratégicos, 24/2024, 10 de abril de 2024 (www.ieee.es).

RUGGIE, J. G.; "Multilateralism: The Anatomy of an Institution". *International Organization*, vol. 46, n.º 3, 1992.

RUIZ-GIMÉNEZ ARRIETA, I.; "Algunas reflexiones teóricas sobre la relevancia actual de Naciones Unidas". *Revista Española de Derecho Internacional*, vol. 72, n.º 2, 2020 (https://www.revista-redi.es/redi/article/view/485/469).

SANAHUJA, J. A.; "Narrativas del multilateralismo: efecto Rashomon y cambio de poder". *Revista CIDOB d´Afers Internacionals*, n.° 101, 2013 (file:///C:/Users/zipderuj/Downloads/2754_JOSE%20ANTONIO%20SANAHUJA.pdf).

SANCHEZ MARGALEF, H.; "La Unión Europea y las Naciones Unidas: dos organizaciones, un destino". *Cidob Report*, 06, 2020 (file:///C:/Users/zipderuj/Downloads/43-52_HE%CC%81CTOR%20SA%CC%81NCHEZ%20MARGALEF_ANGLES.pdf).

SANCHEZ ORTEGA, A.; "La política exterior rusa y su relación con occidente. Una visión desde el realismo neoclásico". *Revista Española de Derecho Internacional*, n.° 1, 2020.

SANTOPINTO, F. and MARÈCHAL, J.; *EU MIlitary Assitance under the new European Peace Facility*. Konrad Adenauer Stifung, 16.02.2021.

SERRANO DEL RÍO, J.; "El nuevo Fondo Europeo de Apoyo a la Paz: consecuencias para el planeamiento y conducción de las operaciones militares de la Unión Europea". *Documento Opinión* 55/2022 del 6 de junio de 2022. Instituto Español de Estudios Estratégicos (https://www.ieee.es/publicaciones-new/documentos-de-opinion/2022/DIEEEO55_2022_JESSER_UE.html).

SCHAART, E.; "Denmark votes to scrap EU defense opt-out". *Politico*, 1 june 2022 (https://www.politico.eu/article/denmark-votes-to-scrap-eu-defense-policy-opt-out/).

SCHMITZ, L. "As open as Possible, as Autonomous as Necessary: Understanding the Rise of Open Strategic Autonomy in EU Trade Policy"; *Journal of Common Market Studies*, sept. 2023 (https://www.researchgate.net/publication/363864787_As_Open_as_Possible_as_Autonomous_as_Necessary_Understanding_the_Rise_of_Open_Strategic_Autonomy_in_EU_Trade_Policy).

SIMÓN, L.; "Autonomía Estratégica y defensa europea después de Ucrania". *ARI, Análisis del Real Instituto*, 62/2022, 18 de octubre de 2022, (p. 5) (https://media.realinstitutoelcano.org/wp-content/uploads/2022/10/ari62-2022-simon-autonomia-estrategica-y-defensa-europea-despues-de-ucrania.pdf).

SOBRINO HEREDIA, J. M.; "La pérdida de la institucionalidad en las Organizaciones Internacionales y su declive en la Sociedad Internacional contemporánea". *Peace & Security- Paix et Sécurité Internationales. EuroMediterraenan Journal of International Law and International Relations*, Issue, 9, 2021 (https://revistas.uca.es/index.php/paetsei/article/view/7970).

STEINBERG F. y TAMAMES, J.; "La UE en el mundo tras la guerra de Ucrania". *ARI Análisis del Real Instituto*, n.° 32/2022 del 21 de abril de 2022 (https://media.realinstitutoelcano.org/wp-content/uploads/2022/04/ari32-2022-steinberg-tamames-la-ue-en-el-mundo-tras-la-guerra-de-ucrania.pdf).

TAIBO, C.; *Rusia frente a Ucrania. Imperios, pueblos, energía*. Madrid, Los libros de la Catarata, 2022.

TEKDAL, V.; "China´s Belt and Road Initiative at the crossroadas of chalellenges and ambitious". *The Pacific Review*, vol. 31, Issue 3, 2018. (https://www.tandfonline.com/doi/full/10.1080/09512748.2017.1391864).

TOCCI, N.; *European Strategic Autonomy: What It Is, Why We Need It, Hoy to Achieve It*. Rome, Instituto Affari Internazionali, 2021 (https://www.iai.it/sites/default/files/9788893681780.pdf).

TOCCI, N.; "The paradox of Europe´s Defence Moment". *Texas National Security Review*, Winter 2022/23, Vol. 6, Issue 1, pp. 99-108. (http://dx.doi.org/10.26153/tsw/44441).

URREA, M.; "De la Autonomía Estratégica a la idea de ¿soberanía estratégica de la Unión Europea? La pandemia como factor de aceleración". DE CASTRO RUANO, J.L. (coord.), *La Unión de Seguridad y Defensa: el futuro ya está aquí*. Madrid, Dykinson, 2021.

WRIGHT, T. and KAHL, C.; *Aftershocks: Pandemic Politics and the End of the Old International Order*. New York, St. Martins´s Publishing Group, 2021.

Fuentes Directas

CONSEJO EUROPEO; *Declaración de Versalles. 10 y 11 de marzo de 2022* (https://www.consilium.europa.eu/media/54800/20220311-versailles-declaration-es.pdf).

CONSEJO DE LA UE; *Conclusiones del Consejo relativas a la adopción de un Pacto sobre la Vertiente Civil de la PCSD.* Bruselas, 22 de noviembre de 2023 (https://data.consilium.europa.eu/doc/document/ST-16129-2023-INIT/es/pdf).

CONSEJO DE LA UE; *Una brújula Estratégica para la Seguridad y la Defensa. Por una Unión Europea que proteja a sus ciudadanos, defienda sus valores e intereses y contribuya a la paz y la seguridad internacionales.* Bruselas, 19 de abril de 2022 (https://data.consilium.europa.eu/doc/document/ST-7371-2022-COR-1/es/pdf).

CONSEJO DE LA UE; Conclusiones del Consejo 24 de enero de 2022. *Elevar al siguiente nivel la asociación estratégica entre las Naciones Unidas y la UE en materia de operaciones de paz y gestión de crisis: prioridades para 2022-2024,* documento 5451/22 (https://www.consilium.europa.eu/media/53958/st05451-en22.pdf).

CONSEJO DE LA UE: Conclusiones del Consejo 18 de julio de 2022. *Prioridades de la UE en las Naciones Unidas durante la 77ª Asamblea General de las Naciones Unidas,* documento 11029/22 (https://data.consilium.europa.eu/doc/document/ST-11029-2022-INIT/es/pdf).

CONSEJO DE LA UE: *Decisión (PESC) 2021/509 del Consejo, de 22 de marzo de 2021, por la que se crea un Fondo Europeo de Apoyo a la Paz (FEAP),* DO L 102 DE 24.03.2021 (https://www.boe.es/doue/2021/102/L00014-00062.pdf).

CONSEJO DE LA UE: *Reglamento 2023/1525 del PE y del Consejo de 20 de julio 2023 relativo al apoyo a la producción de municiones* (DOUE n.º 185, 24 de julio de 2023) (https://www.boe.es/doue/2023/185/L00007-00025.pdf).

Declaración conjunta del Presidente del Consejo Europeo, el Presidente de la Comisión Europea y el Secretario General de la OTAN, 8/7/2016 (https://www.consilium.europa.eu/media/21481/nato-eu-declaration-8-july-en-final.pdf).

Declaración Conjunta de la Federación Rusa y de la República Popular China sobre la entrada de las relaciones internacionales en una nueva era y el desarrollo global sostenible 4 de febrero de 2022 (http://www.en.kremlin.ru/supplement/5770).

COMISIÓN EUROPEA; *Comunicación conjunta al Parlamento Europeo y al Consejo sobre el refuerzo de la contribución de la UE a un multilateralismo basado en normas*. Bruselas, 17.02, 2021, JOIN (2021) 3 final (https://eur-lex.europa.eu/legal-content/ES/TXT/PDF/?uri=CELEX:52021JC0003).

NACIONES UNIDAS; *Informe del Secretario General "Nuestra Agenda Común"* (https://data.consilium.europa.eu/doc/document/ST-11029-2022-INIT/es/pdf).

PARLAMENTO EUROPEO; *Resolución del 18 de abril de 2019 sobre la propuesta de Reglamento del Parlamento Europeo y del Consejo por el que se establece el Fondo Europeo de Defensa* (https://www.europarl.europa.eu/doceo/document/TA-8-2019-0430_ES.html).

PARLAMENTO EUROPEO; *Resolución de 18 de enero de 2023 sobre la aplicación de la política común de seguridad y defensa. Informe anual 2022* (https://www.europarl.eur opa.eu/doceo/document/TA-9-2023-0010_ES.html).

SERVICIO EUROPEO DE ACCIÓN EXTERIOR; *Una visión común, una actuación conjunta: una Europa fuerte. Estrategia Global para la política exterior y de seguridad de la Unión Europea* (file:///C:/Users/zipderuj/Downloads/una%20visi%C3%B3n%20com%C3%BAn%20una%20actuaci%C3%B3n%20conjunta-OF0116825ESN.pdf).